한국어로 내려온
New Bible

새로운
성 경

제134권 9부 | 총10부

하얀마음

하나님 말씀 중에서

1. 사랑의 하나님

- 세상을 창조하신 하나님은 모두를 사랑하신다. 인간만 특별히 더 사랑하지 않고, 우주 만물을 다 똑같이 사랑하신다. 그러니 하나님이 창조하신 천지 만물과 화친하고, 미물까지도 소중히 대하라.

- 하나님은 특정 종파나 민족만을 더 사랑하지 않으신다. 자기 자신만 구원받겠다는 욕심을 버리고, 자기 종파만 구원받는다는 편협한 교리에서 벗어나야 한다. 종파를 초월해서, 모두를 사랑하라.

- 원수까지 사랑하라 했으니, 이 세상에 사랑하지 못할 자가 누가 있겠는가? 종파가 다르다고 해서 부모 형제와 원수처럼 지내는 자는 인간의 근본을 모르는 자다. 가장 가까운 가족부터 사랑할 때 남도 진심으로 사랑할 수 있다.

- 한 사람을 원수같이 생각하던 마음에서 사랑하는 마음으로 돌리면, 자기 자신의 마음이 가장 기쁘고 행복하다. 하나님께서는 인간의 마음속에 무거움이 없이 기쁘고 행복한 삶을 살기를 바라신다.

- 이웃을 "내 몸처럼" 사랑하라 했으니, 마지막 한 장 남은 천국의 티켓도 이웃에게 양보하라. 자기 중심적인 신앙에서 벗어나서 남을 위해 살아야 한다.

- 독초도, 약초도, 이단도 사탄도 천사도 다 필요하기에 존재한다. 독초일지라도 극소량을 사용해서 생명을 살릴 수 있고, 약초라 하더라도 남용하면 생명을 잃을 수 있다.

- 세상 모든 것을 명약으로 활용하는 것은 인간의 지혜에 달렸다. 어떤 것이는 어떤 사람이든 적재적소에 꼭 필요한 명약으로 승화시키라.

- 사탄도 이단도 천사도 모두 하나님의 주관하에 존재한다. 진정한 하나님의 백성은 사탄과 마귀까지도 감화시켜서 천사로 거듭나게 한다.

2. 기도

- 하나님은 인간의 생각까지 모두를 다 알고 계신다. 우리의 소원도 이미 알고 계시기에, 소원의 기도를 할 필요가 없다. 우리가 받을 자격이 되면 내려 주신다.

- 죄를 짓고 아무리 회개를 해도 용서받지 못한다. 도둑질한 자는 용서해 달라고 기도하고, 도둑맞은 자는 도둑을 잡게 해 달라고 기도하면, 공의의 하나님은 누구의 편에 서시겠는가?

- 자기가 잘못한 것은 그 사람에게 직접 갚고 용서를 구하라. 그가 용서하면 하나님도 용서하신다. 땅에서 매면 하늘에서도 매이고, 땅에서 풀리면 하늘에서도 풀리는 이치다.

- "회당에서 기도하지 말고 골방에서 기도하라" 했다. 눈에 보이는 골방이 아니라, 골방과 같이 고요한 마음이다. 잡념을 버리고 하나님을 향해 마음을 집중하며, 사랑하고 용서하는 아름다운 생각만 나오도록 하라.

- "두드리면 열릴 것이다." 하는 것은 육의 소원을 위해 두드리라는 것이 아니라, 진리의 깨달음을 얻기 위해 두드리라는 것이다.

- 기도하는 방법: 생활 속에서 수시로 기도하는 삶을 살아야 한다.

- "저의 죄를 용서하여 주옵소서." 하는 회개의 기도를 하라.
- 범사에 "하나님! 감사합니다." 하라. 현재 가진 것에 감사하며, 과욕하지 말라. 자기 노력 이상의 것을 더 갖고자 기도하는 것은 도둑놈심보다. 공의의 하나님은 각자 노력한 만큼 주신다.
- "하나님 뜻대로 살아가겠나이다." 하며 마음의 각오를 다지라.

- 기도는 하나님의 말씀을 받아서 "행하는 것"이다. 하나님이 계심을 굳건히 믿고, 하늘을 향하여 한 점 부끄럼 없이 사는 삶 자체가 가장 위대한 기도이며, 삶이 곧 예배다.

3. 지도자

- 똑같이 사랑한다는 말을 해도, 순수하게 하는 말은 천사의 말이지만, 사기 쳐서 재산을 가로채려고 하는 말은 사탄의 말이다.

- 종교 지도자가 아무리 훌륭한 설교를 해도, 신도의 재물을 거둬서 더 큰 교회를 짓고 자기의 부귀영화를 바라며 설교하면 사탄의 가르침이 된다.

- "저희 교회는 만원사례요, 믿음은 다 같으니 이웃의 개척 교회에 가서 예배를 드리시오." 하며, 이웃 교회의 부흥을 먼저 생각하여 제 신도를 보내는 종교 지도자가 있다면 그를 따르라. 그가 하나님의 사랑을 실천하는 자다.

- "부자가 천국에 들어가는 것은 낙타가 바늘구멍을 통과하는 것보다 더 힘들다" 하였거늘, 지금의 교회에서는 부자가 되기만을 기도하고 소원하니, 이는 곧 천국을 포기하고 지옥 행 열차의 티켓을 사는 것과 같다.

- 예수는 빈손이었다. 종교 지도자가 예수보다 더 호화롭고 편안하게 살아간다면 잘못된 것이다. 부귀영화와 명예를 바라는 자는 절대로 갈 수 없는 좁고 협착한 길이 종교 지도자의 길이다.

- 종교 지도자는 유리로 비춰 봐 한 점의 부끄러움이 없이 살아야 한다. 의식주도 직접 일해서 해결하고, 예수의 가르침과 행함을 그대로 따라야 한다.

- 종말은 없다. 지금의 잘못 가는 종교 집단에게만 종말이 있다. 보이지 않는 하나님은 보이는 육의 종말은 관여하지 않으신다. 환경 파괴로 인간이 스스로 멸망을 자초하는 것이다. 종파끼리 싸우기 전에, 무너진 인성을 바로잡고 지구의 몸살을 해결하는 데 뜻을 모으는 게 급선무다.

4. 성전이란

- 이 세상 자체가 하나님께서 만드신 성전이다. 자연보다 더 아름다운 성전이 있는가? 보이는 건물이 성전이 아니라, 성스러운 마음가짐이 성전이다.

- 반석 위에 교회를 지으라 했다. 지상의 단단한 돌은 인간이 쪼갤 수 있으나, 마음속의 굳은 결의는 세상 무엇으로도 쪼갤 수 없다. 바르고 굳건한 믿음으로 성경의 가르침을 실천하는 것이 마음의 반석 위에 교회를 짓는 것이다.

- 손으로 지은 건물의 교회에 모여서 복음을 전하는 것이 아니라, 교회를 개인과 가정에 심어 주어야 한다. 무너지고 부서지는 건물을 짓지 말고, 마음속에 영원히 불변하는 참진리의 교회를 지으라.

5. 십계명

- 십계명은 인간이 죽어서 반드시 통과해야만 하는 열 개의 관문이다.
  - 부모를 공경하지 아니한 자는 "네 부모를 공경하라." 하는 제5계명의 관문이 열리지 않으니 구원받을 수 없다.
  - 살인, 간음, 거짓, 우상 등의 나머지 계명도 마찬가지다.
- 십계명은 하나님의 친필이다. 모기소리만 한 하나님의 음성이라도 들어 보겠다고 여기저기 찾아 헤매지 말고, 십계명부터 암송하고 지키라.
- 십계명은 영혼을 구원하는 양식이며, 십계명을 지키는 것이 구원을 받는 길이다. 인간이기에 지키고자 노력하고 또 노력한다면 지킬 수 있다.
- 십계명을 지키고 천사처럼 아름답게 살아가는 그 마음 하나면 세상에 이루어지지 않는 것이 없다.

6. 보물

- 하나님은 재물이 아니라 우리의 마음을 받으신다. 사랑을 실천하며 천사처럼 변하는 마음이 하나님께 바치는 보물이다.
- 보이지 않는 하나님께 재물을 바치려 하지 말고, 너희를 길러 준 부모에게 용돈 드리고, 찾아뵙고, 효성을 다하라. 그것이 하나님께 효도하는 것이다.
- 하늘에는 선과 악의 창고가 있다. 자기 창고에 선이 많으면 천국으로 구원을 받고, 악이 많으면 심판받아 지옥으로 간다. 그것이 바로 "선한 일을 행한 자는 생명의 부활로, 악한 일을 행한 자는 심판의 부활로" 나오는 것이다.
- "선악과를 따먹지 말라"는 것은 양심을 지키라는 것이다. 선과 악을 구분할 수 있는 양심을 최초에 인간에게 주셨다. 선한 열매는 취하고, 악한 열매는 버리며, 양심에 비추어 부끄럼 없는 삶을 살아가라.
- 가장 작은 거짓말을 하지 않고, 가장 작은 죄를 짓지 않으며, 가장 작은 선행을 하고, 가장 작은 악행을 멀리하는 것이 율법의 일점 일획도 빠뜨리지 말고 다 지키는 삶을 사는 것이다.

7. 우상

- 박물관에 있는 불상은 하나의 예술품이다. 그 조각품에 대고 제 소원을 빌 때 우상숭배가 된다. 십자가라 하여도 그 앞에서 소원을 빈다면 우상숭배하는 것이며, 하나님께 소원을 빈다면 하나님을 우상으로 전락시키는 것이다.

- 지금 기복신앙에 젖어 있는 모든 사람이 우상 앞에 절을 하고 있다. 조각품을 우상이라며 파괴하지 말고, 네 마음속에 있는 욕심의 우상을 무너트리라.

- 생수를 약초가 먹으면 약을 만들고 독사가 먹으면 독을 만든다. 같은 성경을 봐도 선한 지도자는 신도를 천사로 만드는 데 활용한다. 그러나 욕심이 가득한 지도자는 재물을 거두어들여 제가 부귀영화를 누리는 데 악용한다. 그가 바로 성경을 우상숭배의 도구로 전락시키는 거짓 선지자다.

- 성경을 한 획도 빼거나 더하지 말라는 것은, 그 가르침을 빠트리지 말고 온전히 지키라는 것이다. 성경 속에서 자기에게 유리한 구절만 보는 것은, 자기에게 불리한 구절들을 빼 버리는 것이다. 믿음이 제일이요, 행함은 구원과는 관계없다는 것은 자신에게 유리한 쪽으로 성경을 악용하는 것이다.

- 진정한 종교 지도자는 종파에 관계없이 어떤 종파든 어떤 책이든 접하고 보고 깨우쳐 견문을 넓히도록 인도한다. 참진리를 모르고 자신이 없는 자가 남을 이단이라며 배척하고, 신도들의 눈과 귀를 가린다.

8. 예수

- 예수의 재림은 없다. 예수가 다시 온다 해도, 과연 누가 그를 예수라고 믿겠는가? 예수와 같은 삶의 행함이 곧 예수의 재림이다. 각자 모두가 "재림 예수"가 되는, 차원 높은 믿음으로 가야 한다.

- 예수는 "주여 주여 하지 말고, 아버지의 뜻대로 행하라"고 했다. 예수가 전한 하나님의 뜻이 곧 "길이요, 진리요, 생명"이며, 그 가르침이 예수의 보혈처럼 소중한 것이다. 예수를 믿는 것은, 예수의 가르침을 믿고 따르는 것이다.

- 예수는 낮은 자로서 만백성을 섬기고자 했다. 만나는 모든 사람을 다 하나님이라 생각하라. 돈을 벌수록 겸손하고, 높은 지위를 얻을수록 낮아지라.

▪ 예수는 종파를 만들지 않았다. 인간이 만든 종교와 인간의 교리를 따르지 말고, 예수를 통해 전한 하나님의 참진리를 연구하고 따르라.

▪ 예수가 2천 년 전에 만백성을 위해 죽었으니, 지금 이 땅에는 예수의 가르침대로 사는 천사만 존재해야 한다. 예수가 죽어 가면서 바란 것은 만백성이 천사가 되어 예수의 자리를 채워 주는 것이지, 지금과 같이 재물을 바치면서 중언부언 제 소원만을 비는 백성들을 바란 것이 아니다.

9. 구원

▪ 천사가 사는 천국에는 천사만 갈 수 있으니, 천사 같은 마음을 길러야 한다.

- "천국 열쇠를 네게 주리니 땅에서 무엇이든지 매면 하늘에서도 매일 것이라" 했다. 땅에서 천사같이 사는 자가 하늘에서도 천사가 되어 천국에 들어간다. 모든 사람에게 천사같다는 말을 듣는 삶을 살아야 한다.

▪ 천사의 곱고 아름다운 마음은 부모를 공경하고 어른을 어른으로 대접하는 데에서 출발한다. 효도하는 자는 형제와 화목하게 지내기에 가정이 화목해지고, 이웃과 화목해지고, 국가가 화목해지고, 온 인류가 화목해진다.

- 그러므로 지상의 아름다운 소왕국은 가정에서부터 이루어야 한다.

▪ 선택된 14만 명만 구원받는 것이 아니라, 천사처럼 변하고자 하는 14만 명을 기초로 온 인류가 천사처럼 거듭나는 영적인 개혁이 시작되는 것이다.

▪ 천 년에 걸쳐서 하늘에서 이루어진 것같이 이 세상을 낙원으로 만들어, 만백성이 지상의 천국에서 살다가 죽어서 그대로 하늘의 천국으로 들어가는, 영원한 지상 낙원을 건설하는 것이 하나님의 계획이다.

- **이것이 구약과 신약에 이어 "새로운 성경"으로 역사하시는 하나님의 창조의 완성이다.**

▪ 지금의 믿음으로 구원받을 수 있다면 그 길을 가라. 그러나 자신이 없다면 하나님께서 직접 내리신 160권의 "새로운 성경"을 읽고 구원의 길을 보라!

하나님 머리말씀

이 새로운 성경을 읽는 너희 모두는
이 율법에 따라 행하면 영원히 구원받을 것이니라.

너희 인간이 수년, 수십 년, 평생
성서를 공부하고 기도하는 것은
하늘나라 나의 곁으로 오고 싶은 소망일진대,

몇천 년 전의 너희 인성과 생각이
지금의 너희와는 판이하게 다르니,

꺾여 가고 병들어 가는 너희를 고칠 수 있는 길은,
오늘 내가 선지자에게 내리는 새로운 성경과 같이
너희가 변화되는 것뿐이니라.

나의 예수가 태어난 것처럼
내가 아들 선지자를 선택하여
나의 새로운 성경을 온 세계에 전하고자 하니,

묵은 것은 버리고 새로운 것은 취하여,
너희 모두는
'여호와 하나님! 저의 죄를 용서하여 주옵소서.'
하는 기도문으로 기도하고, 죄를 뉘우치라.

이 새로운 성경은
수천 년간 내려온 성서를 요약한 것이니,
너희는 이 책을 정독하여 쉽게 깨달음을 얻고,
이대로 실천하여 하늘에 오르라.

대역자 머리말

■ 하나님의 율법을 지키는 선지자로 선택을 받도다.

저는 남들처럼 그저 열심히 살아온 평범한 사람이었습니다. 그러나 50대 중반에 사업에 실패하여 많은 부채에 시달렸으며, 건강도 악화되어 눈이 잘 안 보이고, 걷기도 어렵고, 두통이 심해서 잠을 이룰 수 없는 고통의 나날을 보냈습니다. 그때 제가 선택할 수 있는 것은 육의 삶을 끝내는 길뿐이었습니다.

죽기 직전에 그동안에 죄를 지은 이들에게 용서를 빌고 인생을 끝내기로 작정하였습니다. 어려서부터 지은 죄를 빌고 빌다 보니 끝이 없었고, 죽음으로도 그 많은 죄를 용서받을 길이 없다는 생각에 하염없이 눈물이 흘렀습니다. 그 순간 '재래식 화장실의 구더기는 죄를 짓지 않는데, 나는 인간으로서 구더기만도 못한 삶을 살았구나.' 하는 생각이 들면서 괴로움에 몸부림칠 때, 갑자기 하나님의 음성이 들렸습니다.

"나는 여호와 하나님이니라. 너는 십계명을 암송하고 내가 내려 주는 메시지를 받아 책으로 만들어 만백성을 구하라." 하시며, 제 눈을 손으로 문지르게 하시고, 아픈 머리와 다리를 손으로 두드리게 하셨습니다. 그러고 나니 눈도 잘 보이고 걸을 수 있었으며 머리의 통증도 말끔히 낫게 되었습니다. 그때부터 십계명을 암송하고 나면 들려주시는 말씀을 기록하였고, 1999년 8월부터 2004년 7월까지 권당 288쪽, 총 160권을 받아서 "새로운 성경"이라는 책으로 펴내게 되었습니다.

그러한 저에게 죽기보다도 힘든 길이 시작되었습니다. 모든 교인들이 저에게 사탄이요, 이단이요, 악마요, 마지막 시대에 온 거짓 선지자라 하면서 공격하였고, 저를 짐승을 보듯이 대하는가 하면, 편협한 종교 지도자들의 선동으로 신도들이 이 책을 직접 읽어 보고 평가할 기회마저 막아 버렸습니다. 그래서 하나님의 말씀을 세상에 내는 데 많은 어려움을 겪으며, 피를 토하는 심정으로 책을 전하고 있습니다.

그러나 아무리 인간의 힘으로 막으려 해도, 하나님의 뜻이 세상에 전해지는 위대한 역사는 계속될 것입니다. 책으로 전해지는 "하나님의 말씀"은 세상 끝날까지 항상 우리와 함께하실 것입니다. 사람은 죽어도, 책에 기록된 말씀은 영원히 남으니까요.

■ 따뜻한 실천

하나님께서는 어려운 사람들에게 삶의 터전을 마련해 주고, 미래를 열어 주는 것을 기뻐하십니다. 어려운 이웃이 스스로 자립할 수 있도록 이끌어 주는 것이 진정으로 이웃을 돕는 것이라고 말씀하셨습니다. 그래서 일자리가 없는 제자들에게 작은 사업장을 만들어 주는 "달란트 사업"을 하고 있습니다. 식당, 반찬 가게 등을 차려 주고, 기존의 어려운 사업장이 자립할 수 있도록 돕고 있습니다(커피숍, 미용실, 의상실 등).

하나님께서는 교회에 나와서 모든 시간과 재물을 쏟기를 원하지 않으시고, 그 시간과 재물을 교육에 투자하여 스스로 미래를 열어 가기를 원하십니다. 그래서 제때 공부하지 못한 제자들에게 학업을 이어 가도록 하였습니다. 중화요리 주방장을 하며 초등학교 검정고시부터 공부하여 2012년에 방통대를 졸업한 36세 남성, 만학도들의 2년제 중학교에 입학해서 2007년에 명지대학을 졸업한 38세 여성, 중학교 검정고시를 시작으로 숭의여자대학을 졸업한 47세 여성 등이 있습니다. 그밖에도 많은 제자들에게 나이를 초월하여 배우고 깨우쳐서 사회 속의 당당한 일원이 되도록 인도하고 있습니다.

학자금 대출로 힘겨워하는 젊은이들을 위해 "따뜻한 바람 장학회"를 발족하여(2016년 12월) 대출받은 학자금 전액을 매월 갚아 주고 있습니다. 또한, 다문화 가정을 위해 "다문화 가족 랜드"를 조성하여, 각종 시설을 무료로 활용하도록 하고 있습니다.

이러한 따뜻한 실천이 아직은 미약합니다. 그러나 책의 수입이 늘고, 저와 뜻을 같이하는 분들이 늘어나면 계속 확대할 것입니다. 지도자로서 신도의 재물을 헌금으로 거둬들여 착복하는 것이 아니라, 하나님께서 기뻐하시는 일에 사용하도록 중매 역할만 하며 살아가고자 합니다. 이런 제가 과연 사탄이고 이단인가요? 하나님께서 기뻐하시는 일이라면, 저에게 사탄이라 하든 거짓 선지자라 하든 굽히지 않고 실천해 나갈 것입니다.

끝으로, 일상의 삶 속에서 "지금 내가 하는 행동이 과연 하나님께서 기뻐하실까, 슬퍼하실까?" 생각하고, 매사에 하나님께서 기뻐하시는 길을 택하기 바랍니다. 교회에 모여서 집단적으로 예배 드리는 것이 아니라, 개인이나 가정 단위로 새로운 성경을 읽어 스스로 깨우치고 그대로 행하면 충분합니다. 그것이 마음속에 성전을 짓고, 신령과 진정으로 예배 드리는 길입니다. 그러면 천국의 문에 들어서게 됩니다.

2017.2.1.

하나님 말씀 대역자 김용철

차 례

십계명

이 책은 십계명을 암송하고 나면 내려 주시는 "하나님의 음성"을 듣고 그대로 받아쓴 기록입니다. 하나님께서 십계명을 모세에게 내려 주셨지만, 그것은 만백성에게 내려 주신 것입니다. 마찬가지로 이 책의 모든 말씀도 저에게 내려 주셨지만, 만백성 각자에게 들려주시는 말씀입니다. 여러분도 이 책을 접할 때마다 십계명을 암송하고 나서 정독해 주시기 바랍니다.

제일은, 너는 나 외에는 다른 신들을 네게 있게 말지니라.
제이는, 너를 위하여 새긴 우상을 만들지 말고, 또 위로 하늘에 있는 것이나, 아래로 땅에 있는 것이나, 땅 아래 물 속에 있는 것의 아무 형상이든지 만들지 말며, 그것들에게 절하지 말며, 그것들을 섬기지 말라.
제삼은, 너는 너의 하나님 여호와의 이름을 망령되이 일컫지 말라.
제사는, 안식일을 기억하여 거룩히 지키라.
제오는, 네 부모를 공경하라.
제육은, 살인하지 말지니라.
제칠은, 간음하지 말지니라.
제팔은, 도적질하지 말지니라.
제구는, 네 이웃에 대하여 거짓 증거하지 말지니라.
제십은, 네 이웃의 집을 탐내지 말지니라.

나 여호와가 존재함을 믿는 그 자체가 구원의 길에 들어서는 기본이요, 근본이며, 나의 새로운 성경을 가슴에 안고 정독하는 자, 반석 위에 서서 하늘에 오르는 찬란한 빛을 보게 되는 영광을 얻게 됨이니라. 진정 나를 따르고 믿는 자는 감히 사탄이나 마귀도 근접하지 못하느니라.

〈하나님 말씀〉

2004년 3월

9,965 번째 하나님 말씀

2004년 3월 17일 12시 05분

1 사랑하는 나의 아들아!
2 "네, 아버님! 말씀하옵소서."
3 너희들이 마음이요, 정신을 통일시키며, 그 정성이라는 게 무엇이더냐?
4 네가 160권의 법전을 기록하여 세상에 전함이니, 나의 뜻을 받고자 네가 앉아 십계명을 암송하며 그 암송하는 십계명이 얼마나 그 숫자가 많더냐?
5 오죽하면 네가 십계명을 암송하는 것이 한 장 한 장 네 키만큼 쌓일 때 모두가 역사하며, 그와 같이 쌓일 것이라 내가 너에게 말하지 아니하였더냐?
6 그는 과연 무슨 의미더냐?
7 그만큼 네가 많이 십계명을 암송할 것이며, 또 그를 암송한 다음에 나의 성령의 나의 뜻을 받아 세상에 나의 법전을 전하는 그 역사가 이루어질 것이라는 뜻이 아니더냐?
8 그마만치 네가 헬 수 없이 나의 십계명을 암송하고 암송하여 나의 법전이요, 나의 성령을 받으면서도,
9 네가 잠시 다른 생각이요, 네가 정신을 통일하지 아니하면 그 십계명의 암송의 구절을 잊어버리며, 그걸 제대로 암송할 수 없는 것이며, 그를 잊어버리는 수가 있을 것이니,
10 이것이 바로 너희들이 얼마만큼 정신을 가다듬느냐가 중요한 것이니라.
11 그러니 정신을 가다듬지 아니하면 네가 헬 수 없이 암송하고 암송하는 것, 너희들은 버릇이라는 것이 그저 자신도 모르게 행하여지며, 자신도 모르게 습관이 되어 나오는데,
12 너희들은 정신을 통일하지 아니할 때, 그 많은 십계명을 암송한 너도 틀리며, 그를 바로 암송할 수 없으며,
13 그것이 지워지고 생각을 하지 못하는 그와 같은 형국에 이르는 것을 너는 알 것이니라.
14 그러니 바로 너희들이 얼마만큼 정신을 가다듬고 정성을 다하여 믿음의 길이요, 하늘에 오르는 길을 가야 하는가?
15 이는 바로 곧 무엇이더냐?
16 항상 긴장을 풀지 말고 살라 함이니라.
17 긴장을 풀었을 때 너희들이 무너지며, 긴장을 풀었을 때 너희들이 사탄에게 유혹되어 무너진다 하지 아니하였더냐?
18 그러니 하늘에 오르는 길이요, 나의 법전을 읽고 깨우쳐 가는 백성 너희들은 잠시도 긴장을 풀어서는 아니 되며, 여유로운 마음을 가지고 너희들이 마음을 누그러트려도 아니 됨이니라.
19 그리하면 너희들이 무너지게 되며 너희들이 실수하게 됨이니라.
20 악이란 한 번 무너지면 너희들이 계속 쌓이고 또 쌓이는 것이니, 그리하여 헤어날 수 없는 그와 같은 형국에 가게 됨을 너희들은 알아야 될 것이니라.
21 너희들이 나의 법전이 소중하고 귀한

것을 생각한다면, 너희들은 이 뜻이
어떠하며 이 내용이 어떠하다며 시시
비비할 가치가 없으며 시시비비할 자
격도 없거늘,
22 너희들이 그와 같이 소중하고 귀한 마
음으로, 정성스러운 마음으로 나의 법
전을 읽고 깨우치지 아니할 때,
23 너희들은 그저 한 가닥 소설책이요,
도덕책을 읽는 그것밖에는 너희들의
머리에 와 닿지 아니할 것이니,
24 정성을 다하여 보는 자와 그리고 정성
을 다하여 보지 않는 백성의 그 차이
가 거기 있음이니라.
25 아무리 너희들이 이를 보고 귀한 것을
접한다 해도, 정성스럽지 않은 백성,
정성을 다하지 아니하는 자 너희들은
그를 알 수 없으며, 그 뜻을 알 수 없
는 것이라는 것을 다시 한 번 너희들
에게 전함이니 그리 알라.

9,966 번째 하나님 말씀

2004년 3월 17일 12시 08분

1 사랑하는 나의 아들아!
2 "네, 아버님!"
3 나의 뜻이 어떠하며, 이 법전이 어떠
하며, 새로운 성경이 어떠하며, 이 성
전에서 가르치는 것이 어떠하며, 네가
어떠한 것이며 그와 같은 것을 반론하
기 위하여 한 사람이 여기를 찾아올
것이니라.
4 그는 믿음에 모두를 다 바치며, 오로
지 믿음의 길만 가는 사람, 그리고 저
희들이 지금 성서의 공부하는 것 외에
는 아무것도 바라볼 수 없는 자가 흥
분하여 너를 찾아올 것이니, 너는 그
에게 무엇이라 대답하라 내가 하였느
냐?
5 "네, 아버님, 세 가지로써 대답하라 그
리하셨사옵나이다."
6 그것이 무엇이더냐?
7 "절벽에서 남의 자식과 네 자식을 붙
잡고 네가 한 자식의 손을 놓아야 될
때,
8 남의 자식을 버리느냐, 네 자식을 버
리느냐 선택해야 할 때,
9 과연 네가 어떤 자식을 버리겠는가 물
어보라 하셨사옵나이다.
10 제 자식을 애지중지하며 더욱이 그
자식이 명성이 있으며 세상에 귀한
자식이라 칭송을 받는 그와 같은 자
식이라 할 때, 너희들은 과연 그때도
제 자식을 놓을 수 있는가?
11 그리고 그가 재능이 있으며, 그가 능
력이 있으며, 천재적인 소질이 있으
며, 그가 바로 성장한다면 이 세상의
누구도 그 지혜를 따를 수 없으며, 그
가 생각하는 그 현명함을 따를 수 없
는 그와 같이 영특한 자식이라 할 때,
12 그리하여 그 자식을 사랑하며 더 소중
히 아끼고 있는 자식의 손을 과연 놓
을 수 있는가, 나이가 먹은 자는 과연
제 손자를 그와 같이 놓을 수 있는가,
한번 그것을 먼저 물어보도록 하라 그
리 말씀을 주셨사옵나이다."
13 그리고 내가 뭐라 또 주었느냐?
14 "네, 아버님! 그에게 두 번째 묻기를
진정한 사랑이 무엇이며, 사랑이란 어
찌하는 것이며, 사랑은 어떻게 하는
것인가 그를 물으라 하였사옵나이다."

15 그리고 세 번째는 내가 뭘 물으라 하
였느냐?
16 "네, 아버님! 그가 저의 성전에 와서
저에게 시시비비하니, 여기에 젊고 건
장한 사람들이 그득히 차 있을 때도,
그가 과연 제 뜻이 옳다 하여 와서 반
론을 제기하며, 저에게 갑론을박할 수
있으며, 저에게 지금 삿대질하고 대드
는 그와 같은 행동을 할 수 있는가,
17 여기에 저의 제자들이 그득히 차 있
는 앞에서도, 그가 위험을 느끼는 속
에서도, 그리고 제 멱살을 잡아 끌어
낼 수 있는 그와 같은 분위기라도 과
연 그가 언성을 높이고 따질 수 있는
가,
18 그리하여 그것이 아버님의 진리요, 아
버님의 뜻이며, 그가 가는 길이 옳다
하여 지금 저에게 언성 높이며, 저에
게 와 삿대질하는 그와 같은 행동을
할 수 있는가 한번 그를 물어보라 하
셨사옵나이다.
19 그리고 그가 만일에 죽음의 직전에 어
떤 것이 죽고 사느냐 하는 것을 물었
을 때,
20 그가 그래도 제가 가는 길이 진정한
하늘에 오르는 길이라 대답할 수 있는
가 물어보라 하셨으며,
21 그 세 가지를 물어보라 하였사옵나이
다, 아버님!"
22 그러니라. 그가 오거든 그것으로써 묻
고 그 이상의 말과 대답도 하지 말라.
23 거기서 그가 깨달으면 제가 복이요,
깨닫지 못하면 제 복이 달아남이니,
24 제가 스스로 얻을 것을 얻지 못하는
것이니, 그것만을 물어보도록 그리하
라.

9,967 번째 하나님 말씀

2004년 3월 17일 12시 17분

1 사랑하는 나의 아들아!
2 "네, 아버님! 말씀하옵소서."
3 나 여호와가 너희들의 그 마음이 무엇
이라 표현하였느냐?
4 지금의 나의 사랑하는 백성 너희들이
아무리 귀하고 소중한 것이라도 제가
갖지 못하면 남도 갖지 못하도록 그리
하는 것이 너희들이 아니더냐?
5 너희들이 귀하고 소중한 것을 제가 못
가지면 깨 버리면 버렸지 남이 가져서
는 아니 되는 것이며, 제가 먹지 못한
다면 남도 먹지 못하도록 하는 것이
너희들이 아니더냐?
6 그리고 제가 취하지 못하면 남도 취하
지 못하도록 양보라는 것이 없는 백성
들이 아니더냐?
7 이와 같은 백성들이 너희들의 오늘의
살아가는 모습이요, 하늘에서 보는 모
습이 너희들이 과연 그러할진대,
8 그것이 내가 너희들에게 모든 은혜와
영광과 축복을 주어 내린 사랑하며 살
라는 백성들의 변질된 모습이니,
9 그러고도 너희들이 나에게 오를 수 있
다 생각하며 나의 백성으로서 거듭났
다 생각하느냐?
10 이것이 오늘의 너희들의 마음 자세이
니라.
11 그러니 이것을 바로잡고자 하는 것이
나 여호와이거늘, 누가 사탄이며, 누
가 마귀라 말하느냐?

12 나의 아들을 따르는 제자들이요, 나의
법전을 읽고 깨우친 백성 너희들은 너
희들이 모두를 양보하며, 너희들의 그
모두를 베푸는 마음으로 살라.
13 그리하여 제가 못 가지면 남이 갖는
것을 용서하지 못하며, 너희들이 깨고
부숴 버려서라도 제가 못 먹는 것은
남도 못 먹게 하는 것이 너희들의 오
늘의 마음이니,
14 그리해서는 아니 되며, 양보하고 또
양보하라 내가 가르치는 것, 그를 배
우고 가는 나의 아들딸들이 과연 사탄
이요, 이단이란 말이더냐?
15 내가 솔로몬의 지혜라 하여 성경에 기
록하여 너희들에게 전하지 아니하였
더냐?
16 한 자식을 놓고 서로 싸우며 그를 원
함이니, 솔로몬이 그 여인들에게 그
아이를 나눠 준다 할 때,
17 무릎 꿇고 그리하지 말라 울며불며 사
정했던 그 여인이, 바로 그것이 부모
의 마음이요, 자식을 가진 마음이니라.
18 과연 그 자식을 나눠 달라하며 죽여서
라도 반을 갖겠다는 그 여인과, 그리
고 죽여서는 아니 됨이니 그를 살려서
그 여인에게 주라 하는 여인이요, 그
것이 과연 누가 사탄이요, 누가 천사
의 마음이더냐?
19 나의 아들딸들은 그 자식을 남에게 주
더라도 제가 그를 죽여 반을 나눠 갖
는 것은 절대 용납할 수 없으며 그리
해서는 아니 되는 것이요,
20 그 마음을 가져서는 아니 된다 가르치
는 나의 성경이요, 나의 새로운 법전
이요, 이 새로운 성경이 과연 너희들
은 사탄이요, 이단이요, 사악한 자라
하는가?
21 그리 강론하는 나의 아들이 잘못된 말
이더냐?
22 모든 종교 집단이요, 나의 백성 너희
들이 어찌하느냐?
23 아무리 귀하고 소중한 것이라도 제가
못 가지면 깨서 버릴지라도 그 조각
이라도 갖고자 깨야 되겠다는 것이
너희들의 마음이라면 과연 너희들은
어찌하겠느냐?
24 사랑하는 나의 아들딸들아!
25 너희들은 두려워하지 말며, 겁먹지 말
며, 주저앉지 말라.
26 너희들의 가는 길이 무엇이 잘못됐으
며, 너희들의 하는 일이 무엇이 잘못
돼 있던가?
27 자식을 나눠서라도 갖겠다는 그 여인
의 그와 같은 마음을 갖지 아니하며,
살려서 남에게 주더라도 제 자식을 양
보하는 것,
28 그것이 너희들이 가는 길이요, 그 길
을 위하여 가는 너희들이 과연 사탄이
요, 이단이란 말이더냐?
29 오늘의 고통과 시련에 눈물을 흘리지
말며, 두려워하지 말라, 사랑하는 나
의 아들딸들아!
30 너희들이 눈물을 흘리니 내 가슴이 아
프며, 너희들이 실망하니 내 가슴이
아프며, 너희들이 용기를 잃으니 내
가슴이 찢어지도록 아프니라.
31 모두는 너희들이 승자니, 오로지 그
마음이 변하지 말고 가도록 그리하라.
32 어떠한 역경이요, 어떠한 환경에서도
그 지혜로운 여인처럼, 자식을 살리고

자 하는 그 어머니의 마음처럼,
33 그 마음을 가지고 살라 하는 너희들이
요, 그리 살고자 하는 너희들이 무엇
이 잘못됐으며, 무엇이 부끄러우며,
너희들이 어찌하여 더 이상의 시련의
고통을 가겠는가?
34 눈물을 거두라.
35 너희들의 눈물을 볼 때 나 여호와의
마음이 천 갈래, 만 갈래 찢어짐이니,
36 곧 너희들이 승자가 될 날이 있을 것
이니 그리 믿고 가도록 하라, 사랑하
는 나의 아들딸들아!

9,968 번째 하나님 말씀

2004년 3월 17일 12시 23분

1 사랑하는 나의 아들아!
2 "네, 아버님! 말씀하옵소서."
3 나의 법전을 접하여 읽고 또 읽음으로
써 한 걸음씩 한 걸음씩 너희들이 하
늘을 향하여 그 고귀한 발걸음이 나오
지 아니하면 아니 되느니라.
4 나에게 다가오는 그 변화가 이루어지
지 아니하면 아니 되느니라, 사랑하는
나의 아들딸들아!
5 나의 법전을 읽고 나의 강론을 듣는
것만큼 너희들이 한 발짝 한 발짝 그
고귀한 발걸음이 나를 향하여 다가오
는 그와 같은 삶을 살지 아니하면 아
니 됨이니라.
6 그것은 너희들이 진정한 정독이 아니
니라.
7 너희들이 진정한 마음으로써 소중한
마음을 가지며, 그리고 귀한 나의 법
전이라 하여 너희들이 정독하면, 한
발짝 한 발짝 그 고귀한 발걸음이 나
에게 온다는 것을 어찌 모르느냐?
8 형식적인 마음으로써 너희들이 책 읽
기를 한다면, 책 읽기밖에 되지 아니
하느니라.
9 모든 백성들이 지금 성경을 갖고 종교
집단에서 공부하고 설교하며 가르치
는 것이 저희들의 인간의 생각이요,
인간의 교리요, 두 마음, 세 마음을 가
지고 가르치는 종교 지도자이니,
10 그들에게서 배우는 나의 사랑하는 백
성들이 제자리에서 변화되지 못하고
있으며 성서의 그 참뜻을 알지 못하느
니라.
11 내가 비유로 봉해 놓았음이니, 그것은
무엇이더냐?
12 읽을 수 있는 자격이요, 배울 수 있는
자격이요, 그를 들을 수 있는 자격을
선별하기 때문이라는 것을 너희들은
어찌 모르더냐?
13 그러기에 그들이 가는 길이 참진리의
길이 아니라 함을 너희들은 알아야 될
것이니라.
14 그러니 나의 아들을 따르는 백성 너희
들이 겸손한 마음과 감사하는 마음으
로 나의 법전을 가슴에 안고, 이 세상
에 이보다 더 소중한 것이 없다는 귀
한 마음을 갖고 정독하지 아니하면,
15 너희들은 그 속에 들어 있는 너희들이
거듭나는 그 빛을 볼 수 없으며, 너희
들이 그 빛을 보지 못하면 그 빛을 따
라올 수 없는 것임을 알겠느냐, 사랑
하는 나의 아들딸들아!
16 내가 나의 아들에게 뭐라 말하였느냐,
하늘에 오르는 길은 전자파보다 더 가

늘며 더 곧은 빛이니, 그 빛을 보지 못
하는 너희들은 그 길을 따라올 수 없
는 것이라 했음이니,
17 나의 법전을 가슴에 안고 소중하고 귀
한 것이라 하여 겸손한 마음으로, 그
은혜에 감사하는 마음으로써 정독할
때 그 빛을 볼 수 있으니,
18 빛을 보지 아니하고 어찌 너희들이 그
길을 올 수 있단 말이더냐?
19 빛을 보는 자만이 올 수 있음이니라.
20 너희가 교회요, 성당이요, 이 모두를
왜 다니는가?
21 그를 내가 너희들에게 묻는다면, 너희
들은 그럴 것이니라.
22 아버님을 따라서 역사하며 아버님의
백성이 되어 너희들이 오늘의 믿음의
길을 가고 있다 그럴 것이니라.
23 그러나 내가 보는 너희들은 아니니라.
24 너희들은 구원이라는 욕심 때문이 아
니더냐?
25 그 구원이라는 욕심이요, 그걸 이루기
위하여 오늘의 믿음의 길을 가는 너희
들이니, 정녕 너희가 너희 뜻을 이루
고자 한다 하면,
26 너희들은 네 가슴에 있는 그 욕심을
버리며, 겸손하고 감사하는 마음으로
써 먼저 너희들이 변화되는 삶을 살지
아니하면 아니 됨이니라.
27 모든 백성은 들으라.
28 지금 내가 나의 법전이요, 새로운 성
경을 내려보내어 이와 같이 역사하고
있으니,
29 그를 따르는 제자들이요, 그들이 가는
길이요, 그를 너희들이 보지 아니하며
그를 이단이요, 사탄이라 하여 그리
몰아붙인다면,
30 너희들은 이 세상에서 가장 귀중한 것
을 버리는 것이요, 거듭나는 것을 포
기하는 불쌍하고 어리석은 백성들이
니,
31 그들이 가는 내면의 속을 너희들이 들
여다보며, 그들이 너희들보다 아름답
고 곱게 살아간다면, 곱고 아름다운
삶을 바르게 따라야 되지 않느냐?
32 너희들은 어찌하여 거기서 인간의 노
력으로써는 아무리 인간이 곱게 산다
해도 구원을 이룰 수 없다 그리 말하
는가?
33 이는 아니 됨이니라.
34 그리 가르치는 종교 집단 지도자들이
사랑하는 나의 백성들을 한 번 죽여
지옥으로 보내는 것이 아니요,
35 영원히 나올 수 없도록 두 번, 세 번
죽이는 그와 같은 사악한 짓을 하고
있다는 것을 알라.

9,969 번째 하나님 말씀

2004년 3월 17일 12시 28분

1 사랑하는 나의 아들아!
2 "네, 아버님! 말씀하옵소서."
3 지금의 종교 집단과 지도자 너희들이
나의 아들 예수의 보혈로써 은혜를 받
았다 그리 말하느니라.
4 그리하여 너희들은 대속되었으며 죄
가 없는 백성이요, 구원의 길에 오른
백성이라 그리하느니라.
5 너희들은 이 말을 간단하게 말하며 쉽
게 말하느니라.
6 그러나 너희들은 이것이 아래로써 나

의 백성 모두를 지옥으로 이끌어 가며
죽음을 향하는 행위요,
7 얼마나 사악하며 간악한 자들이 그와
같은 말을 하는 것인지 알겠느냐?
8 너희들이 나로부터 생명을 받아 가 세
상에 모든 은혜를 누리고 살면서 그는
무슨 말이더냐?
9 나 여호와에게 '우리가 아무리 은혜를
받았으며 아무리 역사해도 하늘에 계
신 창조주 그분께는 갚을 빚이 없으며
갚을 것이 아무것도 없다.' 너희들이
그리 말하며,
10 그 은혜는 아무것도 아니니 너희들이
신경 쓰지 말며, 거기에 대해 너희들
이 그 은혜를 갚고자 노력하지 말라,
부모의 은혜를 갚고자 노력하지 말라
하는 그와 같은 것과 똑같음을 너희들
은 모르는가?
11 너희들이 정녕 나 여호와로부터 받은
것을 감사하며 나로부터 받은 것을 은
혜로 생각한다면,
12 너희들이 과연 어떠한 형태든 죄를 대
속받아 죄가 없는 자요, 깨끗한 자라
말할 수 있느냐?
13 너희들은 죄가 없으며 대속받은 자요
깨끗한 자라 말하나, 그 말하는 것은
무엇이더냐?
14 나 여호와로부터 받은 은혜요, 나로부
터 받은 그 모두를 너희들이 보상할
것도 없으며 갚을 것도 없으며 그 은
혜를 생각할 필요도 없다고 말하는 자
와 똑같음을 어찌 모른단 말이더냐?
15 이러면서 종교 집단의 지도자요, 가르
치는 자라 말할 수 있단 말이더냐?
16 '예수의 보혈로써 속죄받았으며 모든
죄를 용서받았으니, 우리는 표백되어
죄가 없다.' 너희들이 그리 말하는 것,
그것이 그리 무서운 것이니라.
17 나로부터 감사하는 것, 은혜를 받은
것, 그리고 너희들이 나에게 되돌려
줄 것은 아무것도 없다 그리 가르치는
자들이니라.
18 그러니 너희들은 그와 같은 백성의 가
르침이 과연 진정한 참진리요, 선한
백성이 하는 일이냐?
19 악한 자요, 악한 백성을 만드는 그와
같은 연습을 하고 있는 것이 너희들이
라는 것을 알라.
20 이제는 나의 아들을 따르는 백성 너희
들은 성서의 한 구절이요, 너희들이
말 한마디 하는 것이 어떠한 뜻에서
어찌 역사하는가를 알 것이니라.
21 그러니 그리하여 성서가 두려우며, 나
의 법전이 두려우며, 나의 아들을 통
하여 내리는 강론이 두렵고 무서움을
알라.
22 이제는 알겠느냐?
23 '예수의 보혈의 은혜로써 모두를 사함
받았으니 우리는 죄가 없으며 그저 구
원을 받았다.' 하는 백성, 그 말이 평
범하나,
24 그것은 '창조주 아버지를 위해 우리가
드릴 것이 없으며 바칠 것이 없으며,
그분께 우리가 드리고자 노력하지 아
니해도 된다.' 하는 그와 같은 너희들
이 무서운 계산이요, 너희들이 그와
같은 말을 하는 자들이니,
25 이게 사탄이 아니고는 결코 만들어 낼
수 없는 말이라는 것을 알라.
26 모두는 다 그리 말하며 울고불고하느

니라, '죄가 없다, 예수가 모두를 짊어
지고 대속했으니 죄가 없다, 깨끗하
다, 우리는 하늘에 오르는 길밖에 없
다, 그리고 하나님으로부터 상 받는
것밖에 없다.' 하니,
27 이것은 나 여호와에게 감사할 것이 없
으며, 은혜에 보답할 것이 없으며, 나
에게 무엇인가를 갚고자 노력할 것도
없으며,
28 내가 원하는 것이 너희들이 나로부터
받은 은혜는 착하고 선하게 사는 것,
천사와 같은 삶이 나의 은혜에 보답하
는 길이나,
29 그걸 할 필요도 없다 하지 말라 그저
너희들이 그리 가르치는 자들이요,
30 나와는 관계없으며 나의 은혜에 감사
함을 저버리라 하며 생각하지 말라 하
며, 한쪽에서는 나에게 울고불고하라
하는 것이 너희들이니,
31 어리석은 그들의 가르침에 현혹되지
말라.

9,970 번째 하나님 말씀

2004년 3월 17일 12시 36분

1 사랑하는 나의 아들아!
2 "네, 아버님! 말씀하옵소서."
3 창조주 나 여호와가 사랑하는 나의 아
들딸 너희들을 세상에 내려보냈음이
니, 곧 너희들을 세상에 창조하여 너
희들이 이 지상을 다스리고 살아갈 수
있는 이 모든 권좌의 권한을 너희들에
게 주었음이니,
4 이는 내가 가장 아름다운 모습으로 창
조한 나의 백성들, 그것을 보는 나의
마음이 기쁘며, 그 기쁨이 너희들이
말하는 하늘을 닿을 정도로 그와 같은
나의 기쁨을 얻어야 될 것이 아니더냐?
5 그러나 나는 그와 같은 기쁨을 너희들
로부터 얻기 전에, 나는 너희들을 보
는 마음이 애통하며 그와 같은 마음을
가지고 산다면 너희들은 알겠느냐?
6 나 여호와가 사랑하는 너희들을 창조
했으며 너희들을 세상에 내보낸 것을
지금 후회하며 애통해하며 한탄하고
있다면, 너희들은 어찌 생각하겠느냐?
7 내가 너희들로 하여금 기쁨을 얻는 것
이요, 기쁨의 영광을 얻는 것이 아니
라, 내가 너희들로부터 후회하며 애통
해하며 한탄하는 그와 같은 마음으로
살아간다면 과연 너희들은 어찌하겠
느냐?
8 이것이 정녕 지금 나 여호와의 마음이
니라.
9 그러니 너희들이 어찌 살아왔으며 어
찌 행했으면, 나 여호와가 기쁨이 아
니요, 나에게 고통만을 가중하는 그와
같은 너희들의 삶을 산단 말이더냐?
10 너희들이 인간 세상에서 자식을 둠이
니, 그 자식이 인간의 도리를 다 못 하
며 부모의 속을 썩히며, 세상의 많은
사람들에게 부끄러움을 행하는 삶을
살 때, 그 부모는 자식을 세상에 낳은
것을 한탄하며 후회한다는 말을 하지
않더냐?
11 너희들로 하여금 나의 기쁨이 아니요,
나의 영광됨이 아니요, 나는 개탄만을
하고 있다면, 너희들은 어찌하겠다는
말이더냐?
12 내가 나의 법전에 기록하여 전했느니

라.
13 이 세상에 노아의 방주처럼 너희들이
그리 구원할 백성이 한 사람만 있더라
도 그와 같은 벌로써 다시 한 번 다스
리고자 하는 마음이 있으나,
14 그와 같은 사람이 하나도 없으며 그와
같은 백성이 없다 하였으니, 이 나의
슬픈 마음을 너희들이 어찌 알겠느냐?
15 너희들을 재앙으로써 다스려 이 세상
에 이루지 못하며 존재하지 못하도록
하는 것이 차라리 내 마음이 편하다면
너희들은 어찌하겠느냐?
16 그러나 나는 너희들을 사랑하기 때문
에 너희들에게 다시 한 번 기회를 줌
이요, 내가 나의 아들을 통하여 160권
의 법전으로써 너희들이 하늘에 오르
는 길을 인도하고자 함이니,
17 이를 너희들이 깊이 깨우쳐 겸손한 마
음으로써 읽고 깨우쳐 정독하여 거듭
나는 백성이 되어,
18 너희들만은 나의 아픔이요, 너희들을
창조한 것을 후회하며 슬퍼하며 한탄
하는 그와 같은 나의 마음이 아니도록
그리해 줘야 될 것이니,
19 선택된 나의 아들딸 너희들은 명심하
여 듣도록 그리하라.

9,971 번째 하나님 말씀

4년 3월 17일 20시 37분

1 사랑하는 나의 아들아!
2 "네, 아버님! 말씀하옵소서."
3 이 세상 그 많은 백성들이요, 수많은
백성들 중에 내가 직접 내리는 나의
뜻이요, 내가 내리는 성령을 직접 듣
고 깨달음을 가는 백성이 있는가?
4 너희들은 그것이 얼마나 귀하고 소중
한지 알겠느냐?
5 이제 나의 아들을 통하여 그 강론을
들으며, 나의 성령을 직접 듣는 그 은
혜요, 축복 속에 살아가는 너희들은
알아야 될 것이니라.
6 너희들은 나로부터 강론을 들으며 나
의 뜻을 직접 들어 그 은혜를 입음이
니,
7 너희들이 마음이 변하며 거듭나는 것
이 어렵다면, 너희들은 다음과 같은
것을 행하고 지켜 가는 삶으로써 시작
하라.
8 '모든 것은 내가 하겠다, 모든 것은 내
가 먼저 하겠다.' 하는 그와 같은 생각
을 가지고 살라.
9 궂은 일도 내가 먼저 하며, 어렵고 힘
든 일도 내가 먼저 하며, 모두는 내가
먼저 움직이며, 내가 먼저 역사하며,
내가 책임을 지고 내가 먼저 행하겠
다.' 하는 마음으로 그와 같은 삶을 살
아가도록 그리하라.
10 남에게 미루지 아니하며, 어렵고 힘든
일을 그가 하지 아니하는가 남에게 바
라는 마음을 갖지 말고,
11 '어렵고 힘든 모든 일을 내가 먼저 하
여 내가 먼저 역사하겠다.' 하는 그와
같은 마음으로 너희들이 행동하고 실
천하면, 그는 너희들이 갈 수 있을 것
이니라.
12 그와 같은 마음으로 너희들이 살아간
다면, 거기서 또 너희들이 깨달음이
있고 얻음이 있으니 내 뜻을 알게 될
것이니라.

13 그러니 '내가 먼저 해야 되겠다, 내가
먼저 역사하겠다, 내가 먼저 스스로
행하겠다, 아무리 어렵고 힘들어도
남에게 미루지 아니하며 내가 먼저
그와 같이 행하고 실천하겠다.' 하며,
14 그리고 그것을 행동으로 옮겨 너희들
이 그와 같은 삶을 살아가다 보면,
15 너희들이 그를 실천할 수 있으며, 그
속에서 너희들이 진실한 마음을 알 수
있으며,
16 너희가 궂고 어렵고 힘든 일을 남에
게 시키지 아니하고 제가 먼저 하고
실천하는 그와 같은 속에서 너희들이
인간의 삶의 기쁨을 얻으며, 진리를
알게 될 것이며, 내 뜻을 들여다볼 수
있는 그와 같은 은혜를 얻을 것이니라.
17 악습을 버리고 너희들이 바로 서기가
힘들고 어렵거든,
18 모든 것은 네가 먼저 하며 네가 몸소
행하며 네가 스스로 먼저 실천하는 그
와 같은 행동으로써 너희들이 행해 보
라.
19 그것은 너희들이 할 수 있을 것이니
라.
20 그리하여 그 속에서 너희들이 좀 더
전진하고 변화되면 모든 악습을 저버
릴 수 있는 그와 같은 능력이 스스로
너희들에게 배양되어 있음을 알게 될
것이니라, 사랑하는 나의 아들딸들아!

9,972 번째 하나님 말씀

2004년 3월 18일 06시 10분

1 사랑하는 나의 아들아!
2 "네, 아버님! 말씀하옵소서."
3 나의 사랑하는 백성 너희들 모두가 다
과연 네 이웃의 집을 탐내지 아니하
며, 네 이웃의 것을 탐내지 않는 그와
같은 마음으로 살아가고 있는가?
4 나는 너희들에게 그와 같이 살라 하였
음이니, 너희들은 지금 십계명이요,
그 모두를 내가 지키고 살라 하는 것
은 인간으로서 그를 지킬 수 없으며,
그 모두는 너희들이 손해를 보는 것이
며,
5 그리고 너희들은 인간의 삶의 어떠한
것도 인생의 낙이라는 것이 없는 그와
같은 삶이요, 그리고 무의미한 그와
같은 삶을 살라 하는 그와 같은 것이
나의 십계명이요,
6 너희들이 지키고 힘들고 너무나 어려
운 것이라 그리 생각할 것이니라.
7 그러나 너희들은 들어야 될 것이니라.
8 내가 너희들에게 생명을 주어 이 세상
에 태어나도록 하였음이니, 나 여호와
로부터 너희들이 은혜를 입지 아니하
였으면 너희들이 성령이요, 너희들이
영혼이 있는 인간이요, 생각할 수 있
고 판단할 수 있는 사람으로서 세상에
태어날 수 없음이니라.
9 그러니 너희들은 인간 세상에 태어나
인간으로서 살아갈 수 있는 그 은혜를
입은 것, 그것으로써 너희들은 나에게
어떠한 것으로도 갚을 길이 없으며 되
돌릴 것이 없지 않으냐?
10 그러니 그와 같은 은혜요, 모든 축복
을 내려 준 나 여호와가 너희들에게
지키고 살라 하는 그것이 과연 너희들
은 무의미하며, 인간이 지킬 수 없으
며 너희들이 손해 보는 것이라 그와

같이 생각할 수 있겠느냐?
11 너희들이 나로부터 생명을 받아 세상
에 나가지 아니하였다면, 너희들은 이
광명 천지에 인간의 세속에서 살아갈
수 없는 것이 아니더냐?
12 그러니 인간 세속에서 살아갈 수 있는
그 은혜요, 영광을 내가 주었거늘, 너
희들에게 그와 같이 축복을 준 내가
너희들에게 지키라는 것이 과연 너희
들에게 손해 보는 것이요, 너희들이
억울한 것이요, 누구도 지키지 못할
것이라 말할 수 있겠는가?
13 나는 나의 아들을 통하여 너희들에게
말하였느니라.
14 너희들이 나에게 와 심판을 받았음이
니, 너희들이 인간으로 세상에 나갈
수 있는 그와 같은 심판의 기준에 해
당되어, 다시 한 번 너희들이 인간으
로 나가 너희들에게 바르고 곱게 살
수 있는 그 기회를 주었다 하였음이니
라.
15 더욱이 너희들이 나로부터 한 번의 기
회를 받아 이 세상에 태어난 백성들
이라면,
16 과연 너희들이 나에게 그 은혜에 보
답하는 길이라면, 어떠한 것인들 내가
가라 하는 길, 지키라 하는 길을 너희
들이 가지 아니할 수 있겠는가?
17 너희들이 십계명을 지킨다는 것은 어
렵고 힘든 길이요, 그리고 모두를 포
기하는 것이요, 인간의 삶이 아니라,
그저 나 여호와의 뜻에 의한 그 기계
같은 삶을 사는 것이 억울하고 너희들
은 그와 같이 결코 갈 수 없다 그리 말
하나,
18 너희들은 나로부터 한 번의 기회를 더
얻어 이 세상에 인간으로서 나와, 너
희들이 한 번 가면 영원히 나오지 못
하는 그 지옥문에 들어가지 않는 그와
같은 기회를 내가 준 것, 그리고 그 기
회를 얻어다 준 것, 그것으로써 생각
한다면 너희들이 백 년도 안 되는 짧
은 삶에서 어찌 살아가야 될 것인가?
19 과연 너희들이 십계명을 지킬 수 없는
것이며, 어려운 것이며, 손해 보는 것
이요,
20 이 세상을 살아가되 손해 보는 마음으
로 과연 살아갈 수 없는 것이며, 그리
살기는 너무 억울하며 너희들이 분한
일이라 그리 생각할 수 있는가?
21 과연 그러면서 너희들이 더구나 네 이
웃의 것을 넘보며 살아가는 삶을 살
수 있는가?
22 나의 피조물 만백성 너희들은 알아야
될 것이니라.
23 이 세상에 태어날 수 있도록 생명의
은혜요, 축복의 영광을 준 나 여호와
가 직접 써 내린 계명을 지키라 했으
며,
24 내 십계명 중에 너희들이 네 이웃을
탐내지 말며, 이웃을 넘겨다보지 말라
하였으니,
25 그러나 너희들은 이웃을 넘겨다보며
이웃의 것을 탐내며 그와 같은 삶을
삶이니,
26 너희들이 과연 나에게 돌려줄 수 있는
것, 나에게 기쁨을 줄 수 있는, 그리고
내가 너희들에게 생명을 주었음이니
내가 너희들에게 어찌 살라 하는 것,
그것도 과연 너희들이 불평불만을 할

수 있는가?
27 이것이 오늘의 너희들의 삶이요, 가는
길이라 하지 않느냐?
28 너희들이 십계명을 지킬 수 없는 것은
내가 뭐라 말하였느냐?
29 일찍이 나의 아들을 통하여 너희들에
게 전한 것이 있음이니라.
30 너희들이 나의 아들 예수의 보혈로써
은혜를 받았다 하는 것, 그리고 나의
계명을 지킬 수 없다 말하는 것이 결
국 나 여호와에게 너희들은 아무것도
돌려줄 것도 없으며,
31 너희들이 나에게 미안할 것도 없으며,
나에게 감사할 것도 없는 그와 같은
너희들이 해서는 안 되는 행동을 하고
사는 것이 너희들이라 내가 말하지 아
니하였더냐?
32 이와 같이 내가 나의 아들을 통하여
법전에 기록하는 내용을 하나하나 너
희들에게 내가 살과 뼈를 붙여서 너희
들 것을 만들어 깨달으라 했음이니,
그 모든 의미가 거기 있음이니라.
33 그러니 그와 같은 마음으로 살아가면
서 너희들이 과연 나에게 올 수 있으
며, 너희들이 나에게 약속하고 나간
너희들의 모든 죄를 다 사할 수 있는
그와 같은 삶을 살 수 있는가?
34 이제 나의 아들을 따르는 제자들이요,
너희들은 알라.
35 너희들은 어떠한 역경이요, 어떠한 고
통이라 해도 나의 계명이요, 나의 법
전을 지키는 데 너희들이 손해 간다
생각하지 말며, 불평불만하지 말라.
36 그것이 너희들이 행하여야 할 길이고,
또 나는 그리할 수 있는 자격을 너희
들에게 주었으며 너희들에게 그만큼
베풀었기에, 그를 지키고 행하며 살라
명할 수 있기에 나 여호와가 명함이니,
37 너희들은 그와 같은 이치를 깨닫는다
면, 너희들이 어찌 살아야 되는 것인
가를 알 것이니라.

9,973 번째 하나님 말씀

2004년 3월 18일 06시 17분

1 사랑하는 나의 아들아!
2 "네, 아버님! 말씀하옵소서."
3 사랑하는 나의 피조물 만백성 너희들
이 연약하며 그리하여 너희들이 마음
이 여리고 연약하기에, 죄에 대하여
너희들이 쓰러지고, 죄에 대한 마음을
이길 수 없는 너희들이니,
4 이기기에는 너무나 힘들고 어려우며,
사탄의 유혹에 육이 견디기 어렵다는
것을 나 여호와가 정녕 모른다 너희들
은 생각하느냐?
5 나는 그 모두를 알고 있음이니라.
6 그러니 너희들은 나 여호와가 모른다
생각하지 말라.
7 너희들이 나약하고 어려우며 사탄을
이기는 것이 견디기 힘들기에 나는
너희들에게 그 모두를 이길 수 있는
힘과 그 방법을 가르쳐 주지 아니하
였던가?
8 그러니 너희들이 죄를 짓지 아니하고
살 수 없으며, 사탄의 유혹에 견딜 수
없으며,
9 그리하여 인간은 무너지고 또 무너지
기 때문에 죄를 짓고 용서를 빌며, 또
용서를 빌고 회개하는 그와 같은 삶을

살며,
10 영원히 너희들이 죄를 벗어나 천사와
같은 삶을 살 수 없다는 그와 같은 생
각을 해서는 아니 될 것이니라.
11 나 여호와는 너희들이 사탄과 싸워 이
기기 힘들며 그 유혹에 견디기 어렵다
는 것을 알기에, 내가 그리하여 너희
들에게 참진리의 길을 감으로써 그 모
두를 이길 수 있도록 하여 내가 너희
들에게 진정한 그 진리의 길을 가라
함이니라.
12 너희들이 아무리 어떠한 마음을 가지
고 어떠한 생각을 가지고 산다 해도
그것은 중요치 아니하니라.
13 다만, 너희들이 아름다운 그와 같은
생각으로 한 점의 부끄러움이 없는 삶
을 살고자 노력한다면, 너희들은 어떠
한 것에도 넘어지지 아니하고 그 모두
를 이길 수 있는 것이니라.
14 마음을 먹으라. 마음이 흔들려 무너지
는 그 마음은 천 번 만 번 너희들이 결
심을 한들 무엇하겠느냐?
15 다만, 너희들이 그를 절대 용서하지
아니하며 그와 타협하지 않는 것, 그
와 같은 삶의 행동이 너희들에게 중요
하니라.
16 그리고 내가 또한 뭐라고 하였느냐?
17 진정한 마음이요, 진정한 사랑하는 마
음이요, 곱고 깨끗한 마음으로써 이
세상을 사랑하는 마음으로써 너희들
이 견뎌 나갈 때, 그와 같은 삶을 살
때,
18 너희들은 세상의 이치를 보며, 보이지
않는 세상을 볼 수 있으며, 듣지 못하
는 세상의 소리를 들을 수 있다 했으
니,
19 또 이것이 너희들이 사탄의 유혹을 이
길 수 있는 길이라는 것을 어찌 모르
는가?
20 그리고 너희들은 지금 나 여호와가 존
재하며 나의 아들 예수가 고통스럽게
간 죽음의 길을 생각하며, 너희들을
깨우쳐 하늘에 오르고자 그 모두를 던
지고 간 나의 아들 예수의 그 죽음이
요, 그 시련이요, 그 모두를 생각한다
면, 너희들이 또한 이길 수 있는 힘이
있으며 이길 수 있느니라.
21 그리고 내가 너희들에게 뭐라 말하였
느냐?
22 너희들이 지혜를 얻음으로써 나로부
터 받는 그 상, 내가 가장 너희들에게
큰 은혜라는 그 지혜를 너희들이 얻음
으로써 그 지혜로써 모두를 이길 수
있는 그와 같은 길을 다 내가 열어 주
었으며, 내가 너희들에게 견디고 이겨
싸울 수 있는 그와 같은 것을 다 내리
지 않았느냐?
23 그러니 너희들이 그와 같이 변화되는
삶을 살며 천사와 같은 아름다운 마음
으로 사는 것, 그리고 그와 같은 것으
로써 마음이 굳어진 자, 너희들이 그
와 같이 한 번 서 있으면 절대 넘어지
지 아니한다 하지 않았더냐?
24 너희들이 금이라는 것을 녹이고 녹여
서 불순물을 다 제거하고 정금이요,
순금으로써 만들어졌을 때, 그는 더
이상 무너지지 아니한다 하였으며,
25 더 이상 그는 그 순금의 자리를 내놓
지 아니하며 거기에서 너희들이 잡석
이 섞인 그와 같은 금으로 될 수 없다

하지 않느냐?
26 한 번 너희들이 뽑아내면 되듯이, 한
번만 너희들이 굳게 변화되면, 그리고
모두를 버리고 살아가겠다는 자신의
마음이요, 행동을 그리한다면 너희들
은 결코 넘어지지 않는 그와 같은 나
로부터 은혜를 받음이 있음이니라.
27 그리고 또한 나 여호와는 너희들이 지
킬 수 있도록 어찌하는가?
28 너희들에게 언약으로써 내가 내려 주
며, 언약을 보임으로써 그 언약을 지
킴으로써 너희들이 지킬 수 있으며
그들을 이길 수 있도록 내가 너희들
에게 가르쳐 주지 않는가?
29 내가 더욱이 너희들의 꿈에서도 보여
주고 꿈으로써 너희들에게 미리 알려
주는 그와 같은 역사를 해서 너희들을
바로 서게 하고 있으며,
30 나의 아들을 통하여 지금 내가 마지막
내리는 나의 법전이라 하여 160권의
책을 엮어 이 세상에 내려보내 너희들
이 그 사탄의 유혹에 이길 수 있도록
그와 같은 모두를 내가 너희들에게 내
려 주고, 전하고 가르치거늘,
31 어찌하여 너희들이 그리 노력하여 이
기려 하지 아니하며, 인간은 나약하고
허약하기에 죄를 짓지 아니할 수 없으
며, 육을 가지고 있는 한 사탄의 유혹
에 넘어지지 아니할 수 없는 것이 너
희들이라 그리 나약한 말을 하는가?
32 나는 모두를 너희들이 지키고 이길 수
있는 그 대안이요, 방법까지도 세상에
전해 주었으며 내려 주었음을 알라,
사랑하는 나의 아들딸들아!

9,974 번째 하나님 말씀

2004년 3월 18일 06시 24분

1 사랑하는 나의 아들아!
2 "네, 아버님! 말씀하옵소서."
3 너희들의 믿음이 너희들이 과연 성경
이요, 그 비유의 뜻과 그 의미를 알지
못하며, 너희들이 천사와 같이 마음을
비워 성령이 임하지 아니하였다면, 너
희들은 나로부터 은혜를 받기를 바라
지 말라.
4 너희들이 병 고침의 은혜요, 어떠한
재물의 은혜요, 모든 역사를 얻는 것,
그리고 너희들이 이루고자 하는 것,
소원하는 것을 너희들은 바라지 말라.
5 나는 성령이 임하지 아니한 백성들에
게 내가 그와 같은 것을 절대 내리지
아니함이니라.
6 너희들은 나로부터 은혜를 받음으로
인하여 너희들이 성령이 임하는 삶을
살며, 마음을 비우는 삶을 산다 생각
하지 말라.
7 나는 나의 아들을 통하여 너희들에게
일찍이 깨우치고 전했느니라.
8 나의 아들은 너희들에게 그리 말했느
니라.
9 무엇인가를 완성했을 때, 나 여호와가
은혜를 주며 상을 내려 준다 그는 그
리 말했으며, 너희들에게 수없이 그
의미를 가르쳤느니라.
10 너희들이 하나의 악습을 버리고자 하
니, 그를 버리지 못할 때 나 여호와가
그 악습을 버리고 떼어 버릴 수 있도
록 너희에게 용기와 기회를 주는 것이
아니요,

11 너희들 스스로 노력하여 그 악습을 버
렸을 때, 나 여호와가 그에 대한 상을
내린다 나의 아들은 너희들에게 수없
이 그리 말했음이니,
12 나의 아들이 그 뜻을 전하여 너희들이
깨우치기를 바라는 그 의미를 과연 아
는가?
13 이는 너희들이 성령이 임하지 아니하
면 내가 너희들에게 상을 내릴 수 없
으며 은혜를 받을 수 없는 것이요, 이
것이 하늘의 법도라는 것을 너희들에
게 전함이니,
14 너희들이 천사와 같이 변하여 나의 성
령이 너희들에게 임할 수 있도록 사
는 것, 성령이 임할 수 있도록 너희들
이 아름답고 곱고 깨끗하게 변했을 때,
15 나로부터 받을 수 있는 모든 은혜요,
영광이요, 축복을 너희들이 받을 수
있으며, 내가 너희들에게 내린다는 것
을 명심하고 또 명심하도록 그리하라.
16 그러니 너희들이 먼저 변하는 것이 중
요하며, 변하지 아니하면 아니 되느니
라.
17 너희들은 인간 세상의 법도도 그렇지
않더냐?
18 너희들의 인간 세상에도 자격이 없는
자에게 너희들이 미리 상을 주고, 그
리고 그와 같이 먼저 내려 주는가?
19 그리고 상을 먼저 내려 주고 나서 그
가 결과가 나쁠 때는 그 상을 회수하
는 그와 같은 방법으로써 너희들에게
상을 내리던가?
20 상은 그 결과에 따라서 그 받을 수 있
는 승자에게 내리는 것이니라.
21 미리 상을 내려 주고 너희들이 그에게
그 상을 받을 수 있도록 살아가라 하
는 것이 아니요, 그와 같은 점수를 받
으라 하는 것이 아니요, 그 자격을 갖
추라 하는 것이 아니니라.
22 그리하여 자격을 갖추지 아니하였을
때 그 상을 회수하는 그와 같은 것이
인간 세상에서도 있지 아니함이니라.
23 너희들이 자격이 되었을 때 내리는 것
이 그 상이 아니더냐?
24 그러니 나의 법도가 그러하며, 하늘의
이치가 또한 그러함을 너희들은 알라.
25 너희들이 먼저 성령으로써 임하여 받
을 자격이 되었을 때, 인간 세상에 자
격이 있는 자에게 상을 내리듯이, 나
도 너희들에게 모두를 내려 줌이니,
이를 잊지 말도록 그리하라.
26 너희는 나로부터 믿음과 회개와 구원
이요, 그리고 지혜와 계시 등 그 모든
것을 다 너희들이 먼저 이룰 수 없으
며 받을 수 없음이니,
27 너희들이 먼저 성령이 임하는 그와 같
은 삶으로써 이루어졌을 때, 이 모두
는 내가 너희들에게 내려 줌이니라.
28 그러니 성령이 임하지 아니한 자, 너
희들이 어떤 것을 바라고 원하며 나를
찾아도 나와 관계되는 것이 없음이니,
너희들이 그와 같은 이치를 알라.
29 다만, 성령이 임하여 천사와 같이 변
하여 가는 자, 그리고 내가 너희들에
게 나의 뜻이요, 내 모두를 부어 줄 수
있는 그와 같은 자가 되었을 때, 나는
거기에 대한 상을 내린다는 것을 잊지
말도록 그리하라.
30 그 모두는 너희들과 관계가 없음이니
라.

31 성령이 임하지 않은 백성이 행하는 것
은 나와 관계없다는 것을 알라.
32 그러니 이것이 얼마나 무서운 하늘의
이치인 줄 알겠느냐?
33 너희들이 성령이 임하지 못하니 성경
을 알 수 없으며, 나의 뜻을 알 수 없
으며, 나의 법전을 알 수 없으며,
34 그리고 나로부터 은혜요, 상이요, 내
가 너희들과 관계가 없다는 것을, 그
리고 내가 너희들에게 모든 것을 내리
지 아니한다는 그 무서운 사실을 너희
들은 알아야 될 것이니라.
35 이것이 하늘의 법도라는 것을 잊지 말
라, 사랑하는 나의 아들딸들아!

9,975 번째 하나님 말씀

2004년 3월 18일 06시 36분

1 사랑하는 나의 아들아!
2 "네, 아버님! 말씀하옵소서."
3 오늘의 종교 집단이요, 지도자 그 백
성들이 나의 피조물 만백성을 몸부림
치며 들어가지 아니하려는 그 지옥의
문으로 밀어 넣고 있음이니, 그와 같
은 것을 너희들은 과연 알겠는가?
4 그러면서도 너희들은 그 길이 하늘에
오르는 길이요, 너희들의 구원의 길
이요, 그리고 나에게 오르는 길이라
하여 너희들이 지금 거기에 모두를 다
바치고 가는 것이 아니더냐?
5 목숨을 던져서라도 너희들이 지금의
믿음의 길을 가고자 함이니, 그를 바
라보는 나 여호와의 마음이 어떠하겠
는가?
6 그리하여 너희들을 깨우치고자 내가
나의 아들을 통하여 160권의 법전을
세상에 내보내 너희들이 바로 깨우쳐
바로 보게 하기 위하여 이 모두를 역
사하나,
7 이 또한 사탄의 것이라 너희들이 보지
아니하며, 가슴에 안고 정독하여 깨달
아 변화되는 역사를 이루지 아니하는
것이 너희들이니, 그를 바라보는 부모
의 마음이 과연 어떠하겠는가?
8 어찌하여 너희들은 노력하여 변화되
는 그와 같은 삶의 길을 가지 아니하
고, 너희들이 좁고 어렵고 힘든 길을
가지 아니하고,
9 평탄하고 넓은 너희들이 지옥으로 가
는 길만을 무조건 달려가는 그와 같은
삶을 산단 말이더냐?
10 그것이 바로 너희들이 어떠한 형태든
무조건 죄를 사함을 받을 수 있으며,
인간이 짓는 죄는 나에게 너희들이 와
받을 것이 없다 그리 말하느니라.
11 그리하여 나의 아들 예수의 보혈로써
너희들은 모두가 속죄되었으며 용서
받은 자라 그리 말하니, 그것이 너희
들이 얼마나 어리석고 미련한 삶을 가
는 백성인 줄 알겠느냐?
12 예수의 보혈이 관여하는 것, 거기에
관계되어 너희들이 믿고 따르는 것은
그것이 너희들까지 죄를 용서해 준다
함이니,
13 과연 나의 아들 예수의 그 보혈이 어
디까지 너희들의 죄를 사해 주며, 용
서받지 못할 것은 무엇이며, 용서를
받는 것은 어디까지인가, 과연 그와
같은 이치를 너희들이 아느냐?
14 그리고 용서와 죄에 대해서 너희들이

그 의미를 알고 가르치는 자들이던가?
15 너희늘은 알아야 될 것이니라.
16 아무리 너희들이 나에게 용서를 구하
고 용서를 받고 하여 내가 용서를 해
줬다 해도, 너희들이 지은 죄에 대해
내가 용서를 한다 해도, 너희들이 그
죄 사함을 받는 것은 아님을 알아야
될 것이니라.
17 그 이치도 모르는 것이 너희들이 아니
더냐?
18 무조건 죄 사함을 받았다 말하니, 그
리 말하지 말라.
19 너희들은 육의 관계에서 사람으로서
살면서 사람으로서 너희들이 죄지은
행위에 대해서는 너희가 반드시 그 대
가를 갚아야 되며 치러야 된다는 것을
알아야 될 것이니라.
20 이 세상에 너희들이 살아가는 그 법도
도 그렇지 않더냐?
21 세속에 너희들의 삶에서 남에게 피해
를 주고 너희들이 그 보상을 하지 아
니하고 너희들이 화해했다 할 수 있겠
느냐?
22 너희들은 피해를 입힌 것만큼 그 피해
보상을 해 줌으로 인하여 거기서 화해
가 이루어지며 서로 용서가 이루어지
며 모두가 너희들이 제자리로 돌아갈
수가 있는 것이 아니더냐?
23 그러니 모든 일 처리가 끝나지도 아니
하였으며, 피해 본 사람은 피해 본 대
로 놔두고 너희들이 나에게 용서를 구
하고 원한다 해서 과연 내가 너희들을
용서해 준다 그리 명한다 하여, 너희
들이 피해 본 사람에게 그 대가를 치
르는가?
24 그렇다면 피해 본 사람은 어디에서 그
대가를 찾으며 어찌 그를 위로한단 말
이더냐?
25 그러니 너희들이 살아가면서 나의 아
들 예수의 보혈로써 모든 은혜요, 죄
사함을 받았다 말하는 것은,
26 너희들이 남에게 피해를 입히고 그 피
해 보상을 해 주지 아니하고, 말로써
나를 찾기만 하며 나의 아들을 찾음으
로써 그 피해 보상을 해 줬으니,
27 그는 받을 것도 없으며, 너희들이 해
줄 것도 없으며, 너희들이 미안할 것
도 없으며, 그에게 용서를 바랄 것도
없으며, 화해를 청할 것도 없다 가르
치고 말하는 그와 같은 형국이 오늘의
믿음이니,
28 얼마나 그게 사악한 자인가?
29 너희들이 사탄만이 할 수 있으며 악마
만이 그와 같은 행위를 할 수 있다는
것을 어찌 모른단 말이더냐?
30 인간관계의 문제는 너희들이 인간관
계에서 해결을 해야 되며, 인간으로
살면서 너희들이 육을 가지고 저지른
그 죄는 육의 세상에서 해결해야 됨을
알라.
31 나의 아들 예수가 사랑이요, 너희들을
용서하는 것, 내가 너희들을 용서하고
또한 너희들을 이해하는 것, 그 모두
는 하늘의 뜻이요, 내가 하고 나의 아
들 예수가 그 모두를 너희들에게 거둬
들인다 해도,
32 너희들은 그것으로써 그 모든 죄가 사
해짐이 아니라, 너희들은 반드시 그
대가를 치르며 그 보상을 치러야 된다
는 것을 알라.

33 이것이 너희들이 살아가는 사람으로
서 해야 할 일이니라.
34 사람으로서 인간으로서 존재하는 너
희는 인간으로서 지은 죄는 반드시 인
간으로서 해결하고 와야만 됨이니,
35 너희들을 내가 용서해 준다 해도 그것
이 그 죄의 대가를 치르는 것은 아니
니,
36 내가 용서해 주는 것, 나의 아들 예수
의 보혈로써 너희들이 은혜를 받고 대
속받았다는 것, 그것으로써 죄의 사함
을 받았기에 그 대가를 치르지 아니해
도 된다 생각하지 말라.
37 용서와 대가를 치르는 것은 분리되어
있음을 너희들은 알아야 될 것이니라.
38 지금 내가 나의 아들을 통하여 너희들
에게 명하는 것을 알라.
39 너희들이 인간 세상에서도 너희들이
잘못했을 때, 그가 용서해 준다 하나,
너희들은 말로써 용서를 받았다 하여
그 용서요, 그 모두가 다 해결되었다
하지 말라.
40 정녕 너희들이 화해요, 용서를 받으려
면 너희들이 남에게 피해를 입힌 것을
원상 복구를 시켜 놓은 다음에 너희들
이 그 죄가 없어지며 그 죄의 대가를
치르지 않는 의미가 여기에 있음을 알
라.
41 나의 아들 예수의 보혈로써 속죄를 받
았다 하며, 너희들이 나로부터 내가
용서를 해 줬다 해도,
42 너희들이 인간 세상에 이루어진 그 죄
의 대가는 반드시 치러야만 된다는 것
을 잊지 말도록 그리 전하라.

9,976 번째 하나님 말씀

2004년 3월 18일 06시 45분

1 사랑하는 나의 아들아!
2 "네, 아버님! 말씀하옵소서."
3 지금의 믿음의 길을 가는 그 백성들이
요, 그리고 몇천 년 동안 그 뿌리를 지
켜 온 자들, 하늘에 오르기 위하여 광
신하는 그 신도들, 그리고 맹종 맹신
하며 가는 자들, 너희들이 부르짖는
것이 무엇이더냐?
4 너희들은 죄 사함을 받은 것이며, 죄
사함의 은혜를 받아 나에게 오를 수
있는 그 자격을 갖춘 자라 그리 말하
느니라.
5 그러니 너희들이 그것이 얼마나 잘못
된 것이며 너희들의 그 말이 맞지 않
는가를 내가 나의 아들을 통하여 강론
을 하고 전해 주었듯이, 너희들은 알
아야 될 것이니라.
6 너희들이 이 세상에 살면서 나에게 오
를 수 있으며 거듭날 수 있는 생명의
은혜를 얻었다면, 그 개인으로서 너희
들은 그보다 더 큰 은혜요, 영광이 없
는 것이 아니더냐?
7 그 큰 은혜요, 축복이 너희들은 세상
에 다시 없는 것이니라.
8 그리하여 내가 너희들에게 줄 수 있는
하늘에 오르는 천국의 나의 나라요,
그리고 거듭나는 생명으로써 너희들
이 병들고 죽지 않는 그와 같은 세상
에 거듭남이니, 내가 너희들에게 그보
다 더 큰 은혜요, 축복이요, 영광을 내
려 준 것은 없느니라.
9 그러니 나로부터 너희들이 받을 수 있

는 크나큰 은혜요, 영광이요, 그 축복
의 모두를 받은 너희들이 이 세상에
살아가면서 작은 일에 허덕이며 작은
일에 고통을 받는다면,
10 과연 나는 그와 같은 큰 은혜요, 상을
받을 수 있는 너희들에게 작고 경미한
그와 같은 것을 내가 내리지 아니하
며, 내가 상을 내리지 아니하며, 너희
들의 그 모두를 거둬들이지 아니하지
않겠는가?
11 그러니 너희들이 살면서 너희들의 모
든 지혜요, 너희들의 모든 은혜요, 그
것을 받았다는 자, 너희들은 여기서
알아야 될 것이니라.
12 나로부터 구원의 은혜를 받았으며 크
나큰 그 은혜를 받은 백성, 너희들은
이 세상에 살면서 고통이 없어야 될
것이며, 너희들이 시련이 없어야 될
것이며, 질병에 허덕이는 일이 없어야
될 것이며,
13 너희들은 결코 실패하는 일이 없어야
될 것이며, 너희들은 좌절하는 일이
없어야 될 것이며,
14 너희들은 모든 고통과 시련에서 너희
들이 벗어나는 그와 같은 삶을 사는
자, 그와 같은 백성만이 너희들이 나
로부터 은혜를 받았다 말할 수 있을
것이니라.
15 그러나 너희들이 고통이 있고, 고민이
있으며, 너희들이 더 얻고자 하는 것
이 있으며, 소원하는 것이 있으며,
16 네 몸을 바로 다스리고자 하는 것, 너
희들이 작은 것이라도 정상적으로 기
쁨이요, 행복 속에서 살아가지 못한다
면,
17 결코 너희들은 나로부터 은혜를 받으
며 구원을 받았다는 말을 하지 말라.
18 지금의 구원을 받았다는 백성 너희들
이 나의 아들 앞에 와 말하기를, 너희
들이 가는 믿음의 길이요, 그 신앙의
길을 가는 것은 구원을 받은 것이요,
하늘에 오를 수 있는 보장을 받았다
그리 말하는 자, 네가 고민이 없으며
고통이 없으며 시련이 없는가, 그리고
좌절함이 없는가?
19 그와 같은 것이 있다면, 작은 것도 나
에게 받지 못한 너희들이 어찌하여 천
국의 문이요, 그 비단길을 걸어와 나
에게 올 수 있는 그와 같은 은혜와 영
광을 받았다 그리 말하는가?
20 그것이 바로 너희들을 오늘에 증거하
며, 너희들이 구원을 받았다고 하지
말라는 것을 내가 너희들에게 깨우쳐
줌이니 그리 알라.
21 지금의 너희가 지은 죄의 대가를 치르
고 있음을 알라.
22 너희들은 지금 고통과 시련이요, 그
모두를 견디는 것, 그리고 거기서 헤
어나지 못하는 백성, 너희들이 구원이
라는 크나큰 그 은혜를 받기 전에 너
희들의 작은 죄부터 그 대가를 하나하
나 치르고 살아가는 것이니, 너희들은
그리 알라.
23 그리하여 너희들이 구원을 받은 자요,
은혜를 받았다는 종교 지도자요, 그
맹신하는 백성들, 그러면서 너희들은
연단이요, 시험이라는 것을 지금 거치
고 있다 그리 말하느니라.
24 크나큰 은혜요, 모두를 다 주었거늘,
어찌하여 내가 작은 것으로써 연단을

주며, 시련을 주며, 너희들에게 고통
을 준다 그리 말하느냐?
25 나는 성경에 기록하여 너희들에게 그
리하여 전했느니라.
26 너희들은 이 한 구절을 가슴속에 새기
도록 그리하라.
27 '사람이 무엇으로 심든지 그 대가를
그대로 거둬들일 것이라'는 것을, 이
를 잊지 말라.
28 너희들이 악의 씨를 뿌렸으면, 어떤
방법으로 심었든, 뿌렸든, 그 대가를
너희들은 반드시 치르게 되어 있으며,
29 너희들이 선하고 아름다운 행위를 한
것은 어떠한 방법으로써 행하고 실천
을 했든, 그 대가는 반드시 너희들이
얻게 되며, 그 상을 받는다는 것, 이를
너희들이 명심하도록 그리하라.
30 그리하여 인간 세상에서 너희들이 역
사한 것, 그 모두는 그 대가를 너희들
이 해결하고 치러야 된다는 것, 그것
을 내가 나의 법전에 기록하여 나의
아들에 전했음이니, 내가 2천 년 전
나의 성경에 기록한 그 뜻을 너희들은
알라.
31 그를 풀어 그를 행하는 의미를 내가
상세히 너희들에게 전하거늘, 어찌하
여 이와 같은 것은 깨우쳐 너희들이
전하지 아니하며, 가르치지 아니하며,
32 그저 너희들이 구원의 은혜를 받았다
는 것으로써 나의 백성들로부터 재물
이요, 그 피를 빨아먹는 그와 같은 행
위를 하고 있단 말이더냐?
33 결코 그들을 용서하지 아니할 것이며
내가 그대로 넘어가지 아니함을, 그
죄가 얼마나 두렵고 무서운 것인가를
너희들이 알 것이니라.

9,977 번째 하나님 말씀

2004년 3월 18일 07시

1 사랑하는 나의 아들아!
2 "네, 아버님! 말씀하옵소서."
3 그 많은 백성들이 무조건 나의 아들
예수의 보혈로써 구원을 받았으며, 저
희들이 믿기만 하면, 그리고 저희들의
손으로 지은 그 죄의 온상에 오기만
하면, 모든 죄 사함을 받는다 그리 가
르쳐,
4 나의 백성들을 지옥의 벼랑으로 밀어
넣는 그와 같은 짓만을 지금 하고 있
음을 너희들은 알아야 될 것이니라.
5 죄 사함을 받았다 너희들이 그리 당당
히 말하며 그리 믿고 있으나, 제 마음
이 불안하며 제가 그를 믿지 못하며
저 자신이 초조함을 그들은 알 것이며
공허함을 알 것이니라.
6 저희들이 하늘의 이치를 알고 있는가,
하늘의 이치를 보았는가, 그리고 내
뜻을 아는가?
7 아무것도 모르는 자가 보혈이요, 그
모두로써 구원을 받았다 말하는 자,
그것이 저 자신이 불안하고 초조하며
허황된 것이라는 것을 스스로 알 것이
니라.
8 너희가 자신이 회개하고 용서를 빌어
도 너희들은 용서받지 못할 죄가 있으
며, 또한 용서받을 수 있는 죄가 있다
하여 내가 성서에 기록하여 가르치고
전한 사실을 너희들은 어찌 모른단 말
이더냐?

9 그를 수없이 읽고 너희들이 깨우친 자
들이 이를 다 부인함이니, 나의 성서
를 부인하는 자가 지금 나의 피조물
만백성을 이끌어 간다 가르치고 지도
하는 것이 너희들이 아니더냐?
10 그러니 너희들이 나의 백성이 아니요,
사탄의 후예가 되어 사탄을 육성하는
그와 같은 짓을 하고 있다는 것을 그
들에게 깨우쳐 주도록 그리하라.
11 너희가 무조건 용서를 받을 수 있다고
가르치고 있으니, 그것이 잘못된 것이
며, 너희들이 하늘의 이치를 모름을
알라.
12 너희들은 내가 성서에 기록하여 너희
들의 죄를 용서받을 수 있는 죄가 있
는가 하면, 영원히 용서받을 수 없는
죄가 있다 내가 성서에 기록하여 전했
거늘,
13 너희들이 과연 용서받지 못하는 그 죄
에 한 번도 해당한 일이 없다 그리 말
할 수 있겠느냐?
14 그리하여 너희들이 그 죄를 나로부터
용서받을 죄와 용서받지 못할 죄의 그
자신도 가르치지 아니하며, 그것도 너
희들이 행하지 아니하며 그를 모르고
가는 종교 집단이요, 지도자이기에,
15 오늘의 모든 종교 집단이요, 지도자들
이 이 세상을 혼란케 만들었으며 모든
백성들이 재물의 노예가 되어 썩을 대
로 썩어져 버린 그와 같은 형국이요,
16 그리고 나의 피조물 만백성들이 지옥
으로 가는 것을 너희들이 천국에 오른
다 말하면서 지옥으로 가는 것을 방조
한 결정적인 원인을 제공한 자들이며,
나의 피조물 만백성을 너희들이 지옥
으로 내려보내는 그와 같은 행위를 하
고 있느니라.
17 너희는 성서에 기록하여 전했듯이, 내
가 무엇이든지 너희들이 구하기만 하
고 바라기만 하면 그리고 너희들이 애
원한다 하여 내가 반드시 다 들어줄
수 있으며 들어준다 너희들은 그리 가
르치나,
18 그와 같은 것을 내가 들어주지 아니하
며, 들어줄 것과 들어주지 아니할 것,
그와 같은 이치가 있다는 것을 너희들
은 알아야 될 것이며, 이미 기록하여
전한 대목을 다시 한 번 깨우쳐 보도
록 하라.
19 너희들이 울고불고 회개하고 통곡한
다 해도 내가 들어줄 것이 있으며 들
어주지 아니할 것이 있다 하였음은,
바로 그것이 무엇이더냐?
20 너희들이 정녕 나의 뜻을 거역하여 용
서받지 못할 일과 용서받을 수 있는
것이 엄연히 구분되어 있거늘,
21 너희들이 모두를 다 나에게 회개하고
울고불고 통곡한다고 해서 그 죄를
면죄받으며 그 모두를 용서받는다 그
리 가르침이니,
22 세상에 오늘의 범죄자들을 만드는 일
만 하였음을 알아야 될 것이니라.
23 내가 너희들에게 사망에 이르는 자와
사망에 이르지 아니하는 자가 너희들
의 죄에 따라서 그와 같이 역사한다는
내용을 전함을 알라.
24 내가 너희들에게 하나를 가르쳐 주고
깨우쳐 주고자 함이니라.
25 단 한 가지라도 너희들은 기억하라.
26 성령으로써 너희들이 성령을 훼방하

는 자, 성령을 방해하는 자, 그와 같은
자는 내가 용서치 아니한다 너희들에
게 하였음이니,
27 용서받지 못한다는 그 대목 또한 기록
되어 있는 것을, 어찌하여 너희들이
무조건 나에게 용서를 받으며 회개하
면 구원을 받으며 손으로 지은 죄의
온상에 와 재물을 바치고 울고불고하
면 구원을 받는다 한단 말이더냐?
28 아무리 울고불고 어떠한 형태든 성령
을 훼방한 것, 성령의 빛을 차단하는
것, 그리고 성령이 역사하는 것을 하
지 못하도록 하는 것, 그리고 성령의
뜻을 들으려 하는 그 백성들에게 듣지
못하도록 하는 것,
29 그 모두가 너희들은 결코 절대 용서받
지 못하는 그와 같은 죄라는 것을 알
면서도 어찌하여 그는 가르치지 아니
하며, 그와 같은 것은 무시하며 거역
하여,
30 무조건 용서를 빌면 용서를 받으며,
너희들이 회개하면 회개를 받으며, 무
조건 사랑으로써 다스리는 나 여호와
라 그리 현혹하고 있음이니,
31 나는 성서에 기록하여 너희들에게 전
했느니라.
32 너희들이 나에게 구하기만 하면 무엇
이든지 구할 것이요, 들어주는 나라
하나,
33 내가 그렇지 아니하며 내가 그와 같이
행하지 아니한다는 구절이 있음을 너
희들은 알아야 될 것이니라.
34 이제 모든 종교 집단이요, 너희들이
맹종 맹신하며, 너희들이 구원을 받았
다 설치는 그 백성들은 들으라.
35 내가 나의 아들을 통하여 인간이 역사
할 수 없는 160권의 법전이요, 새로운
성경에 나의 성령의 모두를 태워 내려
보내는 이것이 나의 성령이라면, 과연
너희들은 어찌하겠는가?
36 이를 핍박하고 사탄이요, 이단이라 찢
어 버리고 던진 자, 과연 너희들이 성
령의 죄를 범하지 아니한 백성이라 할
수 있겠는가?
37 나는 너희들에게 전하느니라.
38 나의 아들을 통하여 기록된 나의 법전
에 너희들에게 악하게 살며, 너희들이
선함을 행하지 말고 살라 전했다면,
이를 너희들이 찢어 버리고 태워도 나
는 말하지 아니할 것이니라.
39 그러나 이 세상의 모두가 존재하고 역
사하는 것은 나 여호와의 뜻이요, 내
가 주관하지 아니하는 것이 없다 내가
그리 말하였으니,
40 나의 법전도 세상에 나오도록 된 것은
내 뜻이라는 것을 너희들은 인정해야
될 것이며,
41 그렇다면 세상에 존재하도록 내려온
것이라면, 그것이 너희들이 바르게 살
며 아름답게 살며 천사와 같은 삶을
살라 하는, 참진리를 가르치고 전한다
면,
42 이것은 너희들이 사탄의 것이 아니니,
이는 나의 뜻이요 나의 성령일 것이니
라.
43 그러니 내가 너희들에게 지금까지 성
령을 훼방하며, 성령을 방해한 죄는
수없으며, 너희들이 셀 수 없이 그와
같은 짓을 하고 왔음이니,
44 다만 그를 내가 묻기 전에 나의 법전

을 놓고 너희들에게 묻노니,
45 나의 아들이 너희들에게 이를 전하기
위하여 모두를 기록한 내용에 잘못되
었으며 부끄러운 점이 있다면 너희들
은 이를 성령의 훼방죄가 해당되지 아
니하나,
46 여기에 너희들이 천사가 되는 길이요,
하늘에 오르는 길이요, 너희들이 살아
가는 그 방법보다 아름답고 곱게 살아
가는 방법이 여기 기록되어 그리 살아
가라 전했다면 이는 나의 성령이니,
47 이를 찢어 버리고 태워 버리고, 이를
사탄이요 이단이라 말하는 자, 너희들
이 얼마나 무서운 성령의 죄를 범하며
몇 가지 성령의 죄를 범하는지 알겠는
가?
48 그리고 너희들이 지금까지 내가 이 세
상에 내리는 참진리를 거부하며 그를
따르지 아니한 것, 나의 성경대로 기
록하여 전하는 것을 행하지 아니한 것,
49 가난하고 불쌍한 자에게 모두를 털어
주는 것이 나의 뜻이라 했으나, 너희
들이 가난한 자를 외면하며 너희들이
네 체면이요, 네 이름을 얻기 위하여
너희들이 봉사하고 희생하고 그와 같
이 하는 것도 또한 무엇이더냐?
50 정녕 어렵고 힘든 자, 도울 자는 돕지
아니하며, 인간관계에 너희들의 체면
을 위하여, 너희 자신의 명성을 위하
여 그리한다면,
51 그것 또한 너희들이 성령을 위배하는
것이요, 성령을 훼방하는 것이요, 성
령을 욕되게 하는 것이요, 성령의 빛
을 가리는 그와 같은 짓을 하고 있으
면서도 너희들이 나에게 오를 수 있으
며 구원을 받았다 말할 수 있는가?
52 나는 모든 백성들이 이를 읽고 깨우치
든 깨우치지 아니하든 그것은 나는 관
여치 아니하느니라.
53 다만, 나의 아들을 통하여 내가 내리
니, 이를 만들고 깨우치고 전하는 나
의 아들을 따르는 제자들이요, 그리고
이를 읽고 깨우쳐 바로 가고자 하는
백성 너희들은 이를 명심하고 가슴에
깊이 간직하여,
54 이 길에 어긋나지 않는 그와 같은 위
대한 삶을 살도록 하여, 내가 너희들
을 반기는 천국의 문에 들어올 수 있
는 나의 아들딸들이 되도록 그리하라.
55 이것이 내가 너희들에게 바라는 소원
이요, 내가 너희들에게 원하는 길이
요, 내가 너희들에게 가장 큰 기쁨을
얻는 것임을 잊지 말라, 사랑하는 나
의 아들딸들아!
56 나의 뜻을 저버리지 말며, 나에게 기
쁨을 선사함을 너희들이 주저하지 말
며, 너희들이 또한 하늘에 오를 수 있
는 영광을 얻는 것을 버리지 말라.
57 내가 너희들을 사랑함이니라, 사랑하
는 나의 아들딸들아!

9,978 번째 하나님 말씀

2004년 3월 18일 22시 05분

1 사랑하는 나의 아들아!
2 "네, 아버님! 말씀하옵소서."
3 나의 피조물 만백성, 나의 법전을 읽
고 정독한 백성들이 그리 말할 것이니
라.
4 모든 종교 집단이요, 지도자들이 정녕

이는 사탄이요, 이단이라 말하고 싶은
그 백성들은,
5 어찌하여 창조주 아버지의 말씀이라
하며, 그 말씀을 대언해서 기록하는
백성이라 하면서, 너희들이 남의 종교
집단의 잘못 가는 것을 탓하며 그를
시비하는 그와 같은 뜻으로써 나의 법
전에 기록하여 전할 수 있는가 그리
말할 것이니라.
6 그러니 이는 인간의 생각으로써 인간
이 역사한 것이요, 창조주 나 여호와
가 한 것이 아니라 그리 그들은 말할
것이니라.
7 정녕 창조주 나 여호와라면 너희들이
잘못되는 것을 그리 꼬집어 지적하지
아니하며, 그를 나무라지 아니할 것이
라 너희들은 그리 말할 것이니라.
8 그러니 사랑으로써 베푸는 창조주요,
사랑으로써 역사하는 아버지께서 잘
못 가고 잘 가는 것을 시시비비하지
아니할 것이라 하며,
9 잘하는 것은 칭찬하되 잘못 가는 것은
결코 말하지 않을 것이라 너희들은 그
리 말할 것이니라.
10 그러니 이 법전에 너희들의 종교 집단
이요, 지도자 모두를 다 잘못되었으며
잘못 가고 있다 그를 탓하는 내용들이
수없이 있음이니,
11 그리하여 이는 나 여호와의 뜻이 아니
라, 나의 아들 네가 만들어 낸 것이며
네 생각으로써 기록한 책이라 그리 말
할 것이니라.
12 그러나 너희들은 들어야 될 것이니라.
13 너희들이 나 여호와의 뜻을 모르며 내
가 역사하는 것을 모르는 그와 같은
백성 너희들이 남의 종파요, 남의 종
교요, 믿음의 길을 가는 그 집단을 나
무라며 그를 비방하며,
14 그리고 믿음의 길을 가는 그 백성들에
게 너희들이 잘못 가고 있으며 어찌하
여 잘 간다 시시비비하며,
15 너희들은 다 지금 잘못되었으니, 너희
들이 하늘에 오르는 길이 아니요, 지
옥의 낭떠러지로 가는 길이라는 그와
같은 말을 함부로 결코 할 수 없음이
니라.
16 알지 못하는 인간이 그리 말한다면 그
것은 시비요, 그것은 너희들을 시기하
는 것이요, 질투하는 자로서 그와 같
은 말을 할 수 있다 그리 말할 것이니
라.
17 그러나 나의 법전에 기록된 그 모두는
다 나의 아들이요, 내 아들의 생각대
로 기록하여 그리 전한 것이 아니라는
것을 너희들은 알아야 될 것이니라.
18 이는 창조주 나 여호와요, 그 모두를
역사하는 내가 나의 아들을 통하여 나
의 뜻을 전하며, 내가 그를 깨우치고
그 모두를 너희들에게 전하고자 하는
그 역사를 이룸이니,
19 이는 창조주요, 그 모두를 다 주관하
는 나 여호와는 너희들이 잘 가고 잘
못 가는 것을 알 수 있기 때문에 나만
이 이를 평할 수 있으며 나만이 너희
들을 다스리는 역사를 할 수 있음이니
라.
20 그러니 이제 나의 아들이요, 나의 아
들을 따르는 제자 너희들은 나의 법전
이 나의 아들의 생각이요, 나의 아들
이 전하는 것이 아니라, 창조주 나 여

호와가 너희들에게 전하는 것이라는
그 뜻을 안다면,
21 나의 법전에 너희들이 잘못된 것을 구
구절절이 내가 기록하여 전하는 것은,
내 뜻을 잘못 행하기에 그를 바로잡으
려 하며, 그를 바로 세우려 하며, 내가
그를 다스리고자 하여 거기에 기록하
여 전하는 것이거늘, 어찌하여 너희들
이 잘못되었다 그리 말하느냐?
22 과연 이것이 시시비비더냐?
23 나는 너희들에게 잘못된 것을 바로잡
는 것이요, 내가 너희들과 시시비비한
다 감히 생각하지 말라.
24 이것이 나 여호와의 성령의 뜻이요,
내가 직접 역사하는 것이 아니라면,
25 너희들이 인간사에서 옳고 그름을 따
지고 갑론을박한다면 그는 시시비비
가 될 수 있으나,
26 창조주 나 여호와가 잘못된 것을 잘못
됐다 말하는 것은 시시비비가 아님이
니 그리 알라.
27 이제 나의 아들을 따르는 제자 너희들
은 모든 믿음의 길을 가는 종교 지도
자요, 그리고 또 구원을 받았다는 그
신도라는 백성들이 와서,
28 '남을 비방하고 남을 시기하고 남의
잘못된 것을 말하는 것은 진정한 아버
님의 뜻이 아니요, 하늘의 뜻이 아니
라' 그리 말하거든,
29 너희들은 인간이 이것을 내린 것이 아
니요, 창조주 아버지께서 너희들이 잘
못 가고 지금 잘못된 것을 다스리고
그를 바로 세우고자 하시는 것이니,
30 이것은 시시비비가 아니요, 너희들을
갑론을박하는 것이 아니요, 명령이라
그리 너희들이 전하라.
31 나의 법전은 내가 직접 명하기 때문
에, 내가 그와 같은 너희들이 잘못된
것을 기록할 수 있으며, 하나하나를
내가 지적하여 거기에 기록하여 너희
들을 깨우치고자 함이니,
32 인간 세상에서 인간인 너희들이 평하
고, 너희들이 잘못 가고 잘 가는 것을
시시비비하여 기록한 법전이 아니라
는 것을,
33 그와 같은 의미와 그 뜻을 안다면, 너
희들이 감히 내가 기록한 것, 잘못되
었다 너희들을 탓하는 것, 그리고 너
희들이 바로 서야 된다는 그 모든 내
용들이 시시비비하는 것이 아니요,
34 나 여호와가 바로잡고자, 이를 바로
세우고자 내가 직접 명하고 다스려 나
가는 것이라는 그 뜻을 깨우쳐 주도록
그리하라.

9,979 번째 하나님 말씀

2004년 3월 18일 22시 15분

1 사랑하는 나의 아들아!
2 "네, 아버님! 말씀하옵소서."
3 모든 백성들이 너희들이 대충대충이
요, 그리고 그저 너희들이 걸러 가는
그와 같은 형국으로써 오늘의 너희들
의 믿음이요, 그리고 그와 같은 믿음
으로써 너희들이 나에게 오르고자 하
는 것이 아니더냐?
4 너희들이 진정한 믿음이요, 정녕 바른
믿음의 길을 가며, 너희들이 어렵고
힘든 길을 마다하지 않는 그와 같은
너희들의 믿음의 길을 가고 있는가?

5 결국 너희들은 흔들리는 믿음이요, 완벽한 믿음이 아니라 그저 의심하는 속에서,

6 그리고 너희들이 어떠한 것이 과연 나 여호와가 존재하는 것인가, 그리고 너희들이 완벽하게 구원을 받을 수 있는 것인가, 그러한 공허한 마음이요, 두려운 마음이요, 믿지 못하는 그와 같은 마음속에서,

7 너희들이 믿는 것이 안 믿는 것보다 낫다는 것이요, 흔히 너희들이 말하기를, '밑져야 본전'이라는 그와 같은 형국으로써 역사하듯이,

8 너희들이 지금 오늘의 가는 믿음이 다 그와 같은 형국에서 이루어지고 있음을 알아야 될 것이니라.

9 그러니 내가 너희들에게는 그와 같은 것이 통하지 아니하며, 오늘의 믿음의 길을 가는 백성들이 형식적이요, 그저 대충대충 가는 그 믿음이요, 그것으로써 너희들은 그와 같은 믿음의 길을 가서는 절대 안 된다 내가 나의 아들을 따르는 제자들이요, 나의 법전을 읽고 깨우친 백성 너희들에게 내가 명함이니,

10 그리하여 너희들의 가는 길이 어렵고 힘든 길을 너희들은 가야 되며, 그 길을 너희들이 완수하지 아니하면 아니 된다 내가 너희들에게 그리 가르치느니라.

11 사랑하는 나의 아들딸들아!

12 지금의 믿음의 길을 가는 백성들이요, 나의 아들 예수의 보혈로써 구원을 받았으며, 재물을 바침으로써 구원을 받았으며, 그저 나를 찾고 울고불고하는 것만으로 너희들이 구원을 받는다는 그와 같은 생각을 버려야 될 것이니라.

13 너희들이 일부만이 완벽하며 일부만이 완전한 그와 같은 너희들의 믿음으로써 너희들이 나에게 오를 수 있으며, 축복을 받을 수 있으며, 거듭날 수 있는 그와 같은 너희들의 삶을 얻을 수 있다면,

14 나 여호와가 어찌하여 사랑하는 나의 아들을 따르는 제자들이요, 나의 백성 너희들에게 어렵고 힘든 길을 가라 내가 명하겠느냐?

15 너희들은 완벽하지 아니하면 아니 되기 때문이니라.

16 일부만이 완전한 그와 같은 삶을 살아서는 너희들은 절대 될 수가 없으니, 모두의 완벽한 삶을 살지 아니하면 아니 되는 것이니라.

17 처음서부터 끝까지 너희들은 완벽하지 아니하면 아니 되느니라.

18 그러니 너희들은 그와 같이 어렵고 힘든 길을 가는 것이 나에게 오르는 길이기에 내가 너희들에게 그리 가라 함이니라.

19 사랑하는 나의 아들딸들아!

20 너희들이 머리서부터 발끝까지 모두가 완벽해야 되며, 완벽하지 아니하면 결코 너희들은 나에게 오를 수 없기 때문이니라.

21 그러기에 내가 너희들에게 어렵고 힘든 그 길을 가라 함이요, 멈추지 말라 함이요, 중단하지 말라 함이니라.

22 너희들이 그와 같이 완벽한 삶을 살아가고자 노력하지 아니한다면,

23 이 세상에 사탄이요, 사악한 자들이
너희들을 무너트리며 너희들을 지옥
으로 인도하려고 그와 같이 호시탐탐
노리고 있는 자들이 있기 때문에,
24 너희들이 선행을 하며 아름답게 살며
너희 자신을 지키려 한다 해도, 너희
들이 완벽한 마음 자세요, 굳은 마음
자세가 아니면 결코 나에게 오를 수
없다 함을 알라.
25 내가 불에 달구고 달궈, 녹이고 녹여
너희들의 모든 것을 뽑아내고, 오로지
순금이요, 정금으로서 너희들이 존재
하는 것, 그는 영원히 불변하지 아니
한다 하지 않았더냐?
26 그와 같이 정금이요, 순금의 자세를
지키는 것, 그와 같은 형태로써 너희
들이 완벽하게 달궈지지 아니하면, 아
무것도 이룰 수 없다는 것이 나 여호
와의 뜻임을 알아야 될 것이니라.
27 그러니 나 여호와의 뜻에 의하여 하늘
에 오르는 길이요, 그리고 나에게 구
원의 길을 올 수 있는 것은 완벽하지
아니하면 아니 되느니라.
28 모두에서 완벽해야 됨을 너희들은 알
아야 될 것이니라, 사랑하는 나의 아
들딸들아!
29 너희들이 의로운 백성으로서 거듭나
야 되며, 의로운 삶으로써 너희들이
모두를 역사해야 될 것이니라.
30 의를 행하고 살 수 있는 것이 무엇이
더냐?
31 그것은 곧 나의 뜻이요, 나의 뜻은 너
희들이 의를 행하고 사는 것이기 때문
이니, 너희들은 알아야 될 것이니라.
32 이와 같은 너희들의 삶을 살지 아니하
면 아니 됨을 명심하고 또 명심하도록
그리하라.
33 그리하여 너희들이 의로운 길을 가는
것, 의로운 삶을 사는 것, 그것이 너희
들이 나의 뜻에 따라서 사는 삶이요,
34 그러기에 그와 같은 삶을 사는 자, 너
희들이 나에게 오를 수 있는 영광을
얻는다는 것을 절대 잊지 말라.
35 그러기에 의로운 삶을 살고자 하는 백
성, 의로운 삶을 지키고 사는 것, 그것
만이 너희들이 모두에서 완벽하며 완
전한 삶을 사는 길이라는 것을 절대
잊지 말도록 그리하라.

9,980 번째 하나님 말씀

2004년 3월 18일 22시 23분

1 사랑하는 나의 아들아!
2 "네, 아버님! 말씀하옵소서."
3 너희들이 나로부터 생명을 받아 세상
에 나갔음이니, 그리하여 사랑하는 나
의 백성 너희들이 결국 그 삶을 다 마
치게 됨이니라.
4 누구도 너희들의 육은 흙으로 돌아가
며, 너희들의 영혼은 나에게 와 심판
을 받는 그와 같은 것을 벗어날 수 없
으며, 그를 피해 갈 수 없는 것이라 내
가 말하지 아니하였느냐?
5 그러니 나의 백성 너희들은 모두가 육
이 존재하는 한 살다가 결국은 너희들
은 심판을 받음이며, 그 심판을 벗어
나는 백성이 아무도 없음이니라.
6 그러니 너희들이 그 심판을 받을 때는
두 갈래로써 모두가 이루어짐이니,
7 하나는 의인으로서 너희들이 부름을

받는 사람이 되는 길이요, 하나는 죄
인으로서 너희들이 부름을 받는 것이
니,
8 그러나 너희들은 어떠한 길이든, 어느
쪽이든 피할 수가 없으며, 결국 너희
들은 거기에 따라 부름을 받게 되는
것이니라.
9 이는 곧 너희들이 어찌 살았느냐, 어
찌 역사했느냐에 따라서 너희들은 그
부름의 선택이 달라지는 것이니라.
10 그러니 의인이 되어 너희들이 부름을
받는다는 것은 영원히 거듭나는 것이
요, 새로운 생명으로써 태어나는 삶의
길에 들어서는 것이요, 그리고 나의
집에 와 영원한 그곳에 와 안주하는
것이니라.
11 그렇지 않은 것은 바로 무엇이더냐?
12 너희들이 바로 영원한 형벌로 죽어
가는 것이요, 너희들이 그리도 들어가
지 아니하려고 울고불고 통곡하는 그
지옥으로 너희 스스로 내려가는 것이
니,
13 너희들이 어떠한 길을 선택하느냐 하
는 것은 너희들의 오늘의 삶에 달렸
음을 절대 잊지 말라.
14 나는 너희들에게 그리하여 뭐라 말하
느냐?
15 이 거듭나는 역사에 너희들이 인간으
로서 살아가면서 너희들이 죄를 짓지
아니하고 천사와 같은 삶을 사는 것이
너무 어렵고 힘든 길이요, 그리고 완
벽한 삶을 사는 것은 인간으로서 행할
수 없는 것이라 그리 말하느니라.
16 그러니 나 여호와가 너희들에게 그리
살라 하였으며, 어렵고 힘든 길을 넘
어 너희들은 완벽한 삶을 살아야 된다
가르침이니,
17 내가 너희들에게 그와 같은 방법을 가
르쳐 주지 아니하며, 너희들이 그리
살아갈 수 있는 대안을 제시해 주지
않고 너희들에게 그리 가라 독촉한다
면, 과연 너희들은 갈 수 있겠느냐?
18 나를 원망할 것이니라.
19 그러나 나는 너희들이 스스로 원하고
갈구하는 것, 거듭나는 길을 너희들이
간단히 올 수 있도록 내가 그것 또한
깨우쳐 전했음이니, 너희들은 이를 듣
고 깨우쳐 행하는 것에 달렸음이니라.
20 어렵고 힘들다 하며 행할 수 없다는
자는 정녕 구원을 받을 수 없으며,
21 너희들은 이는 정녕 너희들의 귀중한
생명의 보배라 하여 이를 꼭 지키고
살아야 되겠다는 그와 같은 굳은 마음
을 가지고 산다면, 너희들은 바로 그
모두를 다 이룰 수 있는 것임을 알아
야 될 것이니라.
22 너희들은 구원을 받았다며 울고불고
그 재물을 바치면서 더 얻고자 하는
그와 같은 믿음이니, 그와 같은 믿음
이 잘못되었다 내가 하였으며 그는 나
와 관계없는 길이라 하였음이니라.
23 그러니 그와 같은 믿음의 길을 가는
백성, 너희들은 정녕 인간으로서는 천
사가 될 수 없으며, 인간으로서는 하
늘에 오르는 길을 알 수 없으며 그와
같은 선택된 백성이 될 수 없다 그리
말하느니라.
24 그러나 나는 일찍이 너희들에게 하늘
에 오르는 길이요, 그리고 너희들이
거듭나는 그와 같은 길을 다 상세히

가르쳐 주고 전한 대목을 알겠느냐?
25 나는 일찍이 성서에 기록하여 너희들
에게 전했느니라.
26 너희들이 나에게 오르는 길이요, 의인
으로서 너희들이 영원히 사는 나의 집
에 올 수 있는 그 길은 다음과 같이 행
하고 살면 된다 내가 기록하지 않았더
냐?
27 배고픈 네 형제요, 이웃에게 너희들이
먹을 것을 나눠 주는 것이요, 그리고
베푸는 마음으로 살아가는 그것이 바
로 너희들이 나에게 오를 수 있는 길
이라 하였음이니라.
28 그리고 너희들이 작은 일에도 나에게
오를 수 있는 길이 거기에 있다 하였
음이니라.
29 가장 목마른 자에게, 그 형제에게 너
희들이 마실 물을 나누어 주는 것, 그
를 떠 주는 것, 그와 같이 작은 것을
역사하는 아름다운 행위요, 그 모두가
다 너희들이 나에게 오를 수 있으며
구원을 받는 길의 근본이라 내가 가르
쳐 주지 아니하였더냐?
30 나그네가 되어 고달프고 어려운 길을
가는 자, 그와 같은 백성들을 대접하
며, 그를 편히 쉴 수 있도록 해 주는
것,
31 그리고 어렵고 힘든 자를 도와주고 그
와 같은 마음을 가지고 사는 것이 곧
너희들이 나에게 오를 수 있는 것이며
구원의 길에 올 수 있는 길이라 내가
너희들에게 일찍이 가르쳐 주지 아니
하였더냐?
32 나는 너희들에게 헐벗은 자에게 입혀
주는 것, 그것으로써 너희들이 또 나
에게 오를 수 있는 길을 볼 수 있으며,
너희들이 그 길을 따라올 수 있는 선
택된 백성이 될 수 있는 것이라 내가
이렇게 가르치고 전했느니라.
33 너희들은 병든 자나, 그리고 죄를 지
어 그 인간으로서 대가를 치르는 자,
그와 같은 자를 방문하고 위로하는
것, 그것이 또한 너희들이 나에게 구
원받을 수 있는 길이라 내가 하지 아
니하였더냐?
34 나누어 살아갈 수 있는 터전을 만들어
주는 것, 서로 나누어서 살아갈 수 있
는 터전을 만들어 주는 그와 같은 아
름다운 일을 역사하는 것, 그것 또한
너희들이 나에게 구원을 받는 길이요,
나에게 역사하는 길이라 하였음이니
라.
35 그러니 나는 너희들에게 기록하여, 너
희들이 네 이웃에게 나눠 주고 행하는
것이 곧 무엇이라 하였느냐, 나에게
역사하는 것이라 하였느니라.
36 보잘것없는 이름 없는 백성이요, 미약
한 백성이요, 그 누구도 돌보지 않는
그와 같은 백성들에게 너희들이 베풀
고 나눠 주는 그와 같은 행위를 하는
것, 그것이 바로 무엇인지 알겠느냐?
37 창조주 나 여호와에게 너희들이 행하
는 것이라 그리하였음이니라.
38 그러니 너희들이 나에게 그와 같은 아
름다운 일을 하고 역사하는 백성, 결
국 너희들은 그것이 구원의 길이요,
나에게 오를 수 있는 길이라는 것을
내가 상세히 기록하여 너희들에게 전
했음이니,
39 이 대목을 듣는 피조물 만백성 너희들

은 이대로 행하고 살라.
40 그러면 너희들이 정녕 어렵고 힘들며 완벽히 될 수 없다는 그와 같은 너희들이 거기서 벗어날 수 있으며, 그 공포에서 벗어날 수 있으며,
41 그 자신감을 잃은 것에서 너희들은 자신과 용기를 갖게 될 것이니 그리 알라, 사랑하는 나의 아들딸들아!

9,981 번째 하나님 말씀

2004년 3월 18일 22시 26분

1 사랑하는 나의 아들아!
2 "네, 아버님! 말씀하옵소서."
3 천릿길도 한 걸음부터 뛰기 시작함으로 인하여 너희들이 한 발짝 한 발짝 가는 속에서 천릿길을 갈 수 있다 하지 않았더냐?
4 이와 같은 이치가 바로 무엇인지 알겠느냐?
5 너희들이 믿음을 위하여 그 믿음을 역사하면서 그 진정한 믿음이요, 참진리를 믿고 가는 그 백성들, 그리고 그를 듣고 깨우쳐 가는 백성, 너희들이 천릿길을 한 발짝 한 발짝 디뎌 그 목적을 달성하듯이,
6 너희들이 나에게 오르는 그 길을 한 발짝 한 발짝 걸어오고 있는 그와 같은 삶을 사는 것이라는 것을 알아야 될 것이니라.
7 이제 나의 아들을 따르는 제자요, 너희들이 깨우치지 못하며 변하지 못하는 것을 한탄하며 괴로워하나, 내가 보는 너희들은 그 경지가 지금의 나를 향하여 많이 걸어왔음이니라.
8 너희들이 지상에서부터 멀리 많이 걸어와 나에게 지금 오고 있음을 나는 아느니라.
9 그러니 여기서 너희들이 주저하지 말며 쉬지 말며 멈추지 말라.
10 결국 너희들 자신이 변하지 못하며 거듭나지 못하는 것을 후회하고 한탄하여 무너지는 그와 같은 삶을 산다면,
11 너희들은 영원히 나에게 오를 수 없으며 내 집에 와 거할 수가 없는 것이니라.
12 그러나 너희들이 변하는 것을 너희들은 모르나 나는 알고 있음이니라.
13 너희들이 지금 많이 변해져 있으며, 너희들의 경지가 높이 와 있으며, 나를 향하여 너희들이 계속 전진하고 있는 그 모습을 나는 보니,
14 너희들을 보는 그 기쁨이 나 여호와의 모든 기쁨을 대변하고 있다는 것을 너희들은 알라.
15 너희들은 모르나 지금 너희들이 나를 향하여 힘차게 한 발짝 한 발짝 걸어오고 있음이니,
16 하늘은 가까워지고 지상은 멀어지는 그와 같은 너희들의 오늘의 그 삶을 사는 것이 나의 아들의 강론을 들은 자요, 나의 법전을 읽고 깨우친 너희들의 오늘의 형태라는 것을, 내가 이 기쁨을 너희들에게 전함이니,
17 자만하지 말며 더욱더 전진하고 노력하여 너희들이 나에게 와 거할 수 있고 내가 너희들을 사랑한다는 말을 할 수 있도록, 내가 너희들을 반길 수 있도록 너희들은 이를 항상 가슴에 새기며 살아가도록 그리하라.

18 그리하면 너희들이 흐트러지지 아니
할 것이며 무너지지 아니할 것이며,
주저앉으려야 주저앉을 수 없는 너희
들이라는 것을 알라, 사랑하는 나의
아들딸들아!

9,982 번째 하나님 말씀

2004년 3월 18일 22시 32분

1 사랑하는 나의 아들아!
2 "네, 아버님! 말씀하옵소서."
3 내가 너에게 일찍이 전하기를, 제자를
가르치는 스승이 가지고 있는 그 상식
을 다 열과 성을 다하여 제자를 가르
치지 아니하며,
4 그를 저 혼자만이 가지고 있으며, 비
상의 무기로써 저 혼자만이 지니고 있
는 그와 같은 교육자는 정녕 자격이
없는 자요, 자질이 없는 자라 그리하
였음이니라.
5 그리하여 제가 모두를 다 가르치며 또
제가 더 노력하고 연구하여 저를 따르
는 제자들에게 무엇인가를 정확하게
가르치고자 노력하는 자가 선생이요,
지도자라 내가 그리 말하지 아니하였
더냐?
6 그러니 이제 나의 피조물 만백성이요,
나로부터 선택된 너희들이요, 그리고
나의 아들을 통하여 내리는 그 강론을
직접 들어 오늘에 너희들의 경지가 높
이 와 있음이니,
7 듣고 배워 깨우친 너희들이 그대로 행
하지 아니하는 것도 이루 말할 수 없
는 죄요,
8 더욱이 너희들이 어떠한 것을 역사해
야 하며, 너희들이 살아가는 길이 무
엇이며, 너희들이 해야 하는 길이 무
엇인가를 알고도 행하지 않는 것,
9 그것이 바로 너희들이 나로부터 버림
을 받는 백성이요, 나의 아들딸이 아
니요, 너희들이 나에게 오르는 것이
아니요, 지옥행 열차를 타고 벼랑으로
떨어지는 것이라 하지 아니하였더냐?
10 그러니 너희들이 알고 있는 것, 깨우
쳐 알고 있는 그 모두를 가르쳐 주고
전하는 데 너희들이 최선을 다하지
아니하는 백성, 너희들은 결코 나에게
오를 수 없다는 그 무서운 사실을 알
라.
11 이제 나의 아들을 따르는 제자들이요,
그리고 나의 법전을 읽고 깨우친 만백
성, 너희들은 누가 뭐라 하든, 뭐라 시
시비비하든, 그것에 개의치 말라.
12 그들은 인간 세상의 생각이요, 인간
저희들의 계산이요, 인간의 머리로써
저희들이 너희들과 시시비비하는 것
이요,
13 너희들이 나의 법전을 전하는 것이요,
나의 법전을 가지고 대화하는 것, 그
모두는 다 네 뜻이 아니요, 나 여호와
의 뜻이요 나를 대변하는 자들이니,
14 인간 세상의 욕심이요, 인간 세상의
한계요, 인간 세상의 지혜를 벗어나지
못한 그들에게 너희들이 절대 시시비
비하지 말며 갑론을박하지 말라.
15 너희들은 하늘의 뜻을 받아 역사하는
자들이니, 인간 세상의 그 자격증을
가지고 시시비비하는 백성들이 하늘
의 뜻을 가지고 내려온 너희들을 과연
어찌 알겠느냐?

16 결코 그들은 알지 못함이니, 그들과
절대 시시비비하지 말라.
17 다만, 너희들이 알고 있는 상식이요,
깨우쳐 알고 있는 나 여호와의 뜻이
요, 그리고 나의 아들을 통하여 내리
는 강론이요, 거기에서 들은 것, 그 모
두를 너희들이 나의 뜻인가 아닌가를
선별하는 능력이 이제 있을 것이니,
18 스스로 너희들이 선별하여 나로부터
받은 것이요, 인간 너희들의 지식이
아닌 것을 너희들이 모두를 구분하여,
19 인간의 지식은 다 뽑아낼 것이며, 그
렇지 아니하고 하늘의 뜻만을 나의 피
조물 만백성에게 너희들이 전하는 것
을 게을리해서는 아니 되느니라.
20 너희들이 알고 있는 지식이요, 너희들
이 깨우쳐 알고 있는 나의 뜻을, 그 모
두를 너희들이 진정으로 전심전력을
다하여 그들을 깨우치고 인도하지 아
니한다면,
21 너희들은 모르고 살아가는 그 백성보
다도 너희들의 죄가 더 무서운 것이
며, 너희들이 나로부터 더 무서운 대
가를 치른다는 것, 그것 또한 너희들
이 알고 넘어가야 할 대목임을 알아야
될 것이니라.
22 모르는 선생이 가르치는 것, 그리고
몰라서 못 가르치는 것, 그것은 내가
그들에게 탓하지 아니한다 하지 아니
하였더냐?
23 몰라서 죄를 범하는 자, 몰라서 잘못
가는 자, 그는 너희들이 어리석은 백
성이라기보다는, 너희들이 몰라서 역
사하기 때문에 그들을 깨우치고 바로
잡으라 하였음이니라.
24 그러나 하늘의 뜻을 알며 내가 역사하
는 것을 알며 참진리의 그 길이 무엇
인가를 아는 너희들이 그를 만백성에
게 전하지 아니하고 네 가슴에 안고
네 것으로 만들어 살아가는 삶을 산다
면, 그 또한 너희들이 지옥의 벼랑으
로 떨어진다는 것을 절대 잊지 말라.

9,983 번째 하나님 말씀

2004년 3월 19일 06시 12분

1 사랑하는 나의 아들아!
2 "네, 아버님! 말씀하옵소서."
3 이 세상에 나의 피조물 만백성들이 나
로부터 은혜를 입어 나로부터 생명을
받아 세상에 나왔음이니, 내가 바라는
나의 아들딸이 한 명도 세상에 존재하
지 않는 이와 같이 어지럽고 혼탁한
세상이라면 과연 누가 믿겠느냐?
4 수천 년 동안 흘러오면서 그 많은 나
의 아들딸이요, 그 백성들이 나에게
오르는 길이라 하여 울고불고 달려왔
으며, 나의 뜻에 의해 역사하여 저희
들이 나에게 오고자 하여 살아왔다는
그 백성들이요,
5 가르친 자나 배운 자나 그 모두가 지
금 나의 아들딸로서 바로 선 자가 하
나도 없으며, 그와 같이 내 뜻을 역사
하는 자요, 내 유업을 받을 자가 하나
도 없다 하면, 과연 너희들은 어찌 생
각하는가?
6 그러니 나의 아들딸들이 나로부터 유
업을 받을 수 없는 그와 같은 너희들
이 오늘의 백성이라면, 이 세상이 얼
마나 혼탁해졌으며 얼마나 갈기갈기

찢어졌는가?
7그러니 그를 바라보는 나 여호와의 마
음이 과연 어떠하겠는가, 너희들은 그
걸 생각해 보았느냐?
8인간의 세상에서도 그 몇 명 안 되는
자식을 둔 그 부모가 부모의 뜻을 따
르는 자 없으며, 그 유업을 넘겨줄 자
없으며, 그 유업을 남기고 갈 수 있는
자식이 하나도 없다고 생각한다면, 그
부모는 어떠한 마음이겠는가?
9그 허탈함이요, 허전함이요, 인생의
허무함을 느끼지 않겠는가?
10그러니 나 여호와는 수천 년 동안에
그 헬 수 없는 나의 아들딸들이 세상
에 존재했으나, 정녕 나의 아들딸이
한 명도 없으며 내 뜻을 따라 역사하
는 자가 한 명도 없다 하면, 과연 너는
어찌 생각하며 너희들은 어찌 생각하
느냐?
11그것이 오늘의 현실이라면 너희들은
그를 받아들일 수 있겠는가?
12그와 같이 너희들이 내 뜻을 따라 역
사하는 자녀가 하나도 없기에, 모두가
다 지금 너희들이 보는 오늘의 이 혼
란한 상태요, 너희들이 부서지고 갈라
지고 찢어진 그와 같은 형태임을 알아
야 될 것이니라.
13오늘의 믿음의 길을 가는 그 백성 저
희들은 무어라 말하느냐?
14오로지 평생 동안을 아버님의 뜻을 따
라, 아버님의 그 진리를 따라서 저희
들은 살아온 백성이라 그리 말할 것이
니라.
15그러나 너희들은 알라. 구원이라는 것
을 원하지 말라 했으니, 너희들이 그
구원을 바라는 것이 오늘의 모든 백성
들이 아니더냐?
16그러니 그 구원을 바라는 마음이 무슨
마음이더냐?
17저희들이 구원을 받고자 하는 그 마음
의 밑바닥에는 욕심이라는 것이 깔려
있으며, 욕심을 버리지 못하였기 때문
이니,
18그들이 바로 구원을 바라는 것도 너희
들이 다른 신을 섬기는 것이요, 우상
을 섬기는 것과 같다면 믿겠느냐?
19그건 바로 너희들이 욕심이라는 것을
깔고 있기 때문이니라.
20나의 아들 예수로써 너희들이 구원을
받았다 그리 말하나니, 그것 또한 너
희들이 다른 신을 섬기는 것이요, 우
상을 섬기는 것이라면 너희들은 믿겠
느냐?
21너희들이 나의 아들의 보혈로써 편안
히 구원을 받으며, 그 속죄로써 모든
구원을 받았다고 너희들이 편안히 생
각하는 것, 편하게 생각하며 편하게
가고자 하는 것, 그것 또한 너희들의
욕심이 아니더냐?
22모든 욕심에서 이루어지는 것은 바로
너희들이 다른 신을 섬기는 것과 같음
을 알아야 될 것이니라.
23나의 아들이 고귀한 피로써 너희들이
속죄를 받았으며 변화된 백성이라면,
24너희들이 오늘의 마음속에 욕심이요,
너희들이 남을 시기하고 질투하는 마
음, 이와 같은 마음의 뿌리도 찾아볼
수 없는 그와 같은 백성으로 되어야
될 것이니라.
25그러니 너희들이 다 부질없는 소리를

하고 있으며, 내 뜻과는 관계없는 그
와 같은 길을 가고 있다는 것이
26 나 여호와의 뜻이요, 수천 년 동안에
그 많은 백성들이 거쳐 가면서도 나의
아들딸이 없었으며 내가 내 유업을 넘
길 자가 없다 하면, 과연 너희들은 내
마음이 어떤 것인가를 이해할 것이며,
너희들이 얼마나 잘못 살아왔는가를
알겠는가?
27 그와 같은 의미를 깊이 깨달아 너희들
이 어찌 가야 될 것이며 어찌 살아야
될 것인가, 나의 아들을 따르는 제자
들이요, 나의 법전을 읽고 깨우친 백
성 너희들은 너희 자신을 돌아다봐야
될 것이니,
28 과연 너희들도 나로부터 유업을 받지
못하며 유산을 받지 못하는 백성으로
살아갈 것인가, 그리하여 나의 슬픔을
더 아프게 할 것인가?
29 그것은 너희들의 행동이요, 너희들의
살아감에 달렸음을 알라 그리 전하라.

9,984 번째 하나님 말씀

2004년 3월 19일 06시 18분

1 사랑하는 나의 아들아!
2 "네, 아버님! 말씀하옵소서."
3 너희들이 생명이 있는 한 이 세상에
살다가 너희들은 결국 어떠한 길을 선
택하게 되느냐?
4 너희들의 육은 본래의 그 흙으로 돌아
가는 것이요, 그리고 너희들의 영혼은
나에게 옴이니, 그때 나 여호와가 너
희들을 취하게 되느니라.
5 그러니 너희들이 너희 영혼을 내가 취
할 수 있느냐 없느냐 하는 것, 이것이
너희들에게 가장 중요한 삶이라는 것
을 알아야 될 것이니라.
6 너희들이 과연 어떻게 살았느냐에 따
라서 나 여호와가 너희들의 영혼을 취
하여 내가 너희들이 거할 수 있는 집
에 받아들이는 것이요,
7 그렇지 않은 너희들의 삶이라면 곧 사
탄이 너희들의 영혼을 데려가는 것이
니,
8 너희들이 어찌 살았느냐에 따라서 그
결과에 대하여 누구도 이와 같은 것을
피할 수 없는 것이 너희들의 운명임을
알라.
9 나 여호와가 너희들의 영혼을 취하느
냐, 너희들의 영혼을 사탄이 지옥으로
데려가느냐, 이것은 누구도 피할 수
없으며 겪지 아니하면 아니 되는 길이
라는 것을 너희들은 알라.
10 그러니 너희들이 어떠한 삶을 살아야
될 것이며, 너희들이 어찌 선택을 받
아야 될 것인가는 스스로 너희들 손으
로 이루는 결과임을 알아야 될 것이니
라.
11 지금의 너희들의 삶이 육의 향락을 위
한 삶에서 벗어나지 못한다면, 너희들
은 사망의 길로 지금 가는 것이요,
12 지금의 모든 종교 집단이요, 믿음의
길을 가는 것, 너희들은 지금 장삿속
으로써 인간의 거래하는 사탄들 속에
서 너희들이 지금 구원의 길이라 달려
가고 있음이니,
13 너희들이 이대로의 그 믿음에서는 구
원을 받지 못하며, 너희들이 사망에서
벗어나지 못하며, 너희들은 지옥의 벼

랑으로 떨어지는 것을 면치 못한다는
것을 알아야 될 것이니라.
14 너희들의 영혼을 위한 삶을 사는 백성
은 거듭나는 영광을 나로부터 얻을 것
이며, 그 누구도 상상할 수 없는 그 세
상에 와 너희들이 느낄 수 있는 모든
은혜요, 영광 속에서 영원히 존재하는
그와 같은 세상에 거듭나는 은혜를 입
을 것이니라.
15 그러나 지금의 모든 종교 집단과 지도
자들, 그리고 광신하는 그 신도들, 그
들은 지금의 살아가는 것이 무엇인 줄
알겠느냐?
16 나의 뜻을 거역하는 우를 범하는 그와
같은 삶에 모두를 바치고 살아가고 있
음이니, 그들은 나의 백성이 아니며
나에게 올 수 없는 자들이니라.
17 그러니 나에게 올 수 없는 백성이요,
내가 취해 거둬들일 수 있는 백성이
아니라면, 곧 너희들은 나를 원수로
만들고 있으며,
18 너희들이 나와 원수지간을 만들며 살
아가는 그와 같은 삶을 살고 있다는
것을 그들에게 전하라.
19 이를 내가 법전에 기록하여 전하거늘,
이것도 깨닫지 못하는 자, 너희들은
영영 나에게 오르는 그 빛도 볼 수 없
음을 알라 이르라.
20 나와 원수와 같은 삶을 사는 것은 곧
너희들이 나를 능멸하는 것이요, 나를
욕되게 하는 행위만을 너희들이 하고
있음을 잊어서는 아니 될 것이니라.
21 육의 향락에 의해 삶을 사는 너희들이
나를 볼 수 없으며 내 뜻을 알 수 없으
니 너희들이 나를 따라올 수도 없는
것이며,
22 그러기에 나를 볼 수 없으며 내 뜻을
알 수 없는 자, 나를 따라올 수 없는
자, 그는 바로 너희들이 어찌 가는 것
인가를 스스로 알게 될 것이니, 너희
들이 알아서 처신하도록 그리하라 전
하라.
23 내가 모두를 너희들이 깨우칠 수 있는
나의 법전이요, 거듭날 수 있는 법전
이요, 보고 깨우쳐 하늘의 뜻이 무엇
이며 나에게 올 수 있는 길이 무엇인
가를 내려보내지 아니하였다면 내가
너희들의 모두를 참작할 수 있으나,
24 나는 모두를 다 너희들에게 내려보냈
음을 알라 그리 전하라.

9,985 번째 하나님 말씀

2004년 3월 19일 06시 24분

1 사랑하는 나의 아들아!
2 "네, 아버님! 말씀하옵소서."
3 너희들은 만백성에게 전하고 또 전해
야 할 것이며, 만백성에게 부르짖어야
될 것이니라.
4 너희들이 육 속에 있는 '나'를 무섭게
다스리지 아니하며, '나'를 너희들이
채찍으로써 휘두르는 그와 같이 어렵
고 힘든 삶을 살지 아니한다면,
5 너희들 스스로 네 가슴에 그 가시나무
채를 휘두르며 그와 같이 무섭게 너를
다스리며 지키고 가지 아니하면,
6 너희들은 무너지게 되어 있으며 나를
볼 수 없으며 나에게 올 수 없음이니,
이는 바로 무엇이더냐?
7 너희들의 육은 한 줌의 흙으로 돌아갈

것이며 너희들의 영혼은 거듭나는 그
와 같은 은혜를 얻게 됨이니,
8 그러니 너희들이 그와 같이 너희 자신
을 무섭게 다스리지 아니한다면, 너희
들이 영원히 사는, 그리고 거듭나는
영혼의 너희 자신을 버리게 되는 것이
며, 너희들의 모두를 다 지옥으로 던
지는 그와 같은 행위의 삶을 산다는
것을 잊지 말라 그리 전하라.
9 육의 '나'를 버리지 못한다면, 영혼의
'나'를 너희들은 잃는다는 것을 명심
하고 또 명심하도록 그리하라.
10 육의 '나'를 버리라 전하라.
11 그리고 육의 '나'를 다스리라 그리 전
하라.
12 무서우리만큼 너희들이 다스리지 아
니하면, 너희들이 영원히 사는 나의
나라에 올 수 없으며, '나'를 잃게 된
다는 것, 이를 그들의 가슴에 깊이 심
어 줘 그들을 깨우치도록 그리하라.
13 모르는 것은 죄가 아니라 하지 아니하
였더냐?
14 알면서 짓는 죄는 내가 용서하지 아니
하나 모르고 짓는 그 죄는 죄가 아니
라 하였으니, 그들을 깨우치도록 하
라, 사랑하는 나의 아들아!
15 너희들은 모르고 짓는 죄는 용서를 받
을 수 있으며 참작이 될 수 있음이니,
모르는 그 백성들을 깨우치도록 그리
해야 될 것이니라.
16 지금의 모든 종교 집단이요, 그 많은
백성, 저희들이 영혼을 위하여 내가
저희들을 거둬들일 수 있는 그와 같은
삶을 살고 그를 가르치는 것이 아니니
라.
17 그들은 지금에 육의 '나'를 위한 삶을
가르치고 있으며, 육의 향락을 위한
삶을 위하여 오로지 육의 세상에서 벗
어나지 못하는 그와 같은 너희들의 삶
을 가르치면서, 그들이 하늘에 오르는
길이요, 나에게 오르는 길로 인도한다
그리하니,
18 그들로 하여금 거둬들이는 그 대가요,
그들로 하여금 거둬들이는 재물이요,
시간이 얼마나 많던가?
19 그리고 또 거기에 바치는 것이, 받는
것도 없이 바치는 것이 또 얼마나 많
던가?
20 그러니 그와 같은 행위를 하는 자, 그
를 따르는 자, 가르치는 자, 그 모두가
나와 관계없는 짓이요, 관계없는 길을
가고 있으며 필요 없는 짓만을 하고
있다는 것을 그들에게 너희들은 깨우
쳐 주라.
21 너는 이를 아느냐?
22 "네, 아버님! 저는 느끼고 있사옵나이
다.
23 모든 백성들이요, 저와 더불어 가는
저의 제자들이요, 그리고 철저한 믿음
의 길을 간다는 그 백성들, 그리고 지
금의 이방인이라 하여 아버님을 찾지
아니하며 믿음의 길을 가지 않는 그
백성들, 모든 아버님의 피조물 만백성
의 그 귀하고 소중한 그 영혼이 하루
에도 수십 번씩 죽어져 가는 그와 같
은 삶을 살고 있사오니,
24 이를 바로잡지 아니하면 아니 되거늘,
이를 전할 길이 없으며 이를 깨우칠
길이 없사옵나이다.
25 다만 아버님께서 물으시니 말씀을 드

린다면, 저희 어리석은 백성들은 그
하루에도 영혼을 수십 번씩 죽이는 그
와 같은 삶을 살아가고 있다는 것, 그
러니 저 자신도 그렇다 생각하옵나이
다."
26 사랑하는 나의 아들아!
27 네가 변하고자 하는 마음, 네가 아름
답게 살아가고자 하는 그 마음의 삶이
과연 어떠하던가?
28 네 마음을 나의 법전에 기록하여 만백
성에게 전하도록 그리하라.
29 "네, 아버님!
30 바로 살고자 바로 가고자 하는 것이
얼마나 기쁘며 행복하며, 그것이 얼마
나 당당한 모습인가,
31 그 기쁨과 그 영광은 아무도 알 수 없
으며, 악습을 버려 보지 아니한 자는
모를 것이며,
32 저 자신이 한 점의 부끄럼이 없는 삶
을 살아가고자 하는 그 기쁨을 모를
것이며, 모두를 사랑하는 마음의 그
기쁨을 알 수 없사오니,
33 그 기쁨이요, 은혜요, 영광을 느낄 때
저희들은 바로 설 수 있다 그리 생각
되옵나이다, 아버님!"

9,986 번째 하나님 말씀

2004년 3월 19일 06시 30분

1 사랑하는 나의 아들아!
2 "네, 아버님! 말씀하옵소서."
3 지금 나의 피조물 만백성이요, 믿음의
길을 가는 그 백성들, 저희들의 육이
살아 존재하니, 저희들이 지금 구원을
받았다 말하며, 구원을 받을 자격이
있다 지금은 너희들이 말할 수 있느니
라.
4 그와 같은 말을 할 수 있는 것, 그와
같은 너희들이 오만한 행동이요, 자만
하는 것,
5 감히 천국의 문을 열고 닫는 것은 나
여호와의 고유의 권한이거늘, 저희들
이 그 문을 들어올 수 있는 자격증을
가지고 있다 말하는 백성들,
6 너희들이 지금 육이 살아 있는 이 형
태에서는 그와 같은 말을 할 수 있으
며 그와 같은 오만한 행동을 할 수 있
을 것이니라.
7 그러나 너희들은 그 말을 하지 못하며
그것이 얼마나 어리석은 것인가를 알
날이 머지않았음을 알라.
8 너희들은 알아야 되느니라.
9 너희들이 죽어 마지막 순간에 나에게
와 심판을 받을 때, 과연 너희들이 나
의 백성으로서 거듭나는 것이냐,
10 그렇지 않으면 사탄의 백성으로서 너
희들이 울고불고 들어가지 아니하려
고 몸부림치며 그 지옥의 길을 가며,
너희들이 목숨을 끊어 목매달아 너희
자신을 버려도 그 지옥의 문에는 들어
가고 싶지 않아 몸부림치고 아우성 치
는 그와 같은 백성이 되는 것이냐,
11 그것을 지금의 너희들은 알 수 없음이
니라.
12 그러니 다만 너희들이 그때를 알 수
없으며 너희들이 어떠한 백성인가를
지금 알 수 없는 것이거늘,
13 어찌하여 너희들이 살아 있다 하여,
육이 있다 하여, 너희들이 마음대로
말할 수 있다 하여, 너희들이 구원을

받은 자요, 나에게 올 수 있는 백성이
라 그리 말하는가?
14 지금의 믿음의 길을 가고 있는 너희가
구원되는 백성이냐 구원되지 못하는
백성이냐 그를 너희들이 함부로 지금
말하지 말라.
15 너희들은 구원을 받은 백성이라는 말
을 삭제해야 될 것이니라.
16 '나는 구원받지 못한 백성이요, 나는
구원의 자격이 없는 백성이라'는 그
행동과 그 말 이외에는 너희들이 할
말이 없거늘,
17 어찌하여 그와 같은 겸손한 말을 하지
아니하며, 너희들이 천국의 문에 들어
올 수 있다 그리 말하느냐?
18 그러나 너희들은 그 꿈에서 깨어나게
될 것이며, 그 꿈에서 깨어났을 때는
너희들은 지옥의 불바다를 건너는 것
만이 너희들 앞에 남아 있음을 알아야
될 것이니라.
19 너희 자신이 육을 다스려 영혼이 사는
길을 선택하지 아니하고 사탄의 노예
가 되는 육적인 것에 너희들의 모두를
바치며 오늘에 살아가는 것이 종교 집
단이요, 그 구원을 받았다 울고불고
맹종하는 신도들, 너희들의 자세이며,
너희들이 지금 가고 있는 길이라는 것
을 알아야 될 것이니라.
20 그러한 너희들을 바라보는 나 여호와
의 마음이 얼마나 안타깝고 내 가슴이
아프면, 내가 나의 아들을 통하여 지
금 160권의 법전을 세상에 내려보낸
단 말이더냐?
21 너희들은 육적인 향락이요, 육적인 삶
의 노예가 되는 그 삶에서 벗어나지
못해서는 아니 될 것이니라.
22 지금 너희들은 벗어날 생각도 하지 아
니하며, 감히 벗어날 그 계획도 없음
이니라.
23 오로지 그것이 너희들이 구원의 길이
라 생각하며, 사탄의 백성으로 전락하
는 것이 너희들이 축복이요, 영광의
길이라 지금 가고 있는 것임을 알라.
24 그 증거가 무엇인 줄 알겠느냐?
25 그저 너희들은 재물을 거둬들이기 위
하여 더 큰 성전이요, 더 큰 교회를 짓
기 위한 그와 같은 너희들의 그 삶의
형식에 젖어 있으며,
26 그 형식과 그와 같은 너희들의 그 속
에서 오만과 자만이 하늘을 찌르고 있
음이니,
27 내가 보는 오늘의 나의 백성들은 그
속이 부패할 대로 부패해졌으며 썩을
대로 썩어져 있는 것임을 알아야 될
것이니라.
28 그러니 그 속에서 헤어나는 자만이 나
를 볼 수 있으며 거듭날 수 있는 그와
같은 백성이라 내가 함이니,
29 지금 나의 법전을 읽고 깨우치는 백성
들이요, 나의 아들을 따르는 그 제자
들이요, 그 모든 너희들의 속이 지금
부패할 대로 부패해진 것을 재생하는
과정이요,
30 너희들이 형식에 젖어 있으며 오만에
젖어 있으며 욕심에 젖어 있는 그 뿌
리를 뽑고 지금 수술을 하고 있음이
니, 너희들이 고통과 시련을 겪는 것
은 당연한 것이니라.
31 너희들이 마취라는 것을 하고서 수술
하며 병을 고칠 때 너희들은 아프지

아니하나,
32 지금 나의 아들을 따르는 제자들이요,
나의 법전을 읽고 깨우친 만백성 너희
들은 마취라는 약을 쓰지 아니하고 지
금 수술을 받고 있는 백성이라는 것을
잊지 말도록 그리하라, 사랑하는 나의
아들딸들아!
33 너희들이 지금 수술의 고통은 있으나,
너희들은 마취를 하지 아니하고 내가
생살로써 너희들을 수술하고 고치니,
너희들이 이 고통과 시련을 겪고 나서
너희 것으로 만들게 하고자 함이니 그
리 알라.

9,987 번째 하나님 말씀

2004년 3월 19일 06시 37분

1 사랑하는 나의 아들아!
2 "네, 아버님! 말씀하옵소서."
3 이 지상의 낙원이요, 그 아름다움을
존재하도록 한 것을 너희들이 그림으
로 그릴 수 없으며 상상할 수 없는 것
이 이 자연의 아름다움이요, 이 지상
의 아름다움이라 그리하지 아니하였
더냐?
4 아무리 유능한 화가라도 너희들이 바
람에 흔들리는 낙엽의 모습을 그릴 수
없으며, 살아서 움직이는 것을 너희들
이 그릴 수 없는 것이 그림이라 하였
으며 너희들의 표현의 한계라 하였음
이니라.
5 그러니 너희들이 아무리 아름답게 그
린 그림이라고 경탄한다 해도,
6 자연의 살아서 흔들리는 가지요, 숨쉬
는 것이요, 그 아름다운 꽃이 피어나
는 모든 과정을 너희들은 그릴 수 없
으며 표현할 수 없는 것이라 하였음이
니,
7 이것이 바로 너희들이 하늘의 이치를
알 수 없는 것과 같음이니라.
8 그리하여 그와 같이 아름다운 지혜의
능력이요, 이 세상에 모두를 내가 내
려 주어 나의 사랑하는 아들딸 너희들
이 제왕으로서 그를 다스리고 살라 하
였음이니,
9 내가 이 세상을 너희들에게 준 것이
얼마나 큰 사랑이요, 은혜라 할 수 있
느냐?
10 이 세상에 육을 가진 부모가 자식을
아무리 사랑하고 아낀다 해도, 그 목
숨을 바쳐 자식을 살리고자 하는 그
부모의 마음이라 해도,
11 이 세상에 대자연의 아름다움을 너희
들에게 내려 준 것만큼 그 은혜를 줄
수 있는 부모가 있단 말이더냐?
12 그러니 나 여호와가 너희들에게 모든
동식물이요, 자연의 그 산소요, 물이
요, 그 모두까지 너희들이 그저 관리
하고 쓸 수 있도록 준 것이니,
13 그보다 더 큰 사랑이요, 그보다 더 내
가 너희들을 사랑하며 너희들을 소중
히 생각하여 너희들에게 내린 상이 무
엇이 있다 너희들은 말할 수 있느냐?
14 그러니 나의 사랑하는 아들딸을 위해
누구도 받을 수 없으며 아무도 생각할
수 없으며, 천지간에 그 누구도 받을
수 없는 크나큰 은혜요, 상이요, 모두
를 내가 너희들에게 내려 주었거늘,
15 그를 관리하고 다스려 나의 아들딸로
서 너희들이 곱게 살다 나에게 오라는

그 나의 백성들이 지금 그들은 간 데
없으며 그들은 찾아볼 수 없으며,
16 이 아름다움을 만들어 놓고 이 자연의
위대함을 너희들에게 준, 나의 아들딸
이 존재하여 살고 다스려야 되는 이
세상에 나의 아들딸은 간 곳이 없으며
나의 아들딸은 찾아볼 수가 없으며,
17 사탄의 백성이 이 모두를 덮고 있으며
이들을 다스리고 있으며 이들을 관리
하고 있으며 이들을 취하고 있는 이와
같은 세상이니, 이를 보는 나 여호와
의 마음이 어떠하겠느냐?
18 사랑하는 나의 아들딸이 관리하고 통
제하도록, 그리고 너희들이 취하며 살
도록 하기 위하여 내가 내려 준 것을,
19 내 아들딸이 아니요, 사탄의 자식이
요, 사탄의 백성들이 모두를 다스리고
덮고 지배하고 있는 이와 같은 형국이
니,
20 창조주 나 여호와가 나의 아들딸, 너
희들을 기다리는 마음이 어떠하며, 오
늘도 너희들 중에 진정한 나의 아들
딸이 탄생하기를 바라는 것이 나 여
호와이니라.
21 그 길고도 긴 세월이 얼마더냐?
22 6천 년이라는 길고도 긴 세월을 눈물
이요, 슬픔이요, 고통 속에서 나의 아
들딸이 탄생하기를 기다렸으며, 나의
유업을 받을 아들딸이 탄생하기를 기
다리고 또 기다린 것이 나 여호와임
을 너희들은 알아야 될 것이니라.
23 이제 사랑하는 나의 아들딸이요, 그리
고 나의 아들을 따르는 제자 너희들은
들으라.
24 이제 나의 아들을 따르는 너희들이 지
금 나의 아들딸로 탄생하고자 몸부림
치고 있는 것이 너희들의 모습임을 알
라.
25 나의 법전을 읽고 공부하는 자, 나의
아들을 통하여 내리는 강론을 듣는
자, 나의 아들과 더불어 따라가는 백
성, 이게 바로 너희들이 지금 나의 아
들딸로서, 진정한 내 자식으로서, 내
유업을 받을 수 있는 내 사랑하는 자
식으로서 탄생하고자 너희들이 지금
몸부림치며,
26 그 고통 속에서 견디고 헤어나고자 하
는 그와 같은 삶을 사는 것이 바로 나
의 아들딸로서 거듭나는 너희들의 과
정이라 함을 너희들은 알라.
27 그러니 나 여호와는 너희들이 있기에
또 기다리며, 너희들이 있기에 또 나
의 기쁨이요, 너희들이 있기에 나 여
호와가 지금 모두를 다 덮어 두고 기
다리고 있음을 너희들은 알아야 될 것
이니라.
28 나 여호와를 따르는 나의 아들딸 너희
들이 거듭나는 백성이 있으며 거듭나
는 나의 아들딸이 있기에, 나는 기다
리고 있으며 또 기다림을 너희들은 알
라.
29 사랑하는 나의 아들딸들아!
30 너희들이 변화되어 거듭나는 그 삶을
위해 쉬지 말며 계속 노력하며 계속
역사하여, 너희들이 나의 아들딸로서,
유업을 받는 아들딸로서 거듭나는 그
와 같은 역사를 이루도록 그리하라.
31 이 세상에 나의 아들딸이 없음이요,
그들이 존재하지 아니함이니, 나의 외
로움과 고통스러움이 무엇이더냐?

32 이제는 나의 아들딸들이 거듭나 너희
들이 이 세상을 다스리고 지배하며,
33 천 년에 걸쳐 너희들이 고통의 역사의
산실에서 벗어나 모든 백성들이 나의
아들딸로서 거듭나, 하늘에서 이루어
진 것같이 이 지상의 영광이요, 그 권
세를 누릴 수 있도록 내가 하고자 하
는 것이며,
34 너희들은 그리할 수 있는 오늘의 기초
를 다지는 귀하고 소중한 나의 아들딸
이니, 너희들이 걸음마를 지금 시작하
나 머지않아 달려오고 뛰는 그와 같은
너희들이 될 때가 있을 것이니, 인내
하고 참고 기다리도록 그리하라.
35 어린아이가 성장하는 것처럼 나의 법
전이 세상을 덮어 나갈 것이니, 너희
들은 의심치 말라.

9,988 번째 하나님 말씀

2004년 3월 19일 06시 43분

1 사랑하는 나의 아들아!
2 "네, 아버님! 말씀하옵소서."
3 이 자연의 위대함을 내가 너희들에게
상으로 내렸음이니,
4 그 속에서 너희들이 사랑을 베풀며 아
름다운 삶을 살라 하는 것이 나의 백
성 너희들에게 내가 바라고 소원하는
것이었음이니라.
5 그러나 그와 같은 백성들을 지금의
종교 집단이요, 지도자들이 잘못 가르
치고 잘못 인도함으로써 지금 어떠한
형국이 되었느냐?
6 오늘의 종교 집단이요, 지도자들이 잘
못 가르치기에 나의 사랑하는 백성 너
희가 범죄함으로써, 죄를 지음으로써
너희들이 나의 자식 되기를 포기하도
록 하였으며, 또한 너희들이 나에게
와 거듭나는 그와 같은 역사를 포기하
게 하였음이니라.
7 너희가 죄를 지음으로 나의 유산을
상속을 받을 것을 포기하도록 만든
것이 종교 집단들이요, 지도자요,
8 너희가 죄를 지음으로써 인간의 형상
을 무너트렸으며 너희들이 짐승의 형
국과 같은 모습으로써 살아가도록 그
리 만든 것이 오늘의 종교 집단이요,
지도자임을 너희들은 알라.
9 너희가 죄를 지음으로써 만물의 왕이
됨을 포기시켰으며, 너희들이 죄를 지
음으로 이 세상을 다스리는 왕으로서
그 자격을 상실하도록 한 것이 오늘의
종교 집단이요, 지도자들이 역사한 것
이라는 것을 너희들은 알라.
10 그리하여 너희들이 죄를 지음으로 인
하여 이 세상의 모두를 다 파괴하였으
며, 너희들이 죄를 짓게 하여 이 세상
의 아름다움이 존재함을 무너트린 자
들이니라.
11 그러니 그들로 하여금 너희들이 죄를
짓게 하여 나의 뜻을 거역하는 백성으
로서 살아가도록 만든 것이 오늘의 집
단이요, 지도자들이요,
12 너희들로 하여금 나의 뜻을 순종치 않
는 백성으로 만든 것이 오늘의 종교
지도자요,
13 너희들이 나를 능멸하고 나를 욕되게
하는 삶을 살아가도록 만든 것이 오늘
의 종교 집단의 지도자임을 너희들은
알라.

14 그리하여 나의 자식이 한 사람도 세상
에 없음이니, 나 여호와는 지금 고통
과 눈물 속에서 사랑하는 나의 자식들
이 거듭나기를 바라는 그와 같은 오늘
의 형국에 이르도록 만든 것이 오늘의
종교 집단이요, 지도자요, 잘못 가는
그 백성들이요,
15 나의 뜻도 내가 이루고자 하는 것도
모르며 그저 맹종 맹신하며, 저희들에
게 금화와 은화를 몇 닢 바침으로써
구원을 받으며, 그것이 하늘에 쌓여
저희들이 죽어 와 그 상을 받는다고
몸부림치는 그와 같은 잘못된 백성들
로 하여금 이와 같이 나의 아들딸들을
다 무너트린 그 결과가 오늘의 역사로
써 증명함을 너희들은 알라.

9,989 번째 하나님 말씀

2004년 3월 19일 06시 48분

1 사랑하는 나의 아들아!
2 "네, 아버님! 말씀하옵소서."
3 너를 따르는 제자들이요, 나의 법전을
읽고 깨우친 만백성 그들에게 깨우쳐
전하라.
4 지금의 모든 믿음의 길을 가는 종교
지도자 그 백성들이요, 신도들이 어찌
하는가?
5 너희들은 성서에 기록되어 있는, 나의
아들 예수를 영접하고 나를 믿는 백성
은 나의 자녀가 된다, 그리고 권세를
주었으며 권세를 얻을 것이라는 이 대
목을 갖고,
6 너희들이 나의 아들 예수를 찾고 믿기
만 하면 나의 백성이 되는 것이요, 그
리하여 그것으로써 증거하여 지금 나
의 피조물 만백성을 너희들이 이끌어
가느니라.
7 나의 아들 예수를 영접하고 믿는 백성
은 나의 자녀가 되는 권세를 주었다는
이 대목을 가지고 너희들이 나의 아들
예수를 믿기만 하면 구원을 받는다 그
리 말하나, 이것은 너희들이 그와 같
은 의미임을 너희들은 알라.
8 이제 너희들이 나의 아들 예수의 보혈
로써 구원을 받고 못 받는 것을 시시
비비하지 말며, 나의 아들 예수의 보
혈로써 구원을 받는다는 그와 같은 너
희들의 생각을 지우지 아니하면 아니
될 것이니 명심하도록 그리하라.
9 너희는 이와 같이 내가 내린 이 성경
의 대목이 무엇인 줄 알겠느냐?
10 나의 백성으로서 거듭남이 아니요, 나
의 백성으로서 너희들이 거듭나는 권
세를 얻는 것이 아니니라.
11 다만 너희들이 거듭날 수 있는 씨앗을
내가 너희들에게 준 것이라는 것을 알
라.
12 너희들이 나로부터 거듭나는 씨앗을
받은 것을 너희들이 지금 그 의미를
그리 전하고 가르침이니, 이게 잘못된
것이니라.
13 너희들이 나로부터 거듭나는 씨앗을
받았으니, 그를 잘 가꾸고 정성 들여
키워 그가 바르고 곱게 성장하는 그와
같은 과정만이 너희들이 나로부터 나
의 아들 예수를 영접하며, 나를 영접
하는 것으로써 너희들이 나의 자녀로
서 권세를 얻는 그와 같은 은혜를 얻
는다는 것을 알라.

14 나의 아들 예수의 보혈로써, 나를 찾
는 것만으로써 너희들이 권세와 영광
을 거둬들이는 것이 아님을 알라.
15 너희들이 끊임없이 나의 뜻을 알고자
노력하고 변화될 수 있는 빛을 보게
되는 그와 같은 역사를 이루도록 내가
너희들에게 그것을 내려 준 것이지,
16 너희들이 나를 영접하며 나의 아들 예
수를 영접함으로써 나의 아들딸로서
권세를 누리도록 내렸다는 것이 아니
니, 그와 같은 의미를 잘 깨우쳐 가도
록 그리하라.
17 그리고 나의 아들딸이 되었다면 과연
너희들은 어찌하는가?
18 너희들 말대로 나의 아들 예수의 보혈
로써, 나를 찾고 나를 경배하는 것으
로써 너희들이 지금 거듭나는 것이며,
너희들이 영접함을 받아 나의 자녀로
서 다시 나는 권세를 얻었다면,
19 어찌 너희들이 세상사에 살면서 너희
들 가슴속에 시기하는 마음이요, 질투
하는 마음이요, 욕심을 부리는 마음이
요, 교만한 마음이요, 그와 같은 마음
들의 근원의 뿌리가 너희들 가슴속에
아직도 남아 있단 말이더냐?
20 그를 뽑지 못하며 버리지 못한 너희들
이 과연 나의 아들 예수의 보혈로써
거듭난 백성이요, 구원을 받을 수 있
는 백성이라 그리 말할 수 있느냐?
21 나의 아들의 보혈로써, 너희들이 나를
경배하고 따르는 것으로써는 너희들
에게 아름다운 싹을 심을 수 있는 그
씨앗을 내려보내는 것이니라.
22 그러니 너희가 예수를 영접함으로, 나
를 영접함으로 구원을 받았다 절대
말하지 말라.
23 이는 너희들이 이리 현혹되어 잘못 가
고 있음을 알라.
24 너희들을 아름다운 모습으로 성장시
키며 나에게 올 수 있는 씨앗을 내가
너희들에게 전하였음이니,
25 너희들이 나에게 오고 못 오는 것은
바로 그를 어찌 다스려 어찌 잘 가꾸
고 성장시켜 내가 열매를 거둘 수 있
는 나무로 성장하느냐 그것이 중요함
을 알라.
26 너희들은 알라, 너희들이 살아가는 삶
에서 얼마나 악을 걸러 내는 여과 과
정을 잘 지키고 역사했느냐에 따라서
너희들이 나에게 구원을 받고 못 받는
것이지,
27 나의 아들 예수의 보혈로써, 나를 영
접함으로써 너희들이 나의 자녀가 되
는 권세를 주었다, 그를 누렸다 하는
생각, 그것이 아님을 너희들은 알라
그리 전하라.

9,990 번째 하나님 말씀

2004년 3월 19일 09시 18분

1 "너는 나 외에는 다른 신들을 네게 있
게 말지니라.
2 너를 위하여 새긴 우상을 만들지 말
고, 또 위로 하늘에 있는 것이나 아래
로 땅에 있는 것이나 땅 아래 물속에
있는 것의 아무 형상이든지 만들지 말
며, 그것들에게 절하지 말며 그것들을
섬기지 말라.
3 너는 너의 하나님 여호와의 이름을 망
령되이 일컫지 말라.

4 안식일을 기억하여 거룩히 지키라.
5 네 부모를 공경하라.
6 살인하지 말지니라.
7 간음하지 말지니라.
8 도적질하지 말지니라.
9 네 이웃에 대하여 거짓 증거하지 말지
니라.
10 네 이웃의 집을 탐내지 말지니라.
11 나 여호와가 존재함을 믿는 그 자체가
구원의 길에 들어서는 기본이요 근본
이며, 나의 법전을 가슴에 안고 정독
하는 자, 반석 위에 서서 하늘에 오르
는 찬란한 빛을 보게 되는 영광을 얻
게 됨이니라."
12 사랑하는 나의 아들아!
13 "네, 아버님! 말씀하옵소서."
14 나의 사랑하는 백성 너희들이 살아가
면서 가장 아름답고 그 고운 말이요,
나 여호와가 기뻐하는 그 단어요, 말
이 무엇인 줄 알겠느냐?
15 나의 아들이 기도하며 경배할 때마다
암송하는 그 십계명이니라.
16 그 십계명을 너희들이 암송할 때보다
더 아름다운 단어요, 향기로운 말이
없으며 그보다 더 위대한 말이 없음이
니라.
17 이는 곧 너희들이 나의 십계명을 암송
하며 그를 세상에 전할 때, 이것이 너
희들이 가장 향기로움이요, 가장 너희
들이 보배와 같은 말이니라.
18 그러니 또한 나 여호와를 가장 기쁘게
하는 길이요, 나 여호와가 나의 백성
너희들을 세상에 내려보낸 것을 그래
도 가장 기쁘게 생각하는 것이 너희들
이 십계명을 암송하고 암송하는 것이
니라.
19 너희들이 십계명을 암송할 때, 너희들
의 가슴이 저려 옴을 느껴야 될 것이
며, 그리고 십계명이 얼마나 귀하고
소중한 것인가를 너희들이 알고 깨우
치는 그와 같은 삶을 살아가지 아니하
면 아니 되느니라.
20 사랑하는 나의 아들을 따르는 제자들
이요, 그리고 만백성 너희들은 들으라.
21 너희들에게 어렵고 힘든 길을 왜 내가
가라 하는가?
22 그 길이 아니면 너희들이 나에게 오를
수 없으며 구원의 길을 볼 수 없기 때
문이니라.
23 그러니 너희들이 살아가는 그 길이 과
연 어떠한가?
24 한 점의 부끄럼이 없는 그와 같은 삶
을 살아가는 백성들이냐?
25 그러니 너희들이 하늘을 향하여 한 점
의 부끄럼이 없는 그 삶을 살지 못하
며 너희들이 그를 지금 역사하지 못하
지 아니하더냐?
26 그러니 내가 너희들에게 그를 바로잡
고자 함이요, 그를 깨우치고자 함이니,
27 너희들이 그 길을 보며 그 길을 가기
위해서는 너희들이 어렵고 힘든 오늘
의 그와 같은 길을 가지 아니하면 결
코 깨달을 수가 없음이니라.
28 부귀영화요, 너희들이 육의 향락이요,
육의 삶의 즐거움을 위하여 모두를 살
아간다면,
29 결코 너희들은 십계명을 아무리 암송
하며 주기도문을 아무리 암송한다 해
도 아무런 의미가 없으며, 그 소중함
과 귀함을 너희들이 알 수 없음이니라.

30 그러니 이제 나의 아들딸 너희들은 들
으라.
31 너희들이 아무리 힘들고 어렵다 해도,
이 길이 나에게 오르는 길이요, 너희
들이 그와 같은 역사를 통하지 아니하
고는 바로 설 수 없으며, 사탄의 그 유
혹에 무너지지 아니할 수 없기 때문이
라는 것을,
32 그래서 내가 너희들에게 완벽한 백성
으로 거듭나게 하기 위하여 오늘의
너희들이 이 훈련의 과정을 거치고 있
다는 것을 알며, 여기에 힘들다 하여
포기하지 말라.
33 모든 것을 너희들이 중도에 포기한다
면 그 목적을 달성할 수 없으며 소기
의 목적을 이룰 수 없는 것이니, 곧 그
는 패자가 되지 않느냐?
34 인간 세상에 목표를 달성하지 못하는
것은 인간 세상에 백 년도 살지 못하
는 그 속에서 너희들이 패자가 되나,
35 너희들이 믿음이요, 하늘에 오르는 길
을 지금 그 빛을 보고 그 길을 달려오
는 너희들이 어렵고 힘들다 하여 그
훈련을 포기하고 주저앉는다면,
36 너희들이 영원히 거듭나는 그 은혜요,
영광을 버리는 것이라는 이 무서운
사실을 깨달아,
37 절대 너희들이 중도에 하차하는 그와
같은 백성이 되지 말라 내가 너희들에
게 간곡히 전함이니라.
38 머지않아 너희들이 이루고자 하는 것,
너희들이 소원하는 것, 그 뜻은 결국
이루어질 것이니라.
39 나의 법전에 너희들이 욕되게 살라며,
너희들이 사악하게 살라 하며, 너희들
인간을 무시하고 살리는, 그리고 인간
을 소중히 하지 말며 사랑을 베풀지
말며 살라는 그와 같은 내용이 있다
면, 너희들은 이 길을 가지 아니하여
도 될 것이니라.
40 그러나 그 모두를 행하는 것이 하늘에
오르는 길이라 하여 내가 너희들에게
또 짐을 지워 주고 또 짐을 지워 주는
것,
41 너희가 어렵고 힘들게 짐을 지고 가는
것, 이것이 바로 너희들이 나에게 오
르는 길이요, 만백성을 구하는 길임을
알라.
42 나의 아들 예수가 '짐 진 자, 짐이 무
거운 자, 나에게 오라.' 한 그 의미를
잘 생각하면, 너희들은 그 뜻을 알게
될 것이니라.

9,991 번째 하나님 말씀

2004년 3월 19일 09시 24분

1 사랑하는 나의 아들아!
2 "네, 아버님! 말씀하옵소서."
3 내가 나의 아들을 통하여 너희들에게
그리 전하였느니라.
4 나 여호와의 참진리요, 나의 성령은
곧 무엇이라 하였느냐?
5 너희 모든 백성들의 그 아프고 슬프
고 저리는 그 모두에 따라, 그 병명에
따라 그와 같이 모두 약의 효과로써
너희들을 치료할 수 있는 것,
6 이것이 나 여호와의 뜻이요, 참진리
요, 성령을 받아들일 수 있는 눈이 열
린 백성이라 내가 하지 아니하였더냐?
7 그러니 이러한 참진리의 뜻을 모르고

지금 믿음의 길을 가는 오늘의 종교
집단이 너희들임을 알아야 될 것이니
라.
8 참진리라는 것은 모두를 다 다스리고
고쳐 나간다 하지 아니하였더냐?
9 그러나 너희들의 오늘의 믿음이 무엇
인 줄 알겠느냐?
10 한쪽에 치우쳐서 한쪽에 썩어져 가는
것, 그것만을 너희들이 바라보며 그것
만을 알고 있으며,
11 그를 너희들이 치료하고 그를 고치고
자 하는 것, 그것밖에는 너희들이 모
르고 있음이니라.
12 그러니 나 여호와의 참진리요, 방대한
그 뜻을 너희들이 모르고, 한쪽에서만
그를 해석하고 그를 깨우치고자 지금
노력하고 몸부림치고 있는 수준에 머
물러 있다는 것을 알아야 될 것이니라.
13 수억 가지 중에서 하나를 가지고 몸
부림을 치고 있는 것이 바로 오늘의
너희들의 믿음이요, 오늘의 신앙생활
하는 백성들이요, 구원을 받았다 울고
불고하는 자들이요, 선택받았다 말하
는 너희들이니라.
14 지금 나 여호와는 수만 수억 가지를
너희들에게 깨우치고 가르치고자 하
나,
15 단 한쪽이요, 일부분만을 가지고 몸
부림치는 것이 오늘의 믿음의 길을
가며 신앙의 길을 가는 어리석은 백
성들이 행하고 있는 것임을 알라.
16 그러니 너희들이 일부분밖에는 볼 줄
모르며 일부분밖에는 치료할 줄 모르
기에, 성경에 기록되어 있는 그 근본
을 모르며, 또는 너희들이 그 원리조
차도 모르며, 그 생각 자체도 못하는
그와 같은 것이 너희들의 오늘의 믿
음이니라.
17 그리하여 너희들이 수억 가지 중에서
몇 가지 일부만을 알고 그것이 근본이
요 기본이라, 그리고 구원을 받는 길
이라 그리 말하면서, 너희들이 그것
또한 어찌 설명하고 해석하고 가느냐?
18 그와 같이 작은 부분만을 아는 너희들
이 그 성서를 또한 너희들에게 유리한
쪽으로 만들어 놓고 해석하며, 제 비
위를 맞추는 데 그 모두를 지금 도구
로 쓰고 있는 것이니라.
19 나의 피조물 만백성에게 재물을 거둬
들이는 도구로 쓰는 것이 지도자들이
며,
20 또한 나의 백성들이요, 신도라는 자들
은 제 비위요, 제 뜻에 맞추는 쪽으로
모두를 저 자신이 유리한 쪽으로 생각
하고 있는 것이니라.
21 그리하여 저희 자신의 기쁨의 도구로
써, 기쁨을 얻는 것으로써, 그와 같이
편협한 생각으로써, 편협한 해석으로
써 나의 성서를 모독하며 나의 뜻을
모독하니,
22 너희들이 그와 같이 변질된 자요, 그
리고 변질되게 가르치는 자들이니라.
23 그러니 그들이 지금 가르치고 그를 따
라가는 백성들이 어찌하는지 알겠느
냐?
24 나에게 오르는 길을 너희들이 달려오
나, 너희들은 지금 지옥의 벼랑 끝으
로 떨어지는 자요, 그 길로 달려가는
자요, 그 길로 인도하는 사탄의 후예
만이 이 세상을 다 지배하고 있음이니

라.
25 그러니 너희들이 모두가 나와 정반대
의 길이요, 내 뜻과는 관계없는 그와
같은 길로 가는 자들이라는 걸 절대
잊지 말라.
26 너희들이 나의 뜻을 알아야 될 것이니
라.
27 그리고 나의 전체의 뜻을 알아야 너희
들이 성서의 그 근본을 알 수 있으며,
그 원리를 알 수 있으며,
28 내가 너희들에게 말하기를 너희에게
유리한 쪽이 아니요, 고통스럽고 힘든
쪽으로 나의 성경을 해석하고 그리 연
구하고 갈 때, 너희들이 하늘의 그 빛
이요, 숨어 있는 그 위대함을 알게 될
것이니,
29 이를 행하지 아니하면, 오늘의 너희들
이 신앙이요, 믿음의 그것으로써는
나를 알 수 없으며, 구원을 받을 수 없
으며, 하늘에 오르는 그 빛조차도 볼
수 없음이니,
30 엄만 분의 일을 가지고 매달리며 그것
으로 연구하고 너희들이 그걸 고치고
치료하겠다 하여, 그것으로 나에게 오
른다 하여 너희들이 그 끈을 붙잡고
몸부림치다 죽음이라는 그 문턱을 넘
어왔을 때 내가 너희들을 모른다 함이
니라.
31 너희들이 말하기를 종교 지도자, 아버
님의 목자라 말하는 자의 말을 듣고
너희들은 평생 재물을 바쳤으며 금화
와 은화를 갖다 바쳤으며, 그리고 그
가 하라는 대로 살아왔으니, '나는 죄
가 없다.' 그리 말하나,
32 나는 너와 같이 그 형태가 바뀌며 모
양이 바뀐 그와 같은 백성을 둔 적이
없으며, 나는 모른다 하는 그 무서운
의미를 가슴 깊이 새기도록 그리 전
하라, 사랑하는 나의 아들아!

9,992 번째 하나님 말씀

2004년 3월 20일 06시 02분

1 사랑하는 나의 아들아!
2 "네, 아버님! 말씀하옵소서."
3 너와 너의 제자들이 정녕 어떠한 길을
가며, 어떠한 형태로써 살아가기를 나
여호와가 바라는가, 너는 그를 알고
있지 않은가?
4 너는 그를 너의 제자들과 그리고 나의
법전을 읽고 깨우친 백성에게 전해야
될 것이니라.
5 그들이 그 길을 선택하여 가든 안 가
든, 너는 그들에게 나 여호와의 뜻을
전해야 될 것이며 깨우쳐야 될 것이니
라.
6 과연 너와 그 제자들이 가야 할 길이
며 있어야 할 장소가 어딘 줄 아느냐?
7 "네, 아버님! 저는 확실히 자세히 알
지는 못하오나, 아버님께서 저와 저의
제자들에게 바라시는 것은 이러한 곳
이라 생각되옵나이다.
8 아무도 가기 싫어하는 그 빈민 소굴이
요, 그리고 냄새나는 곳이요, 인간이
살기는 곤욕스러운 곳이요, 그리고 보
통 사람들은 살아갈 수 없는 그와 같
은 빈곤한 빈민의 소굴이요, 그리고
어려운 병자들이 있는 그 속에 가 제
가 있어야 되며,
9 저의 제자들 또한 그 속에서 더불어

생활을 해야 되며, 그들을 깨우치고
그들을 인도하는 것이 저희들이 가야
할 길이며 저희들이 있어야 할 자리라
그리 생각되옵나이다.
10 모든 병자들이요, 병마에 시달리는 사
람들, 그리고 가난한 사람들이라 하여
그 뒷골목에 사는 사람들, 그리고 제
대로 저 자신을 갖추지도 못하고 사
는 불쌍하고 어려운 사람들,
11 남들이 바라보지 않는 그 사람들 속에
가서 저희들이 안주하는 것, 그 사람
들과 더불어 생활하며 그 속에서 그들
을 깨우쳐 주는 것,
12 그것이 지금은 저희들이 가야 할 길이
며 제가 해야 할 길이라 그리 생각되
옵나이다.
13 호화로움이요, 부귀영화요, 아름다운
삶이 아니라, 가장 천하고 낮은 사람
들, 그리고 누구도 그곳에 사는 것을
부끄럽게 생각하며 그곳에 살기를 싫
어하는 사람들,
14 그저 무허가 촌이요, 그와 같은 속에
서 저희들이 생활을 해야 되며, 그들
과 더불어 가야 되며, 그들을 사랑하
며 그들을 깨우치기 위하여 모든 정성
과 모두를 다 바쳐야 되는 것,
15 호화롭고 찬란한 장소요, 그와 같은
곳에서 사는 것이 아니요, 그와 같은
빈민의 소굴이요, 무허가 촌이요, 판
자촌에 가서 사는 것,
16 그곳이 저희들이 있어야 할 장소며
저 자신이 또한 가서 있어야 할 장소
라 저는 그리 생각되오며 그것이 정녕
아버님의 뜻이라 그리 생각되옵나이
다."
17 사랑하는 나의 아들아!
18 "네, 아버님! 말씀하옵소서."
19 나의 복음을 전하기 위하여, 내 뜻을
역사하기 위하여 나의 아들 예수는 그
생명을 바쳤지 아니하더냐?
20 그러니 과연 너희들이 빈민 소굴이요,
빈민촌에 가며 무허가 판자촌 속에서
네가 가서 생활하며, 너의 제자들이
거기에서 만백성을 깨우치는 꽃을 피
운다 해도,
21 정녕 나의 아들의 죽음보다는 너희들
이 덜하지 아니하겠는가?
22 목숨을 바쳐 간 그 예수가 있거늘, 너
희들의 장소는 그와 같은 곳이요, 또
한 너의 제자들이 가서 있어야 할 곳
은 그와 같은 곳이요, 나의 법전을 전
할 곳이 또한 그곳이요, 네가 강론할
곳이 그러한 곳임을 네가 알았으면,
너희들은 그리 살아가도록 해야 될 것
이니라.
23 너의 제자들이 그를 거부하며 그것이
부끄러움이요, 그것이 힘들다면 그는
그것으로써 끝일 것이니라.
24 그러나 너희들이 정녕 가야 할 곳은
판자촌이요, 빈민 소굴이요, 그리고
너희들이 사람들이 바라보지 않는 그
곳에 가서, 사람들이 살기 역겨운 곳
에 가 그들과 더불어 생활하며, 그들
을 깨우쳐 주고 그들을 인도해야 되는
것,
25 앞으로 그와 같은 삶이요, 그와 같은
마음 자세로 살아가는 것이 너희들임
을 알아야 될 것이니라.
26 언젠가는 너 또한 스스로 네가 갈 것
이며 네가 또 안주할 곳은 그곳일 것

이니,
27 너희들은 그와 같은 마음 자세로써,
오늘의 너희들이 얼마나 부귀와 영화
요, 나로부터 은혜를 받으며 있는가를
깨닫고,
28 지금의 너희들이 살아가는 이와 같은
형태는 너희들의 자리가 아니며 너희
들이 서 있을 자리가 아니라는 것을
너는 너의 제자들에게 전하도록 하라.
29 그리고 나의 법전을 읽고 깨우친 만백
성에게 깨우쳐 주라, 사랑하는 나의
아들아!

9,993 번째 하나님 말씀

2004년 3월 20일 06시 11분

1 사랑하는 나의 아들아!
2 "네, 아버님! 말씀하옵소서."
3 나의 아들이요, 그리고 너를 따르는
제자들이요, 나의 법전을 읽고 깨우친
만백성 너희들은 누구도 가지 않는 빈
민촌이요, 판자촌이요, 살기 싫어하는
그곳에 너희들이 성전을 열고, 그 지
하의 생활 속에서 너희들이 만백성을
깨우치는 그와 같은 길을 가는 것이
너희들이 가야 할 길이며 너희들이 앞
으로 행해야 할 길이라 내가 그리 말
하였느니라.
4 그리고 그것이 곧 나 여호와의 뜻이며
너희들이 나의 뜻에 의하여 살아가는
그와 같은 삶을 사는 백성들이라 내가
너희들에게 전하지 아니하였더냐?
5 이 세상에 하늘의 종이요, 그리고 만
백성의 종이요, 하늘과 땅 사이에 가
장 낮은 자라면, 너희들은 말로써만
낮은 자라 말하며 너희들의 생활 자
체가 낮은 자의 생활을 벗어나 산다
면 그것이 다 위선이 아니더냐?
6 너희들이 말로만 낮은 자요, 행동으로
써만 낮은 자라 하면 무엇하던가?
7 모든 언행이 낮아져야 하며 너희들의
삶도 또한 남들보다 낮아진 삶을 살아
야 하니, 가장 밑바닥 속에서 그들과
더불어 그 생활을 영위하는 것, 그것
이 정녕 나의 아들이요, 나의 뜻을 따
라가는 백성들이요,
8 그리고 성서요, 나의 법전의 위대함
이 거기에 있거늘, 너희들은 그와 같
은 것을 준비해야 되며 그와 같은 길
을 가도록 역사해야 될 것이니라.
9 그러나 지금의 믿음의 길을 가는 백성
들은 어떠하던가?
10 저희들이 낮은 자가 아니요, 나의 성
서의 위대함을 보지 못함이니라.
11 그리하여 성서의 그 내용을 보지 못하
며, 오로지 저희들은 구원의 빛만을
바라보고 살아가며, 그리고 그를 위하
여 기도하고 경배하고 울고불고 살아
가는 것이 아니더냐?
12 그러니 그들이 성서의 구원의 빛의 위
대함과 십계명의 위대함을 알고 있는
가?
13 그 모두를 저버리고 사는 백성들이니
라.
14 이제 사랑하는 너는 나의 뜻을 알았으
며, 그리고 너의 제자들이 그를 알았
으면, 너희들의 생활도 가장 낮은 자
요, 삶이 낮은 자요, 언행도 가장 낮은
자요,
15 모두가 너희들이 낮은 자로서 행동을

해야 되며 낮은 곳에 너희들이 있어야
함이니라.
16 내가 너에게 무어라 말하였느냐?
17 물이 위에서 흐르니 가장 낮은 곳에
가 멈추기 시작한다 했음이니, 바로
사랑하는 나의 아들이 멈출 곳이요,
그 제자들이 멈출 곳이요, 나의 법전
을 깨우친 만백성 너희들은 가장 낮은
곳이니,
18 바닥의 생활에 너희들이 그 속에서 더
불어 그 백성들과 살아가며 그들을 깨
우치기 시작하며 거기서부터 너희들
이 만백성을 깨우치는 역사를 이루어
야 할 것이며,
19 너희들이 있는 곳은 가장 낮은 곳이
요, 가장 빈민의 존임을 잊어서는 아
니 될 것이니라.
20 나의 뜻이 그러하거늘, 지금의 종교
집단이요, 지도자들이 과연 그 믿음의
길을 어찌 가는가?
21 그리하여 그들은 나와 관계없는 믿음
으로 간다 그리하였음이니라.
22 나의 뜻과는 관계없는 구원의 길을 달
려가고 있으며 그를 위한 신앙생활을
하고 있는 것이 오늘의 모든 백성들이
니라.
23 그리고 저희들이 낮은 자요, 낮은 생
활 속에서 살아갈 수 있는 그와 같은
생각은 접어 두며, 저희들이 가장 잘
믿는 성도가 되는 것만을 가르치고 있
음이니라.
24 가장 잘 믿는 신도요, 성도는 육을 무
시하고 육의 삶을 무시하며, 그리하여
영혼이 죽어 가는 것도 모르며, 그저
썩어져 가는 육을 천대시하고 버리라
그리 가르치는 것이니라.
25 너희들이 정녕 바로 믿는 자요, 위대
한 믿음을 믿는 자는 썩어져 가는 육
은 관계없으며 그저 천대하고,
26 그저 오로지 너희들이 죽어서 천국에
가는 것만을 생각하는 백성이라, 그것
이 위대한 백성이요, 진정한 믿음이
요, 진정한 믿음의 길을 가는 백성들
이라 너희들이 세뇌시켰음이니라.
27 너희들의 육이 썩으면 영혼도 같이 죽
어져 감을 모르느니라.
28 육은 죽어져 가며 육은 천대하며 육의
삶은 무시하고 저버리면서, 너희들이
그 속에서 영혼만이 거듭난다, 그리고
거듭나는 것이 너희들이 가야 할 길이
라 하나,
29 너희들의 그 집이 썩어짐이니, 그 영
혼이 기거할 수 없다는 것을 알아야
될 것이니라.
30 그러면서 너희들은 육은 너희들을 멸
망시키려 하며 죄의 근본이며 죄를 짓
게 하는 도구라 그리 생각하고 그리
가르치니,
31 육은 죄가 아니고 너희들은 육이 살지
아니하면 아니 됨을 알아야 될 것이니
라.
32 육을 천대하는 것은 저 자신을 천대하
는 것이요, 내가 내려 준 너희들의 그
육신을 천대하는 것이니라.
33 그러나 너희들은 알아야 될 것이니라.
34 신앙생활이라는 것은, 그리고 믿음의
생활을 가는 그 백성이라면, 육도 영
혼도 모두가 나 여호와가 창조한 것이
며 내 뜻에 의해 존재함이니, 그것을
너희들이 구분해서는 아니 되며,

35 그를 너희들이 천대하고 지금처럼 육
의 하는 일을 버려 버리고 육과는 관
계없는 것처럼 몰고 가는 그와 같은
종교 집단이요, 지도자 너희들이 잘못
가르쳤으며, 너희들로 하여금 나의 피
조물 만백성들이 인성을 버렸으며, 인
간의 본질을 버렸으며,
36 오늘과 같이 험악한 세상이요, 이기주
의 세상으로써 오로지 '구원, 구원' 하
늘에 오르는 것, 그 작은 것에만 매달
리고 연연하는 삶을 살도록 너희들이
나의 피조물 만백성을 다 무너트렸음
을 알아야 될 것이니라.

9,994 번째 하나님 말씀

2004년 3월 20일 06시 22분

1 사랑하는 나의 아들아!
2 "네, 아버님! 말씀하옵소서."
3 나의 사랑하는 피조물 만백성이요, 그
지도자들이 정녕 참진리요, 저희 갈
길을 모르며, 성령의 나의 뜻을 깨우
치지 못하고 제대로 알지 못하여,
4 그들로 하여금 지금의 이 무서운 현실
이 되었으며, 오늘의 이 결과를 초래
한 것임을 너희들은 알아야 될 것이니
라.
5 내가 성서의 한 구절을 너희들에게 전
한 것을 다시 기록하여 전함이니,
6 그 뜻이 너희들이 얼마나 왜곡되었으
며 내 뜻을 모르고 너희들이 가르치고
전하는 것인가를 깨우쳐,
7 누가 무어라 해도 나의 아들을 따르는
제자 너희들은 성서의 뜻이요, 나 여
호와의 뜻을 바로 읽고 깨우쳐 가도록
그리해야 될 것이니라.
8 내가 성서에 기록하여 전하기를, '이
방인의 길로 가지도 말며 사마리아인
의 고을에도 들어가지 말고, 너희들이
차라리 이스라엘 집의 잃어버린 양을
구하라.'
9 그러니 이스라엘 그 백성들을 구하는
데 너희들이 모두 전념을 다하며, 너
희들이 사마리아인이요, 이방인이라
칭하는 그와 같은 백성들과의 차별화
를 두며 그들을 먼저 구원하려 하지
말라는 그와 같은 성서에 기록된 것을
보고,
10 너희들이 지금 이방인을 사탄이요, 너
희들이 정녕 너희들과는 관계없는 벌
레를 보듯이 그리함이니,
11 그것이 정녕 사랑을 실천하는 나 여호
와요, 나의 아들 예수가 역사한 길이
라 너희들은 생각하는가?
12 그 뜻의 의미를 너희들이 모르기에 지
금 이방인, 믿지 않는 백성과 믿는 백
성 너희들과 큰 차별화가 되며,
13 너희들은 위대한 선택된 백성이요, 나
머지 백성은 지옥으로 가는 사탄이요
이단이라 하여 너희들이 벌레처럼 보
는 그와 같은 어리석고 웃지 못할 형
국에서 모든 종교 집단이요, 그 지도
자, 목회자라는 자들이 단상에서 그리
부르짖고 그리 지금까지 가르치고 있
는 것이 아니더냐?
14 너희들은 나의 뜻을 알아야 될 것이니
라.
15 사마리아인이나 또는 너희들이 이방
인이라 칭하는 그 백성을 내가 버렸으
며 나의 아들 예수가 버렸다면, 그 백

성들과 너희들 이스라엘 백성을 모두
가 차별화되어 내가 그리 생각했다면,
16 이는 정녕 내 모두는 나의 백성이요,
내가 너희들을 사랑하는 어버이요, 내
가 인간의 차별화를 두지 않는 창조주
아버지가 할 수 있으며 내가 그를 가
르칠 수 있단 말이더냐?
17 모두는 피부색을 떠나서 너희들이 어
떠한 형태든 그 모두는 나의 아들딸이
요, 너희들이 이방인이라 하든, 사탄
이라 말하든, 너희들 자신이든, 나는
똑같이 너희들에게 차별화를 두지 아
니하는 것을 너희들은 알아야 될 것이
니라.
18 그렇다면 나의 아들 예수는 어찌하여
사마리아 여인과 우물가에서 그 아름
다운 대화를 나누었으며, 그리고 착한
사마리아 사람들과 대화를 나눴으며,
19 그들이 살아가는 그 아름다움을 또 그
들에게 왜 자랑하며 그들의 말을 듣고
너희들에게 알려 주었겠는가?
20 예수가 어찌하여 그와 같은 것을 전했
는가, 너희들은 여기서 알아야 될 것
이니라.
21 나의 아들 예수를 따르는 그 제자들의
그때의 깨달음으로써는, 그들이 지도
능력으로써는 아직 일반 백성들이요,
너희들이 말하는 이방인이요, 나 여호
와를 모르는 그 백성들 속에서 그들을
깨우치고 설득하기는 부족한 예수의
그 제자들이었기 때문에,
22 아직 거기에 너희들이 가지 말며, 너
희들이 그래도 믿음이요, 아버지 나를
찾는 그 백성들부터 먼저 너희들이 대
화가 통할 수 있으니, 그들을 먼저 구
원하고 너희들이 그를 선택하도록 하
라, 그리 내가 나의 아들을 통하여 전
한 뜻이요, 가르친 뜻인 것임을 너희
들은 알아야 될 것이니라.
23 그 당시 모든 여건으로 봐서 나의 아
들 예수를 따르는 그 제자들은 깨우침
이요, 진리의 높이의 깨달음이 없기
때문에, 그 제자들에게는 그래도 믿음
의 대화를 할 수 있는 이스라엘 백성
을 먼저 구하라 함이 나 여호와의 뜻
이요, 예수가 전한 뜻이라는 것을 너
희들은 알아야 될 것이니라.
24 그러니 이방인이라 칭하는 자, 사마리
아인이라는 걸 너희들이 차별하고 그
와 같이 버려두도록 한 것이 아님을
너희들은 알라.
25 그렇지 않다면 나 여호와의 사랑이요,
내가 사랑을 실천하는 공의의 하나님
이요, 나로부터 보냄을 받은 나의 아
들 예수가 세상에 나가 전하고 너희들
이 역사할 수 있단 말이더냐?
26 지금의 나의 아들이 나의 법전을 가지
고 만백성을 깨우치고 이끌어 가는 형
국이 무엇이더냐?
27 나의 아들 또한 그 제자들에게 그리
말하느니라.
28 나의 법전이 옳고 그르다 갑론을박하
는 것, 그리고 너희들이 광분하는 자,
그리고 정적을 만나듯이 너희들을 공
격하며 사탄이요, 이단이라 법전을 찢
어 버리고 태우고자 하는 자, 그와 같
은 백성들과 갑론을박하지 말라 하는
것이 나 여호와의 뜻이지 않느냐?
29 그렇다고 해서 내가 그들을 차별하며
그들을 버리는 것이 아니니라.

30 다만, 나의 아들이 그 제자들을 보기에 그 제자들이 아직 다스려짐이 부족하며, 그들의 깨달음이 부족하며, 그들과 대화할 수 있는 수준이 아직 부족하여,
31 나의 법전을 더 읽고 깨우쳐 그들이 더 많이 경지에 올랐을 때, 그리고 어떠한 백성들과도 대화를 할 수 있는 그때를 기다리며 그때를 인내하고 있는 것이 나의 아들이 아니더냐?
32 나의 아들이 그렇다고 해서 나의 아들 자신이 어떠한 백성들을 어렵다 하여 너희들을 핍박하는 백성과 나의 아들이 대화하고 그들과 교육하며 시시비비하는 것을 주저하는가?
33 나의 아들은 주저하지 아니함이니라.
34 다만, 그 제자들이 그와 같은 일을 하는 것을 나의 아들이 지금 자제하고 있음이니라.
35 그리고 너희들에게 자제하라 하지 않더냐?
36 법전을 더 읽고 깨우쳐 만백성들에게 너희들이 전할 수 있는 그와 같은 능력이 있을 때까지 아직 너희들은 함부로 시시비비하지 말라 하며,
37 나의 법전을 읽고 깨우쳐 무엇인가를 알고자 하는 그 백성들과 더불어 그들과 대화하며 그들을 먼저 깨우쳐 그들이 결속을 이룬 다음에, 그들로 하여금 모든 백성들을 구원하는 법전을 전하는 그 역사를 하도록 하여,
38 나의 법전을 읽고 옳다 생각하는 것, 나의 법전을 보고 창조주 나 여호와의 뜻이라 지금 깨닫고 있는 백성, 그리고 나의 성전에 와서 나의 아들의 강론을 들을까 말까 흔들리는 백성,
39 그와 같은 백성들부터 먼저 깨우쳐 그들부터 전하며 그들부터 구원하라 나의 아들이 그 제자들에게 지금 가르치고 있음이니,
40 그것이 바로 나의 아들 예수가 2천 년 전에 그 제자들에게 한 이야기이니라.
41 너희들이 그리하여 극에서 극으로 다루라는 것이 아니요, 이방인이라 하여 버리라 하는 것이 아니니라.
42 나의 아들이 또한 그 제자들에게 그리 가르치는 뜻이 무엇이던가?
43 언젠가는 그들도 구원할 자이나 너희들이 지식으로써, 너희들의 능력으로써, 너희들의 깨달음으로써는 아직 너희들이 그들을 설득하기 어렵기 때문에,
44 설득시킬 수 있는 백성들부터 먼저 대화하며 그 문제점을 해결해 주며, 거기서부터 답을 찾도록 나의 아들이 가르침이니,
45 이 뜻과 나의 아들 예수가 2천 년 전에 그 제자들에게 전한 그 뜻이 일치하고 똑같음을 너희들은 알라.
46 그러나 그들은 이방인은 적이요, 이방인은 벌레니 상대하지 말며 엄격히 차별을 두고 저희들이 가는 이와 같은 것으로써 흘러온 것이니,
47 그것이 바로 내가 과연 공의의 하나님이요, 내 명을 받은 나의 사랑하는 예수가, 사랑을 실천한 그가 그와 같이 사마리아인이라 하여, 또 이방인이라 하여 내가 그리 구별하고 차별화하라, 그리고 내가 누구는 구원할 자요, 누구는 구원하지 말며 그들을 버리라 그

리 말할 수 있는가?
48 그러니 너희들이 다시 한 번 성서를 읽고 나의 법전을 읽고 깨우침을 얻도록 그리하라.
49 그리하여 나의 법전이 성서를 읽는 열쇠요, 인봉된 것을 여는 그 열쇠라는 것을 너희들은 알라.

9,995 번째 하나님 말씀

2004년 3월 20일 06시 31분

1 사랑하는 나의 아들아!
2 "네, 아버님! 말씀하옵소서."
3 사랑하는 나의 백성이요, 그리고 나의 아들을 따르는 제자 너희들은 알아야 될 것이니라.
4 그리고 너희들은 명심해서 행해야 될 것이며, 하나의 오차도 없는 삶을 살며,
5 성경에 기록된 그 내용이요, 나의 법전에 기록된 내용이요, 나의 계명대로 너희들이 흔들림 없이 그를 지키고 살아가는 삶을 살아야 될 것이니라.
6 내가 2천 년 전에 사랑하는 나의 아들 예수를 통하여 그 제자들이요, 그리고 은혜를 입은 그 백성들에게 너희들이 지킬 일과 가야할 길을 명하여 기록하여 전했음이니,
7 내가 다시 한 번 여기에 기록하여 너희들에게 상기시키며 너희들을 깨우쳐 주고자 함이니라.
8 나의 아들 예수는 그 제자들에게 뭐라 말하였느냐?
9 너희들이 지금 세상에 나가 병자를 고쳐 주는 그 역사를 이룰 것이며, 또한 누구도 행할 수 없는 죽은 자를 살리는 그와 같은 역사의 기적을 이룰 것이며,
10 문둥병자를 깨끗하게 고쳐 주며, 귀신을 쫓아내며, 어렵고 힘든 것을 너희들이 이루어 주고 해결해 주며 그들을 도와준다 하더라도,
11 너희들이 여기서 지키고 행해야 할 것이 반드시 있다 했으니, 그것이 바로 무엇이더냐?
12 모든 제자들은 나의 아들 예수로부터 그 은혜요, 역사요, 나 창조주 아버지로부터 그 은혜와 역사를 받은 것이니,
13 너희들은 나가서 거저 받아서 너희들이 그 기적의 역사를 행했음이니, 거저 주라는 그와 같은 명을 나의 성경에 기록하여 전한 그 대목을 알라.
14 그러면서 내가 나의 아들을 통하여 나의 법전에 무어라 말하였느냐?
15 너희들이 아무리 위대한 것을 한다 해도 너희들이 그 대가를 바라고 그 대가를 받아들이는 것, 그리고 남에게 너희들이 할 수 없는 것을 세상에 베풀고도 너희들이 자랑하며 그를 유세한다면,
16 너희들은 무의미하며 아무런 가치가 없는 행위라 내가 말한 의미를 알고 있느냐?
17 지금의 종교 집단과 신도가 과연 그를 지키고 있는가, 그리 행하고 있는가, 너희들은 한번 그 속을 들여다보도록 하라.
18 그리고 종교 집단이요, 그 신도들이요, 그리고 그 지도자들이 어떠한 형태로 살아가든, 어떠한 짓을 하든 너

히들은 그를 관여하지 말라.
19 다만, 나의 아들을 따르는 제자들이
요, 나의 법전을 읽고 깨우친 사랑하
는 나의 선택된 백성 너희들은, 그저
누가 무어라 하든 그를 지키고 그리
행하고 살아가면 될 것이니,
20 그와 같은 삶에서 너희들이 이를 잊지
말고 명심하고 명심하라 내가 함이니
라.
21 지금의 모든 종교 집단이요, 지도자
요, 감히 구원을 받았다며 울고불고하
는 그 신도들, 그들이 과연 어떠하던
가?
22 과연 그들이 그리 살아가느냐?
23 그들의 그 추한 모습의 형태는 과연
너희들이 봐도 나의 목자요, 나의 백
성이라 말할 수 있느냐?
24 그러니 그들은 나와 관계없으며, 나와
는 관계없는 길을 달려가며 나를 능멸
하며 나를 욕하는 자들이라 했음이니
라.
25 그리고 더욱이 나의 아들 예수의 이름
을 팔아 그들이 나를 공격하는 그와
같은 행위를 함이니,
26 나의 아들 예수의 이름을 부르고 울고
불고하며 나의 뜻이 아닌 나의 뜻을
거역하는 짓을 하고 있음이니,
27 나를 공격하며 나를 능멸하는 그와 같
은 데에 나의 아들 예수의 이름을 팔
고 나의 아들 예수를 쓰고 있다는 것
을 너희들은 알아야 될 것이니라.
28 그들이야 믿든 말든, 나의 아들을 따
르는 제자 너희들은 이를 깨달을 것이
며 이를 보고 있을 것이며, 내가 너희
들에게 전하는 그 뜻을 알 것이니,
29 너희들은 그와 같은 삶을 바로 보도록
그리하며 바로 지켜 살아가도록 그리
하라.
30 과연 지금의 목자라 말할 수 없으며,
내가 너무나 마음이 아프며 가슴이
아파 다시 한 번 너희들에게 한 구절
을 더 전함이니라.
31 '너희들이 세상을 살아가며 여행을 할
때 너희들이 전대에 금이나 은이나
동이나 챙기지 말며, 전대에 담아 다
니지 말며, 그를 챙기고자 하는 삶을
살지 말라 하였느니라.
32 너희들이 여행을 위해서도 두 주머니
요, 두 벌의 옷이요, 두 벌의 신이요,
두 개의 지팡이를 가지고 다니지 말
라.'는 것이 나 여호와의 뜻이니라.
33 너희들이 일부 역사한 것은 너희들이
그저 먹을 수 있는 것, 너희들이 마땅
히 일하고 거둬들인 것, 그것만으로
너희들이 모두를 지탱하며 모두를 존
재할 수 있는 것이라 내가 그리하였
지 않았느냐?
34 그러니 그와 같이 너희들이 일하고 역
사한 것의 그 대가를 받아 살아가도
충분히 살아가며 그것으로써 부족하
지 않는 삶을 살아갈 수 있거늘,
35 너희들이 어찌하여 그와 같은 욕심이
요, 그와 같이 제 앞에 무엇을 쌓아
놓는 것에 모두를 다 바친단 말이더냐?
36 작은 역사요, 작은 뜻의 기적을 이루
었다며 나의 뜻이요, 나의 성령이라는
것을 너희들이 전했다면서 그들에게
얼마나 그 무서운 대가를 지불하도록
그리하며 갈취를 하는가?
37 너희들이 죽은 자를 살려 주며 문둥병

자를 고쳐 주며 병자를 고쳐 주며 귀
신을 쫓아내며 어렵고 힘든 것을 이루
어 주었다 해도, 거저 나 여호와로부
터 받은 것이기에 너희들은 거저 주라
는 그 명을 지금의 종교 집단이요, 지
도자들이 지키는가?
38 이것이 나의 아들을 통하여 내가 법전
에 기록한 내용이라면 너희들은 이건
이단이요 사탄이라 하나,
39 지금 나의 성경이요, 너희들이 한 자
도 빼도 더하지 말라는 그 성경에 기
록되어 있느니라.
40 나의 아들은 천금을 내놓고도 너희들
의 이름을 다른 사람에게 알리면 그
것은 무익한 짓이며 나에게 와 상을
받을 것이 없으며,
41 어떠한 것이든 나로부터 거저 받은
것은 그 모두가 너희들이 대가 없이
돌려주며,
42 나의 뜻이요, 나의 성령을 전할 수 있
는 장소를 제공하는 자에게 너희가
도리어 감사의 표시를 하는 것이 나의
뜻이라 내가 법전에 기록하였음이니,
43 나의 아들이 성서를 읽지 아니하고
이를 기록하여 전했음이니, 과연 이것
이 무서운 나의 성령이요, 나의 뜻이
라는 걸 너희들은 어찌 모르겠는가?
44 너희들은 나의 아들을 평하기를 30년
이요, 50년이요, 평생 동안 너희들의
그 믿음이요, 너희들과 똑같은 신앙
생활을 한 자가 지금 너희들을 핍박
하는 사탄으로 변했다 그리하나,
45 열여섯 권의 법전을 전할 때까지 나는
나의 아들에게 성서를 열지 못하게 했
으며 보지 못하게 했음이니,
46 성서의 뜻을 상세히 기록하여 풀어 가
는 나의 아들이 기록한 그 뜻과 2천
년 전 나 여호와가 나의 아들 예수를
통하여 그 역사를 한 것이 일치한다
면 너희들은 어찌하겠는가?
47 나의 아들 예수는 죽어 가며 다른 보
혜사가 세상에 내려와, 나 여호와의
말씀이요, 아버님의 말씀을 가지고 세
상에 내려와서 예수가 이루고자 했던
것, 예수가 역사했던 것을 다 이루며,
48 예수의 그 누명을 벗기고, 예수를 바
로 비추고 바로 가르치고 바로 볼 수
있는 그 시대가 올 것이라 기록한 그
대목도 너희들은 과연 어찌 생각하는
가?
49 그와 같은 역사가 이루어지거늘, 그를
사탄이요, 이단이라면 과연 누가 와야
되는가?
50 '수많은 재물을 거둬들여, 십일조를
거둬들여 더 많은 재물의 명칭을 붙이
고 붙여서 거둬들이도록 하라.'
51 그와 같이 전하는 자를 너희들은 하
늘에서 온 천사요, 아버님의 아들이
요, 천군과 함께 내려온 진정 거듭난
예수라 너희들은 그리 말할 것이니,
52 너희들이 이러고도 나의 백성이요,
이러고도 내가 울지 아니한다 너희들
은 말할 수 있는가?

9,996 번째 하나님 말씀

2004년 3월 20일 06시 44분

1 사랑하는 나의 아들아!
2 "네, 아버님! 말씀하옵소서."
3 나 여호와가 너희들을 가르치며, 나의

아들 예수를 통하여 너희들을 가르치
며, 지금 사랑하는 나의 아들을 통하
여 160권의 법전을 세상에 내려 내가
너희들에게 가르침이니,
4 과연 나 여호와가 너희들이 이방인이
요, 나를 믿지 않는 백성들과 차별화
를 두어 그리 가르치라 나의 뜻을 그
리 전했다 생각하는가?
5 그리고 2천 년 전에 나의 아들 예수를
통하여 가르치는 것을 너희들이 이방
인과 차별화를 두어 그와 같은 차별화
를 둔 가르침으로써 모두를 역사하라
내가 그리 가르쳤단 말이던가?
6 너희들은 참진리요, 창조주 아버지 나
여호와의 뜻을 듣지 아니하며 나의 말
을 듣지 않는 그와 같은 백성들을 어
찌 가르치고 어찌 전하라 말하는가?
7 너희들은 그들과는 상종하지 말라는
그와 같은 형국으로 지금 가르치지 않
느냐?
8 그러니 지금 너희들이 지금 이방인이
라 생각하는 자, 상대도 하지 말며, 너
희들이 전하는 진리라는 말을 듣지 아
니하며, 복음이라는 걸 듣지 아니하며,
9 너희들하고 상대를 하지 아니하며 대
화를 하지 아니하는 그와 같은 백성들
에게 너희들은 저주의 기도와 욕설이
나 퍼 붓고 그곳을 떠나 버리도록 하
라 하며, 너희들은 모든 종교 집단이
요, 지도자들이 지금 그리 가르치고
있음이니,
10 그것이 바로 나 여호와의 뜻이요, 창
조주 내가 너희들을 사랑하는 뜻이라
하느냐?
11 내가 너희들에게 무어라 말하였느냐?

12 너희들이 악과 선이라는 것, 너희 사
신이 그곳에서 싸우는 것, 그리고 너
희들이 그 선을 선택하고 악을 버리기
가 그리도 어렵고 힘든 싸움이요, 너
희들이 사탄과 천사의 길을 선택함에
있어 너희들이 천사의 길을 가기가 그
리 어렵고 힘든 것,
13 그와 같은 사탄과 천사도 창조주 내
앞에는 아무것도 없으며, 그것이 서로
시시비비하지 못하며 갑론을박하지
못하며, 그 모두가 다 내 앞에는 있는
것이 아니며 존재하지 아니한다 하지
아니하였더냐?
14 그 모두는 나의 주관하에 역사하기 때
문에, 내 앞에서는 사탄과 천사요, 그
리고 악과 선이라는 것이 없으며 구분
하지 아니한다 하지 않았더냐?
15 오로지 인간인 너희들만이 그를 가지
고 바로 서고 너희들이 내 뜻을 깨우
치고자 하여 너희들에게 존재하며 필
요한 것이라 내가 그리 말하였거늘,
어찌하여 나의 그 뜻을 너희들이 모른
단 말이더냐?
16 너희들은 성서에 기록된 이 구절을 가
지고 너희들이 이방인이 너희들의 대
화를 듣지 아니하거든, 그들에게 저주
의 기도를 하며 욕설을 퍼 붓고 그곳
을 떠나 버리라 너희들이 그리 가르침
이니, 성서에 이와 같은 것이 있느니
라.
17 '이방인이요, 사마리아인이요, 그와
같은 너희들이 그 길을 가다가 그 집
에 가 너희들과 대화하지 아니하며 너
희들을 대접하지 아니하거든, 그 집에
서 먼지 하나라도 남기지 말고 다 털

어 버리고 너희들이 나오라.' 하는 그
비유의 뜻의 가르침,
18 그것 때문에 너희들이 지금 너희들의
복음을 듣지 않는 자에겐 저주의 기도
요, 욕설을 퍼 붓고 그저 상대하지 말
라 하며, 벌레처럼 몰아 너희들이 그
리 가르치는 것이 아니더냐?
19 그러나 나 여호와의 뜻은 그것이 아니
니라.
20 너희들의 몸에 붙어 있는 먼지 하나
털어 버린 것이 아깝고 소중한 것이
있더냐?
21 아무것도 아까운 것이 없으며 소중한
것도 없으며, 가장 미미한 것이며 관
심 없이 털어 버리는 것이니,
22 그들이 너희들에게 그와 같이 상처를
준다 해도, 상처를 입힌다 해도, 너희
들이 먼지 하나 털어 버리는 것처럼
가벼운 마음이요, 편안한 마음으로써
그곳을 떠나라는 것이 나 여호와의 가
르침이요, 내가 나의 아들 예수를 통
하여 가르친 것이거늘,
23 너희들을 대접하지 아니하며, 너희들
을 반겨 주지 아니하며, 너희들이 전
하는 복음을 듣지 아니하며, 그리고
너희들과 대화를 하지 아니한다고 하
여 이방인이라는 그들은 지옥 갈 자들
이기 때문에,
24 그들에게 그저 저주의 기도요, 욕설이
나 퍼붓고 그저 너희들이 뒤도 돌아다
보지 말며 그곳을 떠나 버리라는 것,
그리고 상대하지 말라는 것,
25 그와 같이 너희들은 극에서 극으로 나
와는 관계없는 방법으로 모두 성서를
해석하고 이해함이니,
26 이것이 너희들이 성경을 모르는 자요,
성서를 볼 수 있는 눈이 없으며, 들을
수 있는 귀가 없으며, 너희들이 인봉
된 그 내용을 열지 못하는 어리석은
백성들이기 때문이니,
27 그를 여는 자만이 그 뜻을 알 것이니
라.
28 너희들이 어떠한 핍박이요, 어떠한 곤
궁함을 받는다 하더라도, 너희들이 네
몸에 붙어 있는 먼지 하나 털어 버리
고 나가는 것처럼 편안하고 부드럽고
여유 있는 마음으로 원망하지 말며 욕
하지 말며, 너희들이 그들을 어리석다
말하지 말며 탓하지 말며, 가벼운 마
음으로 그곳을 떠나라 하는 것이거늘,
29 너희들은 먼지 하나도 털어 버리라 하
는 것이 아무것도 붙이지 말며, 거기
서 너희들이 모두를 칼로 무 자르듯이
잘라 버리고 너희들과 이방인과 완벽
하게 구분을 짓고 돌아서라는 것이 아
니니라.
30 그리고 욕설이나 퍼붓고 화를 내며 저
주의 기도를 그들에게 퍼부으라는 것
이 아니거늘, 너희들은 지금 그리 가
르치고 그리 가고 있지 않으냐?
31 지금의 복음을 전하는 그 광신도들이
요, 그리고 너희들이 맹종 맹신하는
그 백성들이 나가서 전하기를 뭐라 말
하느냐?
32 '예수를 믿으라, 참회하라, 너희들은
회개하라. 천국이 가까워졌음이니 너
희들은 지옥 불로 갈 것이다.' 너희들
이 그리 전하느니, 그 전하는 자신도
너희들이 잘못되었음을 알라.
33 저 자신이 회개하지 못한 자요, 저 자

신이 어디에 서 있으며, 제가 어떠한
사람인지도 알지 못하면서 너희들이
그들에게 '참회하라, 곧 너희들이 마
지막 시대 아버지께서 심판하는 시대
가 몰려온다, 회개하라, 깨우치라, 너
희들이 그렇지 않으면 천국에 가지 못
하며 지옥으로 간다.' 그리 말함이니,
이것도 복음의 전함이 아니니라.
34 너희들은 다만 말할 수 있는 것이니라.
35 다만, '너희들이 참진리요, 창조주 아
버님의 뜻을 따르고 아버님의 계심을
믿고 아버님의 가르침을 듣도록 하는
것이 인간 백성 우리가 갈 수 있는 길
이라' 조용히 그들에게 권유하며, 그
들에게 그 나 여호와가 존재함을 깨우
쳐 주는 바른 자세의 그것이 복음이
요, 너희들이 전할 일이지,
36 너희들이 저 자신도 모르면서 '회개하
라, 천국이 가까워졌느니라, 곧 지옥
과 천국으로 구분된다.'는 이와 같은
위협적이고 불안한 마음이요, 이와 같
은 것으로써 복음을 전하는 것이 아니
니라.
37 정녕 너희들이 그 백성을 깨우치고 전
한다면, 아버님의 계심을 믿으며 창조
주가 계시며, 이 세상에 아름다움을
창조하신 것은 아버님이라 너희들이
그냥 그리 믿고 따르도록 유도하고
가르치면 되는 것이요,
38 그와 같이 삶을 살도록 하는 것이요,
그를 권유하는 것이 너희들이 복음을
전하는 것이지,
39 '회개하라, 너희들이 용서를 빌라, 그
렇지 않으면 너희들이 곧 천국에 속하
지 못하며 지옥 불로 간다, 회개하라,
지옥 불로 가는 어리석은 백성들아!'
너희들이 이리 부르짖으니,
40 누가 누구에게 회개하라 하며 누가
용서를 빌라 그리 말하는가?
41 죄가 없어지지 아니하는 것이요, 너희
들이 한 번 지은 죄는 떨어지지 아니
하는 것을 모르는 어리석은 백성들이
기 때문에, '용서를 빌고 회개하라, 곧
천국이 가까웠느니라.' 그리 너희들이
부르짖으니,
42 그와 같은 것으로써 나의 피조물을 가
르치지 말라.
43 누가 누구에게 죄를 빌며 용서하라 너
희들이 소리치며 회개하라 소리 지르
는가? 너희 자신을 보라.
44 다만, 나 여호와가 존재하며 이 자연
의 우주 만물이 돌아갈 수 있는 그 모
든 은혜를 내린 것,
45 내가 법전에 너희들에게 사랑으로 내
린 그 내용이요, 내가 어찌 이끌어 가
는가 그와 같은 내용을 그 백성에게
전하여, 그가 스스로 깨닫고 깨닫지
못하는 것은 그의 몫이니 그리 말할
수 있으나,
46 너희들은 '불신 지옥이다, 예수를 믿
지 않는 자, 불신 지옥이요, 회개하라,
깨달으라, 그리고 반성하라, 너희들의
죄를 빌라, 종말이니라, 불바다가 곧
너희들에게 닥치느니라.' 이와 같은
말로써 너희들이 복음을 전하는 것이
아님을 알라 전하라, 사랑하는 나의
아들아!

9,997 번째 하나님 말씀

2004년 3월 20일 06시 50분

1 사랑하는 나의 아들아!

2 **"네, 아버님! 말씀하옵소서."**

3 나의 법전이 세상을 덮어 만백성을 깨우치는 그 역사를 이루기 위해 너희들은 이 동양의 작은 나라에 한 번의 그 시련의 어려움을 넘고 넘어야 될 것이니라.

4 지금의 내가 말하기를, 이 동양의 작은 나라가 무어라 하였느냐?

5 종교요, 믿음의 백화점이라 내가 그리 말하였음이니라.

6 수많은 모든 종파가 이곳에 모여 있으며, 그리고 너희들이 열 발짝마다 하나씩 그 종교 집단의 믿음을 가지고 있는 백성들이 존재한다 했음이니,

7 그 많은 덩어리요, 그 많은 집단이요, 그를 어찌하여 그들이 너희들을 받아들이며 나의 법전을 받아들여 저희들이 깨우치며 평탄한 그 길을 넘을 수 있겠는가?

8 정녕 그들은 변화되지 하지 아니하려 할 것이며, 그들은 역사하지 아니하려 할 것이며, 이를 따르려 하지 아니할 것이며, 이것이 나 여호와의 뜻이라 그들이 역사하지 아니할 것이니,

9 이대로는 그들이 변화되지 아니하며, 이대로는 나의 법전을 동양의 작은 나라의 백성들이 읽고 깨우쳐 그 은혜를 입을 수가 없음이니,

10 그 모든 종교 집단이요, 그들의 방대한 그 조직이라 부르짖는 그 오늘의 신앙이요, 믿음의 길을 가는 모든 백화점이 그 종파와 같이 한국의 종교 백화점이요, 동양의 작은 나라에 한 번은 회오리가 불어야 될 것이며, 그 어려운 고비를 너희들이 넘게 되어 있음을 알아야 될 것이니라.

11 무서우리만큼 너희들이 한 고비를 넘어야 될 것이며, 하나의 고통을 넘어야 될 것이니라.

12 지금 나의 아들이 그 제자들과 더불어 나의 법전을 전하는 것을 너희들이 깨우쳐 스스로 변화되는 길을 간다면, 너희들은 상상할 수도 없는 어렵고 힘든 고비를 넘지 않을 것이요,

13 만일 너희들이 이를 받아들이지 아니하고 지금처럼 사탄이요, 이단이요, 나의 아들의 가슴에 독화살을 쏘려 한다면,

14 결국 너희들은 넘을 수 없는 그 환란이요, 너희들이 넘을 수 없는 그 어려운 시련의 고비를 반드시 치르고 그 위에서 거듭나는 그와 같은 역사를 이루게 됨이니, 이를 모든 백성에게 전하라.

15 너희들의 선택은 너희들에게 있다는 것을 알라.

16 동양의 작은 나라를 선택하여 그 역사를 이룸이니, 열 발짝마다 너희들이 믿음을 가지고 있는 백성이요, 너희들의 종교 집단이 존재하며 이 세상에 모든 종파가 다 들어와 있는 것이 이 동양의 작은 나라가 종교의 백화점이라 했으니, 그것이 하루아침에 무너지며 하루아침에 너희들이 변화되겠는가?

17 만일 너희들이 내가 내린 나의 법전이

은혜요 영광이라는 걸 깨닫고 스스로
읽고 변하는 역사가 있으면, 너희들은
그 감내하기 어려운 고통이요, 시련을
넘지 않을 것이며,
18 그래도 너희들이 이를 따르지 아니하
고 역사하지 아니할 때는 바로 너희
들은 그 어려운 환란의 고비를 반드시
넘고 넘어 너희들이 거듭나는 그 역사
가 이루어질 것이니,
19 나 여호와는 그를 원하지 아니하며 그
와 같은 것을 바라지 아니함이니,
20 동양의 작은 나라의 모든 백성 너희
들은 나의 법전이 이 세상에 너희들의
뜻과 너희들의 언어와 글로써 내려오
는 것을 너희들이 목숨을 바쳐 지키며
소중히 여기며, 이를 보고 깨우쳐 너
희들이 환란의 고비를 당하지 않도록
그리하라.
21 나는 나의 법전에 기록하여 너희들에
게 이미 전했음이니, 그때 너희들이
후회해도 때는 늦을 것이니라.

9,998 번째 하나님 말씀

2004년 3월 20일 06시 54분

1 사랑하는 나의 아들아!
2 "네, 아버님! 말씀하옵소서."
3 내가 하늘에서 지상에 콩을 뿌린 것처
럼, 너희들이 그 콩알이 하나하나 세
상에 떨어진 것처럼, 너희들이 나의
뜻을 알아듣는 자가 있으며 내 뜻을
아는 백성이 있다 그리하였음이니라.
4 그리고 내가 그리 뿌려 놓은 그 자리
에서 저희들이 작은 새싹을 틔워 나의
아들이 새로운 성경인 나의 법전을 가
지고 세상에 나왔을 때, 그를 따르며
그를 보좌하여 역사하라 하여 내가 그
리 준비하였음이니라.
5 그러니 내가 뿌려 놓은 그 콩들은 과
연 귀가 열려 있으며 눈이 뜨여 있으
며 입이 열려 있느니라.
6 그리고 저희들은 일반 백성보다는 진
리가 무엇인가를 알고 깨우침을 알고
있느니라.
7 그러니 내가 콩을 뿌려 저희들이 한
알의 콩알로서 세상에 뿌려진 것을 안
다면,
8 저희들이 열려 있는 귀요, 그리고 열
려 있는 입이요, 그리고 떠 있는 눈으
로써 지금 나의 법전이 세상에 내려오
는 것을 전해야 될 것이며,
9 나의 법전을 접하는 순간에 저희들은
제가 할 대명이 무엇인가를 알아 바
로 서야 되나,
10 그 백성들이 눈은 열려 있고 귀는 뚫
려 있고 입을 열려 있으나, 그리고 나
여호와의 뜻을 저희들이 조금은 아나,
그들이 왜 변하지 못하며 그 길을 가
지 못하는 줄 알겠느냐?
11 심보가 나쁘기 때문이니라.
12 그 심보가 지금 삐뚤어져 있으며 그
심보가 바로잡혀 있지 아니하며 그 심
보가 그 각대로 너희들이 악해졌기
때문에 제가 제왕이요, 제가 대장이라
그리 생각하는 자들이니라.
13 그러니 내가 콩을 뿌린들 무엇하며 내
가 전한들 무엇하겠느냐?
14 내가 저희들에게 귀를 열어 주었으며
입을 열어 주었으며 눈을 뜨게 하여
세상을 보고 듣게 하였으면 무엇하더

냐?
15 지금 정녕 나의 성령이요, 나의 새로
운 법전이요, 이가 세상에 내려가 만
백성을 구하는 그 역사를 이루거늘,
이를 따르지 아니하며,
16 이를 듣고 저희들이 나를 따르라 부르
짖으며 내가 저희들에게 깨우쳐 주었
지만, 눈을 뜨게 하고 귀를 열리게 하
고 입을 열어 준 그것을 가지고 이 법
전을 가지고 만백성을 구하는 것이 아
니라,
17 제가 대장이요, 제가 위대한 자라는
그 심보가 아직도 뿌리 깊이 박혀 있
으며 심보를 뽑아 버리지 못했음이니
라.
18 심술궂은 심보요, 악한 심보요, 제가
대장인 심보요, 대우받고자 하는 심보
요, 제가 남을 통제하고자 하는 심보
요, 남에게 군림하고자 하는 심보니라.
19 그리하여 내가 나의 아들 너를 따르는
제자들은 남들이 갈 수 없는 가장 가
난한 판자촌이요, 빈민굴에서 물이 흐
르는 가장 마지막에 정착하는 낮은
자세로 살라 함이니,
20 그것이 너희들이 악의 심보요, 잘못된
심보의 뿌리를 뽑아낼 수 있기 때문
이며 그를 지워 버릴 수 있기 때문이
니라, 사랑하는 나의 아들딸들아!
21 모두가 심보를 바꾸지 아니하며 심보
의 그 뿌리를 뽑지 아니하면, 절대 그
들은 귀가 열려 있어도 듣지 못하며,
눈이 있어도 보지 못하는 자들이요,
입이 열렸어도 바른 말을 하지 못하며
저를 위하여 저를 변호하는 말만 하는
그와 같은 동양의 백성들이 되어 있음
이니라.

9,999 번째 하나님 말씀

2004년 3월 20일 07시 00분

1 사랑하는 나의 아들아!
2 "네, 아버님! 말씀하옵소서."
3 내가 너희들의 그 추한 모습의 종교
집단이요, 목자들이 잘못 가고 잘못
가는 것을 보며 더 이상 참고 인내할
수 없는 그 한계에 왔음이니라.
4 그러나 나 여호와가 재앙으로써 내리
지 아니하며, 재앙으로써 이를 다스리
지 아니하며,
5 내가 나의 아들에게 다시 한 번 너희
들에게 나의 새로운 성경이요, 법전을
내려보내 만백성을 구하고 너희들에
게 단 한 번의 기회를 다시 한 번 주는
것이 무엇인 줄 알겠느냐?
6 너희들은 나의 자식이요, 아들딸이기
때문이니라.
7 너희들이 인간 세상에도 부모와 자식
간에는 너희들이 그 끊을 수 없는 끈
으로 연결되어 있으며 모두가 역사하
지 않더냐?
8 그러니 너희들 또한 나의 피조물이요,
사랑하는 나의 아들딸이니, 너희들이
인간의 부모보다도 더 끈끈한 끈으로
써 연결되어 있으며 끊을 수 없는 고
리가 있기에, 내가 너희들을 재앙으로
다스리지 아니함을 너희들은 어찌 모
른단 말이더냐?
9 그리하여 내가 너희들에게 기회를 줌
을 너희들은 종교 집단이요, 지도자
요, 그 광신하는 신도들, 부모와 자식

간에 끊을 수 없는 그 끈끈한 끈을 이
용하여 얼마나 너희들이 나를 슬프게
하며 내 가슴을 울리며 너희들이 해서
는 안 되는 사악한 행위만을 골라서
하고 있는가?
10 이를 보는 나 여호와의 마음이 얼마나
아픈지 너희들은 알겠느냐?
11 그러니 나의 아들을 통하여 너희들에
게 다시 한 번 기회를 준다 하여, 새로
운 성경이요 나의 법전을 너희들이 읽
고 깨우쳐 거듭나는 그 길을 가는 것
이 아니요,
12 부자지간의 그 정이요, 그 끈을 절대
버리지 아니하며 사랑의 아버지요, 용
서의 아버지라 끊지 못할 것이라는 그
를 이용하여 얼마나 너희들이 지금 잘
못 가고 잘못 가는 믿음의 길을 가는
줄 알고 있는가?
13 오로지 너희들은 믿음이요, 나에게 오
르는 길이 재앙을 내려 벌을 받기를
원하며 그 길만을 가고 있으니, 이것
이 사탄이 나를 분노하게 하는 것이라
는 걸 어찌 모르더냐?
14 그러니 내가 지금 사랑하는 나의 아들
딸이요, 너희들과 끊을 수 없는 그 끈
이 있음이니, 재앙으로 내리지 못하며
내가 160권을 세상에 내려보내니, 이
것이 또한 무슨 뜻인 줄 알겠느냐?
15 사랑하는 나의 아들딸 너희들이 살아
오면서 교육을 받아 성장하듯이, 나의
법전을 읽고 깨우쳐 너희들이 철이 들
기를 기다리는 것이 나 여호와이니라.
16 너희들이 철이 들어 성년이 되며 자식
을 낳아 부모가 되었을 때 그 부모의
마음을 안다 하듯이, 너희들이 그와
같은 깨닫음을 알아 나 여호와의 뜻을
헤아릴 수 있도록,
17 내가 나의 사랑하는 아들을 통하여 밤
과 낮을 쉬지 못하도록 하며, 나의 법
전을 만들어 새로운 성경을 세상에 내
려보내니,
18 너희들이 철드는 그 교육을 하고자 함
이니라.
19 사랑하는 아들딸들아! 정녕 부모와
자식 간에 그 끊을 수 없는 끈이라 하
여 자식이 못된 행위를 한다면, 그 부
모의 마음이 얼마나 아프며, 부모를
욕되게 하며,
20 인간으로 살아갈 도리를 벗어나서 패
륜의 행위를 하고 살아간다면, 그를
보는 그 부모의 마음이 죽이지도 살리
지도 못하는 그 마음이 어떠하겠느냐?
21 바로 나 여호와의 그 마음이 그보다
천 갈래 만 갈래 더 찢어짐이니라.
22 그리하여 내가 그래도 너희들을 참고
나의 아들을 내려보내어 나의 아들을
통하여 새로운 성경이요, 나의 법전을
내려보내 너희들이 철들기를 기다리
는 나 여호와의 마음을 안다면,
23 나의 법전을 가슴에 안고 정독하고 깨
우쳐 바른길을 보도록 하라.
24 그리고 이미 선택된 사랑하는 나의 아
들을 따르는 제자 너희들은 만백성이
철이 들도록 그들을 가르치고 교육을
시키기 위해서는, 너희들이 완벽한 백
성으로 나야 되며, 나의 교본을 너희
들이 알고 있어야 됨이니,
25 너희들이 완벽하게 나의 법전을 이해
하고 듣고 깨우쳐, 그 철없는 백성들
을 철이 들게 깨우치도록 그리하라,

사랑하는 나의 아들딸들아!

10,000 번째 하나님 말씀

2004년 3월 20일 09시 45분

1 사랑하는 나의 아들아!
2 "네, 아버님! 말씀하옵소서."
3 아무리 바다가 넓고 넓으며 깊고 깊다 해도, 사랑하는 나의 아들딸 너희들의 그 마음만큼 깊지 못하며, 너희들이 안을 수 있는 그 마음만큼 넓지 못함을 알아야 될 것이니라.
4 강물이요, 바다가, 시냇물이 아무리 흘러들어 가도 그 바다의 변화가 없듯이,
5 너희들의 마음이 그와 같이 고요함이요, 잔잔함이요, 그 모두를 다 가슴에 안으며, 아무리 부어도 부어도 받아들일 수 있는 그와 같은 것이 너희들의 마음이라는 것을 알겠느냐?
6 이는 곧 무엇이더냐, 너희들의 마음이 그리 깊고 넓음이니라.
7 그러니 너희들이 나의 뜻을 따라 나의 법전을 읽고 접하며, 나의 아들을 통하여 내리는 강론을 들으며, 너희들이 오늘 하나를 변하고 내일에 열 개를 변해도 너희들은 끝이 없고 그 변함의 끝이 없지 않더냐?
8 변하고 또 변해도 그 한이 없는 것이 너희들이 변함이니라.
9 그러니 너희들이 그 변하고 변할 수 있는 것은, 그 깊고 넓은 바다보다 더 넓고 깊은 너희들의 마음을 변화로써 모두를 다 채우는 그와 같은 역사가 이루어지는 형상이 되어야 됨이니,
10 너희들이 살아가는 길이요, 너희들이 삶이 어떠한 것인가를 알겠느냐?
11 너희들이 부어도 부어도 표가 나지 않는 바닷물보다도 너희들의 마음이 더 깊고 넓음이니,
12 너희들이 선행을 행하고 행하고 행해도 그와 같이 끝이 없는 것이며, 또 너희들이 아무리 받아들이고 받아들여도 그 선행은 끝이 보이지 않는 것이 너희들이 살아가는 길이요, 아름다운 삶을 살아가는 것이니라.
13 길거리에 떨어져 있는 그 휴지 하나를 줍지 않던 네가 그를 또 줍기 시작하며,
14 작은 도덕적인 것이요, 작은 질서를 지키지 아니하는 것을 너희들이 지키며,
15 부모를 공경하고 사랑하며 이웃을 사랑하며 너희들이 변하고 변하고 또 변한다 해도, 그 변하는 것은 끝이 없는 것이니라.
16 그것이 하늘에 오르는 길이요, 참진리요, 그와 같은 세상의 이치이니라.
17 너희들은 이제 알아야 될 것이니라.
18 그와 같이 너희들이 죽을 때까지 나에게 오는 그 순간까지 변하고 또 변해도 너희들이 끝이 없음이니,
19 다만 너희들이 꾸준히 변하는 그 길밖에 없음을 알라.
20 강물이요, 시냇물이 아무리 흘러들어 가도 그 바다가 표가 나지 아니하며 그걸로써 불어나고 주는 것이 보이지 않듯이,
21 너희들이 마음이 더 깊고 넓음이니, 너희들이 이 세상이 변하고 또 변해도

과연 그 흔적이 있는가?
22 너희들이 깊고 넓은 그 아름다운 마음
에 비한다면 지금 너희들이 변하는 것
은 아무것도 아니니라.
23 그러니 너희들이 그와 같이 너희들의
마음이 바다보다도 더 넓고 깊은 그와
같은 너희들의 포근한 마음이요, 사랑
하는 마음이요, 인자한 마음, 그것이
나로부터 가져 나간 너희들이 받은 상
이니라.
24 그와 같은 의미에서 너희들이 지금 부
어도 부어도 끝이 없듯이, 너희들이
변하고 또 변해도 끝이 없는 것이 너
희들이 오늘의 아름다운 삶이요, 천사
가 되고자 하는 천사와 같은 삶을 사
는 길이니,
25 쉬지 말고 노력하며 쉬지 말고 달려가
도록 그리하라, 사랑하는 나의 아들딸
들아!
26 강물이요, 시냇물이 아무리 부어도
표가 나지 않는 그 바다의 깊이보다
넓은 것이 너희들이 사랑하는 마음이
요, 소중한 마음이요, 자애로운 마음
이요, 인내하는 마음이요, 모두를 다
소중히 가슴에 안고 사랑하는 너희들
의 마음이 그와 같이 큼이니,
27 그 그릇을 채우기 위하여 너희들이 역
사한다면 과연 얼마나 아름다운 길을
가야 되는가?
28 끝도 끝도 없이 하고, 끝도 끝도 없이
행하고, 끝도 없이 달려가고 이와 같
이 너희들이 삶을 살아가도 그 그릇을
다 채우지 못한다면,
29 과연 너희들이 사악한 마음이요, 남을
미워하는 마음이요, 시기하는 마음을
단 1초라도 생각할 수 있겠는가?
30 생각할 겨를이 없음이니라, 사랑하는
나의 아들딸들아!

10,001 번째 하나님 말씀

2004년 3월 20일 09시 48분

1 사랑하는 나의 아들아!
2 "네, 아버님! 말씀하옵소서."
3 너의 제자들과 나의 법전을 읽고 깨우
친 만백성 너희들은 알아야 될 것이니
라.
4 나 여호와가 역사하는 것이요, 나의
뜻을 세상에 전하여 너희들이 깨우치
는 것, 그것도 어느 나의 사랑하는 자
식을 통하여 그 모두를 역사하며 그
모두가 이루어진다는 그 엄연한 사실
을 너희들은 알아야 될 것이니라.
5 나의 아들딸을 통하지 아니하면 어떤
것도 역사할 수 없으며 이루어질 수
없다는 그 이치를 안다면,
6 오늘 지금 내가 나의 아들을 통하여
160권의 법전을 세상에 내려보내 너
희들을 깨우치고자 한다는 것, 내가
콩을 하늘에서 부은 것처럼 나의 사랑
하는 백성 너희들이 다 모두를 깨우칠
수 있도록 내가 기회를 주었으며 그와
같이 깨달음을 주었거늘,
7 너희들이 그를 바로 쓰지 아니하고 바
로 변하지 아니하며 바로 너희들이 그
길을 가지 아니하기 때문에 너희들이
지금 자신을 모르고 있음이니라.
8 그러니 그 모두를 통하여 나의 사랑하
는 아들딸이요, 나의 자식들을 통해서
만이 이 세상이 통제되며 다스려지며

모두가 역사한다는 것을 너희들은 잊
어서는 아니 될 것이니라.
9 내가 나의 아들 너를 통하여 뭐라 말
하였느냐?
10 나의 백성들이 변해야 된다는 걸 알며
변하는 삶을 살아야 된다는 것을 알고
있음이니라.
11 그러나 저희들이 가지고 있는 그 심보
가 변화되기가 싫으며, 그 변화를 하
지 아니하며 변화를 하고자 아니 하는
것이니라.
12 심보가 잘못되었기에 너희들이 잘못
가며 믿음이 잘못되었으며 너희들이
나 여호와의 뜻대로 살아가지 아니한
다는 것을 저희 스스로 잘 알고 있느
니라.
13 그러면서도 그들이 그 심보를 고치지
아니하는 것이요, 심보의 변화를 이루
지 아니하려는 것이 지금의 나의 백성
들이니라.
14 그러니 나의 아들을 따르는 제자들이
요, 나의 법전을 읽고 깨우친 만백성
너희들은 모든 그 심성을 뽑아내야
되며,
15 너희들이 남을 미워하고 시기하고 질
투하고 음해할 수 있는 그 심보의 모
두를 너희들이 뽑아내고 또 뽑아내는
데 끝도 한도 없이 뽑아내야만 됨이니
라.
16 그 속에는 너희들이 악의 생각이요,
남을 미워하는 생각이 끝없이 생산됨
이니, 그것이 더 이상 생산될 수 없을
때까지 너희들이 뽑아내고 또 뽑아내
고 변화되고 또 변하는 그와 같은 삶
을 사는 것만이 너희들이 나에게 오르
는 길이라는 것을 알라, 사랑하는 나
의 아들딸들아!

10,002 번째 하나님 말씀

2004년 3월 20일 09시 54분

1 사랑하는 나의 아들아!
2 "네, 아버님! 말씀하옵소서."
3 정도로 살아가는 길, 정도의 길을 가
는 백성, 너희들이 악한 일을 하는 것
이 더 어렵고 힘들다 그리하였느니라.
4 그러니 나 여호와의 참진리요, 나의
뜻대로 삶을 사는 그 백성, 제대로 너
희들이 나의 뜻에 의해 살아가는 그
삶을 산다 하면, 이 세상이 이와 같이
험악하고 험악한 세상은 되지 아니하
였을 것이니라.
5 그러니 너희들은 나 여호와가 모두를
역사하기 위해 내 자신이 나의 자식들
을 통하여 세상에 모두를 내리며 그
뜻을 이룬다는 것을 너희들은 잘 알고
있느니라.
6 그리고 그 뜻을 또한 너희들은 충분히
알고 있느니라.
7 그러면서도 그를 행하지 아니하며 너
희들이 어렵고 힘들다 하여 그 길을
선택하지 아니함이니라.
8 육에 보이는 너희들의 삶만이 인생의
전부요, 너희들이 삶이라는 그 한계를
벗어나지 못하기에, 너희들이 미래에
의한 삶을 살지 못하며 참진리의 어렵
고 힘든 길을 선택하지 아니하려는 것
이니,
9 이는 사악한 마음이 너희들에게 도사
리고 있기 때문이니라.

10 너희들 스스로 저 자신의 마음속에 욕
심이 있기 때문에 너희들이 모두를 이
루지 못하며, 너희들이 구원에 불안을
느끼며, 정녕 너희 자신이 구원을 받
을 수 있는 백성인가 스스로 생각할
때 너희의 답은 정확할 것이니라.
11 너희의 오늘의 삶으로써 구원을 받지
못하며 나에게 오를 수 없다는 것을
너희들이 너무나 잘 알고 있으며 그를
알고 있음이니라.
12 그러면서 너희들이 그 변하는 것을 두
려워하며 너희들이 변하는 것을 꺼려
함이니,
13 그리하여 너희들이 나의 아들을 통하
여 내리는 160권의 법전이요, 너희들
을 심판하고 다스리는 이 귀하고 소중
한 나의 새로운 성경을 받아들이지 아
니하려 하며 읽으려 하지 아니하며 그
를 역사하지 아니하려 하느니라.
14 그러나 너희들은 알아야 될 것이니라.
15 이 세상의 모든 나의 뜻을 이루는 것
은 나의 아들을 통하여 모두가 역사한
다는 그 엄연한 사실을 잊어서도 안
되며 지워서도 안 됨이니라.
16 그러니 모든 나의 아들딸이요, 그를
선택하여 그 누군가가 역사하며 이 세
상에 나의 뜻을 전하며 교통하는 역할
을 하며 통제하는 역할을 하며 내 뜻
을 역사하는 것을 하는 나의 아들딸이
니,
17 너희들이 지금 내가 나의 아들을 통하
여 160권의 귀하고 소중한 나의 법전
을 내림은 그와 같은 뜻이요, 이는 나
의 뜻이요, 내가 역사하는 것이라는
것을 너희들이 다시 한 번 들여다보고
믿고 따르고 깨우치는 그와 같은 삶을
살도록 그리하라.
18 거부하고 찢어 버리고 태워 버리며 나
의 아들의 가슴에 너희들이 독화살을
박으려 하는 그와 같은 사악한 생각으
로써는 너희들 자신이 얼마나 무섭고
고통스러운 대가를 영원히 사는 세상
에서 치르며 살아야 되는가, 그것을
너희들이 안다면, 감히 그리하지 못하
느니라.
19 모두를 사랑하라.
20 이 세상에 있는 너희들이 만지기도 흉
한 미물이요, 냄새를 풍겨 세상을 오
염시키는 그 미물이요, 벌레들까지,
너희들이 먹고 취하며 물리면 죽는 그
독을 가지고 있는 모든 동식물이요,
미물까지도 그 모두가 나의 뜻에 의하
여 이루어졌으며 내 뜻에 의하여 역사
하는 것이며 내가 필요하기에 세상에
존재함이니, 그 모두를 다 사랑할 수
있는 마음이요,
21 너희들이 거기 물리지 아니하고자 경
계를 하며 너희 자신을 다스려 나간
다면, 그것이 너희들에게 꼭 필요할
때가 또한 있는 것이니,
22 이와 같은 이치를 안다면 너희들이 모
두가 소중하고 귀하지 아니한 것이 없
다는 것을 알라.
23 그와 같이 살아가야 할 너희들이 인간
이 인간을 보는 것을 우선 두려워하며
무서워함이니, 가장 가까이 너희들이
바치고 더불어 힘을 합쳐 살아갈 수
있는 너희들이 그와 같이 무서운 형국
이 되어 있음이니, 이를 어찌한단 말
이더냐?

24 이것을 바로잡아야 될 것이며 이것을
내가 바로 세우고자 함이니, 이 세상
의 모든 것은 나의 뜻이요, 내가 주관
하는 뜻에서 의도하에 이루어졌다는
것을 먼저 믿고 따르도록 너희들이 그
리해야 됨을 알라, 사랑하는 나의 아
들딸들아!
25 너희들이 의인이 되는 길이요, 나에게
오르는 길이요, 천사가 되는 길이 무
엇인 줄 알겠느냐?
26 너희들은 먼저 듣는 것부터 소중히 하
며 듣는 것을 귀히 여기며 듣는 것을
게을리하면 아니 되느니라, 사랑하는
나의 아들딸들아!
27 너희들은 듣는 것을 귀히 생각하지 아
니하며, 너희들이 말로써 먼저 전하며
말로써 먼저 너희들이 역사하는 것을
더 기쁨으로 생각하니,
28 이제 나의 아들을 따르는 제자들이요,
그리고 만백성 너희들은 들으라.
29 너희들이 보지 못하며 하늘의 뜻을 듣
지 못함이니,
30 내가 나의 아들을 통하여 내리는 이
역사의 소중함을 너희들이 먼저 입을
다물고 듣는 것부터 하라.
31 너희들이 듣고 또 들어 너희들이 변하
는 그와 같은 역사를 이루었을 때, 너
희들은 그 깨달음을 얻을 것이니,
32 그 깨달음에서 또한 너희들이 전하고
말로써 만백성을 구하는 그와 같은 역
사를 이루도록 되어 있는 것이니,
33 이와 같이 너희들이 짜여져 있는 그
길을 버리지 말며 그대로 행하고 간다
면, 너희들은 못 이룰 것이 없으며 너
희들은 나에게 오르는 데 주저함이 없
을 것이라는 것을 알라, 사랑하는 나
의 아들딸들아!
34 그러니 모두가 내가 내리는 것이니,
너희들이 먼저 듣는 데 귀를 기울여
들어서 네 것으로 만드는 데 귀하고
소중한 시간을 더 할애하며 더 노력하
며 연구하도록 그리하라.
35 그리하는 것이 너희들이 나에게 오르
는 길을 볼 수 있는 것이니, 그를 듣지
아니하려 하며 보지 아니하려 하며 너
희들이 사악한 마음으로써 욕심이요,
금화와 은화를 채우기 위한 그와 같은
것으로써 너희들이 나의 피조물 만백
성들을 말로써 현혹하며 말로써 강론
으로써 그들을 흥분케 하여 그들이 가
지고 있는 재물을 바치게 하는 그와
같은 사악한 방법으로써 너희들이 사
용하지 말도록 그리하라.
36 듣는 것부터 먼저 하여, 모든 종교 집
단이요, 지도자요, 너희들이 변하는
역사의 삶을 살도록 그리하도록 하라.

10,003 번째 하나님 말씀

2004년 3월 20일 10시 12분

1 사랑하는 나의 아들아!
2 "네, 아버님! 말씀하옵소서."
3 나의 아들 예수가 세상에 나와 만백성
을 깨우쳐 그 죽음의 길을 갔음이니,
그리고 그 후 너희들은 무엇을 하는가?
4 나의 그 아들 예수의 그 고귀한 이름
이요, 그 피로써 너희들이 은혜를 받
았다 그리 말하며,
5 나의 아들 예수의 이름을 '예수여, 주
여, 주여!' 부르면서 너희들은 그 나의

아들 이름을 앞세워 나에게 반역하며
나를 거역하며 나를 능멸하는 그와 같
은 행위만 하고 있는 것임을 알라.
6 지금 나의 아들 예수를 찾지 아니하며
부모에게 효도하며 효성스럽게 어렵
고 가난한 자에게 빵을 나눠 주며 살
아가는 그와 같은 수많은 아름다운 백
성들이 있느니라.
7 그러나 나의 아들 예수의 이름을 부르
고 이름을 앞세워 살아가는 믿음의 길
을 간다는 종교 집단이요, 지도자 너
희들이 말하는 이방인이요, 너희들이
말하는 회개하지 아니하면 지옥을 간
다는 그 백성들이야말로 내 뜻에 따라
가는 자들이니,
8 그들은 나의 아들 예수의 이름을 부르
며 이름을 팔지 아니하여도 나를 거역
하지 아니하며 나를 능멸하지 아니하
고 욕되지 아니하게 살아가느니라.
9 그러나 오늘의 종교 집단이요, 지도자
요, 구원을 받았다 너희들이 울고불고
하는 맹종 맹신하는 너희들이야말로
어떠한 행위를 하는 줄 알겠느냐?
10 나의 아들 예수의 이름이요, 예수의
그 보혈이요, 그 모두를 앞세워 너희
들이 내 뜻을 거역하는 행위만을 하며
내 뜻을 반역하는 행위만을 하는 것이
오늘의 믿음의 길을 가는 종교 집단이
요, 지도자요, 구원을 받았다 말하는
너희들이니,
11 과연 너희들이 그와 같이 역사하고도
나에게 오를 수 있으며 영원히 거듭나
는 세상에 올 수 있다 생각하는가?
12 너희들은 꿈에도 그와 같은 생각을 해
서는 아니 될 것임을 알라.
13 모든 너희들의 오늘의 믿음이요, 신앙
생활을 한다는 그 종교 집단에 속해
있는 너희들은 나의 아들 예수의 이름
을 앞세워 나에게 반역하는 너희들의
믿음이요, 신앙생활을 하고 있다는 것
을 잊지 말라.
14 내가 나의 법전에 기록하여 전함이니,
이는 나 여호와의 뜻이요, 추상 같은
나의 명령이요, 이는 하나도 틀리는
것이 없으며 거역할 것이 없으며 어긋
남이 없음이니라.
15 그러니 내가 그들을 단죄하고자 하며
너희들의 그 문을 닫고자 함이니, 너
희들은 알겠는가?
16 지금 모든 믿음의 길을 가는 백성 너
희들이 지금 의혹을 갖고 있느니라.
17 이와 같이 재물을 거둬들이는 것이 하
나님의 뜻이요, 이와 같이 부귀영화를
종교 지도자가 누리며 제왕적인 생활
을 하고 행동을 함에 따라서 그것이
과연 여호와 하나님의 뜻이냐 그들이
의심하기 시작하며 의혹을 갖기 시작
할 때,
18 내가 이때 그 병들기 시작하는 그 백
성들에게 치료제요, 병들어 쓰러져 가
기 시작하는 의심하는 그 백성들에게
내가 답을 주며, 그들에게 눈과 귀를
열도록 하여 내가 바로 세우며,
19 너희들이 지금까지 왔던 그 사악한 종
교 집단이라는 그 범죄의 소굴을 내가
멸망케 할 것이며 그를 유황불에 던지
는 그와 같은 역사를 하고자 하여 내
가 이 때를 맞춰 내려보냄을 너희들은
알라.
20 2천 년이라는 역사를 흘러오면서 오

늘의 모든 믿음의 길을 가는 백성들이
과연 종교 지도자가 저와 같은 행위를
할 수 있으며, 종교 지도자가 저와 같
은 말을 할 수 있으며, 종교 지도자가
저렇게 강론이요, 설교를 하면서 돈을
거둬들이는 것을 앞에 세우며 금화와
은화를 거둬들이라 하며,
21 너희들이 그저 지폐요, 모든 너희들이
기도원이라고 하면서 하는 종교 지도
자가 한 사람도 빼놓지 말고 감사 헌
금을 내며, 한 사람도 빼놓지 말고 헌
금을 내며, 한 사람이라도 너희들이
끼고 온 금반지요, 귀걸이요, 보석의
그 모두를 다 빼 바치는 데 주저하지
말며,
22 한 명도 그냥 가서는 너희들이 천벌을
받으며 지옥으로 간다 그리 엄포 놓고
위협하고 공갈 협박을 치는 것이 오늘
의 종교 지도자요, 기도원이요, 너희
들이 감사하는 그와 같은 기도를 하는
곳에 모여서 하는 행위이니라.
23 그러니 그러면서 너희들이 바로 무엇
이냐?
24 거기에는 나의 아들 '예수여, 주여, 주
여! 당신의 이름으로 구원받으며, 당
신의 뜻에 의해 산다.' 하여 나의 아들
의 이름을 욕되게 하면서 너희들이 지
금 나에게 반역하는 그와 같은 사악한
행위를 하는 것이 너희들의 믿음이요,
신앙생활이라는 것을 절대 잊지 말며,
그 대가가 어떠한 것인가를 알게 된다
는 것을 알라.

10,004 번째 하나님 말씀

2004년 3월 21일 06시 13분

1 "너는 나 외에는 다른 신들을 네게 있
게 말지니라.
2 너를 위하여 새긴 우상을 만들지 말
고, 또 위로 하늘에 있는 것이나 아래
로 땅에 있는 것이나 땅 아래 물속에
있는 것의 아무 형상이든지 만들지 말
며, 그것들에게 절하지 말며 그것들을
섬기지 말라.
3 너는 너의 하나님 여호와의 이름을 망
령되이 일컫지 말라.
4 안식일을 기억하여 거룩히 지키라.
5 네 부모를 공경하라.
6 살인하지 말지니라.
7 간음하지 말지니라.
8 도적질하지 말지니라.
9 네 이웃에 대하여 거짓 증거하지 말지
니라.
10 네 이웃의 집을 탐내지 말지니라.
11 나 여호와가 존재함을 믿는 그 자체가
구원의 길에 들어서는 기본이요 근본
이며, 나의 법전을 가슴에 안고 정독
하는 자, 반석 위에 서서 하늘에 오르
는 찬란한 빛을 보게 되는 영광을 언
게 됨이니라."
12 사랑하는 나의 아들아!
13 "네, 아버님! 말씀하옵소서."
14 나의 법전에 십계명을 기록하고 또 기
록함이니, 그들이 읽고 깨우칠 때마다
그들의 마음이 변화되며 그들의 생각
이 달라지느니라.
15 오늘의 모든 종교 집단이요, 지도자들
이 과연 어찌 가느냐?

16 나의 아들 예수의 제자요, 그 제자들
을 통하여 흘러가는 이야기를 기록하
여 복음을 전한 것은 그들이 목숨을
걸고 지키면서도,
17 내가 친필로 써 내린 나의 십계명은
과연 얼마나 암송을 하며 그를 얼마나
지키라 그리 가르치고 말하는가?
18 모든 종교 집단 지도자들이 내가 직접
써 내린 나의 친필인 십계명을 아는
자가 얼마나 있는가?
19 그걸 암송하지 못하며 그를 알지 못하
는 그 믿음으로 가는 백성들이 수없이
있음이니라.
20 그 종교 집단이요, 지도자들이 그를
가르침으로써 그 제자들의 눈이 뜨이
며 귀가 열리며 생각하는 것이 달라지
며 생각하는 방향이 달라지기에,
21 그들의 귀를 막고 눈을 막아 그들을
어리석고 바보스러운 백성으로 만들
어 저희들이 이끌어 가기 위하여, 그
들이 눈을 뜨지 못하도록 귀가 열리지
못하도록 저희들이 그 십계명을 암송
하지 아니하고 가르치지를 아니하니,
그것을 아는 백성이 없음이니라.
22 그러니 너희들은 제일의 나의 뜻은 무
엇이더냐?
23 바로 내가 직접 써 내린 나의 친필이
제일 우선이요, 가장 소중한 것이 아
니더냐?
24 구약과 신약의 모두를 합쳐 그 뼈대가
나의 십계명이거늘, 신약 시대에 있는
그 백성들이 십계명을 암송하지 아니
하며 그는 버려두며, 그를 알고 있는
종교 집단이요, 지도자들이요, 또 신
도들이 그를 암송하는 자들이 없으며,
25 매일과 같이 하루에도 몇 번씩 그지
너의 제자들처럼, 나의 아들 너처럼
십계명을 암송하고 지키고자 하는 백
성들이 없음이니,
26 이것이 지금 그들이 너희들과 얼마나
차이점이 있는지 아느냐?
27 그러니 그들은 지금 살아가는 것이 육
의 세상의 향락이요, 그 즐거움을 위
해서 살아가는 것이요, 또한 나의 아
들을 따르는 제자 너희들은 뭐라 말하
였느냐?
28 너희들이 빈민굴이요, 판자촌이요, 병
자들이 사는 그 속에서 생활을 같이하
는 것이 너희들이 가야 할 길이라 하
였음이니라.
29 이것이 그들과 엄연한 차이이며 그들
과 가는 길이 다르니라.
30 이제 사랑하는 나의 아들을 따르는 제
자 너희들은 들으라.
31 너희들의 삶은 너희들이 빈민촌이요,
가장 가난한 속이요, 병자들을 누구도
돌보지 않는 속에서 살아가되,
32 너희들의 생각이요, 너희들이 가지고
있는 정신은 최고급이요, 가장 위대한
생각이요, 가장 아름다운 생각이요,
누구도 생각할 수 없는 그와 같은 아
름다운 생각을 가지고 지혜를 가지고
살아가야 되는 것이 너희들이니라.
33 너희들의 육은 가난한 자로 살되, 너
희들의 정신 세계는 가장 위대하고 높
은 세상에 사는 나의 아들딸 너희들이
살아감이니라.
34 그 육의 세상이 무너졌다 하여, 너희
들이 어려운 곳에 산다 하여 너희들의
정신이요, 생각하는 것까지도 거기에

따라서 무너지는 것이 아니라,
35 너희들의 생각이요, 너희들의 지혜라
는 것은 최상의 생각이요, 최고의 내
뜻을 따라 행하는 고급이요, 고급 인
력으로서의 그 자세를 지키고 살아가
야 되는 것을 잊지 말도록 하라, 사랑
하는 나의 아들딸들아!
36 그리고 너희들은 너희들 앞에 와서 말
하는 자, 너희들에게 시시비비를 하는
종교 지도자에게, 과연 그가 십계명을
암송하며 그 뜻이 무엇인가를 아는지
한번 물어보라, 그리고 너희들이 믿음
의 길을 가는 것이 무엇인가 물어보
라.
37 그러면 그들은 뭐라 말하겠는가?
38 저희들은 구원을 받기 위하여 하늘에
오르기 위한 그 믿음이라 그리 말할
것이나, 너희들은 그리 말할 것이니라.
39 하늘에 오를 수 있는 자격을 아버님
으로부터 따기 위하여 너희들은 오늘
의 믿음의 길을 가며 신앙생활을 하
며 공부를 하며 법전을 읽고 강론을
듣는 것이라 그리 말할 것이니,
40 그들과 너희들과의 차별화가 여기 있
음을 알라, 사랑하는 나의 아들딸들아!

10,005 번째 하나님 말씀

2004년 3월 21일 06시 18분

1 사랑하는 나의 아들아!
2 "네, 아버님! 말씀하옵소서."
3 지금의 모든 종교 집단이요, 지도자
그들이 잘못 가고 있는 것이 무엇인
줄 알고 있지 않으냐?
4 "네, 알고 있사옵나이다.
5 그들이 땅으로써 잘못하는 것이 있으
며, 또 하늘을 향하여 또한 잘못하는
것이 있으니, 땅과 하늘에 다 잘못된
그와 같은 믿음으로 가고 있사옵나이
다.
6 몇천 년 전에 예수께서 오신 것은 아
버님의 뜻을 세상에 전하며, 아버님이
역사하고자 하시는 것을, 또 아버님의
뜻을 전해서 아버님이 이루고자 하시
는 것을 이루도록 하여 보내 준 아버
님의 아들이옵나이다.
7 그러니 그들은 아버님께서 보내신 예
수님의 그 역사하는 것, 가르치는 것,
전하는 것, 그것을 깨우쳐 그 뜻을 듣
고 행하여 아버님의 뜻이 무엇인가를
깨달아야 될 것이거늘,
8 그들은 예수님의 이름에 빠져 있사옵
나이다.
9 예수님의 이름에 빠져 있으며 그 이름
에 빠져 있어, 저희들이 진리의 길이
아니라 그저 예수님의 이름에 빠져 허
덕이고 있는 그와 같은 믿음의 길을
가니,
10 위로는 하늘을 거역하는 것이요, 아래
로는 지금 종교 집단의 지도자라 해도
저희들이 어렵고 힘든 길을 가는 것
이 아니요, 저희들이 부귀영화요, 그
모두를 위하여 살아가는 그와 같은 믿
음으로 가고 있사옵나이다.
11 그리고 그들은 또한 진정한 진리요,
뜻을 전하는 것이 아니요,
12 그들은 교회를 더 크게 짓는 것, 성전
을 더 크게 짓는 것, 그것으로써 믿음
의 길을 가며, 그 웅장한 속에서 저희
들이 위협적인 믿음이요, 그 속에서

지금 신앙생활을 하고 있사옵나이다.
13 아래로는 아버님의 발등이요, 아버님
땅 위에 수없는 상처를 내는 그 교회
를 더 짓고 더 상처를 크게 만드는 것
으로써 그들이 가는 모든 믿음이요,
14 위로는 예수님의 이름에 빠져서 허덕
이며 그 이름만을 부르는 것,
15 그러니 아래로는 교회를 짓는 죄요,
위로는 예수님의 이름을 부르는 것이
요, 그리고 부귀영화요, 호의호식을
누리는 것이옵나이다."
16 그들은 나 여호와를 찾는 것이 아니
라, 사랑하는 나의 아들아! 그들은 또
하나가 있음이니, 그것이 무엇인 줄
알겠느냐?
17 "아버님을 경배하며 아버님을 따르는
것이 아니요, 종교 지도자들을 경배하
며 종교 지도자들을 따르며,
18 그들과 더불어 살아가는 것을 그들은
행복이라 생각하며, 그것이 구원의 길
이요, 하늘에 오르는 길이라 그리 가
고 있으니,
19 정녕 두마음을 가지고 있는 것은 종
의 자세도 아니 된다 하였거늘, 창조
주 아버님과 인간의 종교 지도자요,
그 목자라는 자들을 아버님보다 더
가까이하며 더 사랑을 하며 더 정을
주고자 하며 살아가는 것이 그들이옵
나이다."
20 그렇다 하면 과연 그것이 바로 되었다
생각하느냐, 나의 아들아!
21 그러니 그들이 내 뜻과는 관계없이 내
뜻을 거역하는 짓을 하고 있는 것이
오늘의 종교 집단이요, 지도자들이요,
그리고 구원을 받았다 말하는 맹종 맹
신하는 물고불고하는 그 가련한 백성
들이니,
22 모르는 자들에게 깨우쳐 주도록 그리
하라.

10,006 번째 하나님 말씀

2004년 3월 21일 06시 23분

1 사랑하는 나의 아들아!
2 "네, 아버님! 말씀하옵소서."
3 어찌하여 네가 네 제자들을 가르치며
만백성을 가르치고 깨우치는 데 역점
을 두지 아니하는가?
4 너는 이제 그와 같은 데 역점을 두도
록 그리하라.
5 네가 지금까지 온 그 믿음의 길에서
네가 방향을 다시 한 번 잡도록 그리
하라, 사랑하는 나의 아들아!
6 너는 정녕 너의 제자들이요, 나의 법
전을 읽고 깨우친 그 만백성을 지도하
고 깨우쳐 주고 인도하는 것이 아니
라, 너 자신이 변하기 위하여 모두를
걸고 모두를 살아온 그와 같은 오늘
의 삶에서,
7 이제는 네가 너 자신을 위하여 네가
변하고자 하는 모두를 걸고 살기 전
에, 모든 너의 제자들이요, 만백성을
깨우치는 데 역점을 두도록 그리해야
할 것이니라.
8 스스로 종교 지도자요, 집단의 그 지
도자는 그와 같은 자세로 가는 것이
당연하니라.
9 저 자신이 먼저 변화되며 저 자신이
변하기 위하여 모두를 다 걸어 제가
스스로 변하는 그와 같은 길을 갔을

때, 다른 사람이요, 다른 백성을 다스
리고 이끌어 가야 될 것이니라.
10 그러나 지금 네가 변화되고 있으며 너
자신이 가고 있는 길을 따라올 수 있
는 백성이 없음이니, 너는 이제는 그
제자들이요, 너를 따르는 그 백성들을
위해서 네가 그들에게 가르쳐 주는 데
역점을 두도록 그리해야 될 것이니라.
11 너는 네가 변하기 위하여 90퍼센트의
피나는 노력을 하며 너 자신에게 모두
를 걸고 살아온 오늘의 삶에서,
12 이제는 90퍼센트를 너의 제자들이요,
나의 법전을 읽고 깨우친 백성들을 가
르치고 깨우치는 데 역점을 둬도 될
것이니 그리 알라.
13 나 여호와가 너에게 명함이니라.
14 지금까지 너 자신이 변하고 네가 다시
나기 위하여 네가 그 90퍼센트 이상
의 모두를 너에게 걸었으며,
15 너의 제자들이요, 그리고 법전을 읽고
깨우치는 백성들을 가르치고 깨우치
는 데 네가 큰 역점을 두지 아니하였
으며 거기에 정성을 쏟지 아니하였으
니, 이제 네가 거기다 정성과 열의를
다하라.
16 그리해도 네가 부족함이 없으며 너 자
신이 부끄러운 것이 없으며, 나 여호
와에게 욕됨이 아님을 알라, 사랑하는
나의 아들아!
17 너는 내 뜻을 알아 오늘까지 그리 행
했음을 알고 있느니라.
18 나 여호와에게 네가 변화되지 아니하
며 네가 스스로 서지 못하고 만백성을
가르친다 하여 이야기할 때,
19 내가 노여움이요, 내가 기뻐하지 아니
하는 것을 네가 알고 있었기에 네가
네 변하는 곳에 모두를 두고 모두를
걸었으나,
20 이제는 네가 너에게 명함이니, 너의
제자들을 깨우치고 다스리는 데 모두
를 보여 주도록 그리하라, 그리고 그
들을 위하여 네가 살아가라.
21 네가 이제 그리한다 해도 나에게 부끄
러움이 아니요, 모든 천사나 사탄에게
도 네가 부끄럽지 않을 만큼 와 있음
이니라.
22 너처럼 지금 아름답게 살아가고자 하
며 너 자신을 버리고 살아가는 네 속
내를 아는 자가 없으니,
23 네 변화를 위한 모두를 걸고 걸어온
오늘의 그 상이니,
24 이제는 너를 위하여 네가 10퍼센트를
노력하며 너의 제자들이요, 나의 법전
을 읽고 따르는 그 백성들을 위하여
90퍼센트의 열과 성의와 정성을 거기
다 던지라.
25 네가 변하는 것처럼 그리 가르치라,
사랑하는 나의 아들아!

10,007 번째 하나님 말씀

2004년 3월 21일 06시 27분

1 사랑하는 나의 아들아!
2 "네, 아버님! 말씀하옵소서."
3 네가 바로 서지 못하며 한 점의 부끄
럼이 없는 삶을 살지 못할 때, 너는 너
의 제자들을 가르칠 자격이 없으며 그
들을 정화시킬 수 없으며, 그들을 깨
우칠 수 없다는 자책하는 그 마음에
서,

4 네가 열과 성의를 다하지 못했으며, 오로지 너 자신을 다스리기 위해서 살아온 그 삶을 나는 아느니라.

5 이를 네가 반대의 길로 이제 가라 그리하였음이니, 이는 무엇인 줄 알겠느냐, 사랑하는 나의 아들아!

6 나 여호와가 세상을 통제하며 그 모두를 다스리며 그 모두를 하나로 이룬다 해도, 그것은 인간으로 하여금, 인간을 통하여 그를 역사하도록 해야 될 것이니,

7 인간을 통하지 아니하며 나의 아들딸들을 통하지 아니하고는 하나로 만들 수도 없으며 하나로 이룰 수도 없으며 하나로 이루어지는 역사가 생길 수도 없는 것이 아니더냐?

8 그러니 네가 너 자신을 자책하며 네가 변하지 못함을 너 스스로 부끄러움의 때가 있는 것을 부끄러워 너의 제자들을 바로 가르치지 아니하며 그 열과 성의를 다하지 아니한다면 아니 됨이니라.

9 너는 이제 마음 편안히 모두를 다 바치라.

10 그리고 인간으로 하여금 모두를 통제하며 인간을 통제하게 되었으니, 지금 사랑하는 나의 아들 너를 통하여 내가 법전을 만들어 만백성을 깨우치며 그를 보고 인간을 통제하여 하나로 만들고 하나로 역사하는 것이 시작되었음이니,

11 너는 너 자신을 너무 자책하지 말며 너 자신이 괴로워하지 말며, 이제 네가 인간으로서 만백성에게 나의 법전을 기록하여 전하며 새로운 성경을 전하며 하늘에 오르는 길을 인도하는 것을 내가 너를 통하여 역사함이니,

12 2천 년 전 예수를 통하여, 모두를 역사하듯이 그도 인간으로서 내려와 세상의 그 모두를 통제하고 다스리지 아니하였더냐?

13 너도 그러하니 너 자신을 자책하지 말며, 네가 나로부터 명을 받아 네가 전하는 것을 자신 있게 당당하게 전하라.

14 너는 마음의 부끄러움을 갖지 말며 괴로워하지 말라.

15 단상에 서서 너를 따르는 제자들이요, 나의 백성들에게 강론하고 그들에게 가르칠 때, 네 마음속으로 울고 있음을 나는 알고 있었음이니, 이제는 그 눈물을 거두라.

16 네가 바로 서지 못하며 한 점의 부끄럼이 없는 자가 아니 되어 그 제자들에게 나의 뜻을 전할 때, 네가 속으로 흘리는 그 눈물을 나는 알고 있었음이니, 너의 제자들은 모르나 나는 네가 울고 있는 마음을 아느니라.

17 이제는 울지 말며 눈물을 거두고 당당히 가르치라, 사랑하는 나의 아들아!

18 너는 그만큼 자격이 있으며 그만큼 깨우쳐 있으며, 내가 너를 인정하니, 너는 그리 가도록 하라, 사랑하는 나의 아들아!

19 인간인 나의 아들딸을 통하여 정화해야 되며 가르쳐야 하기에, 바로 네가 나의 아들로서 인간을 통제하며 하나로 만드는 데 대명을 받은 자이니라.

20 그러니 너는 바로 설 수 있으며 내가 원하는 그 점수에 올 수 있으니, 두려

워하지 말며 울지 말라, 사랑하는 나
의 아들아!
21 이제는 네가 웃음으로써 모든 제자들
을 다스리라.
22 네가 웃음이 없으며 네가 단상에 서서
굳어져 있으며 네가 단상에 서서 경직
되어 있는 그 모습은 네가 울고 있기
때문이니,
23 이제 너를 따르는 제자들에게 웃음과
더불어 같이 즐거운 마음으로 그들을
깨우치고 다스려 같이 가도록 그리하
라.
24 내가 너에게 명하느니라, 사랑하는 나
의 아들아!

10,008 번째 하나님 말씀

2004년 3월 21일 06시 45분

1 사랑하는 나의 아들아!
2 "네, 아버님! 말씀하옵소서."
3 육이란 너희들의 영이 존재하는 집과
같다 하였음이니라.
4 그러니 그 집이 바르고 곱지 아니하
면, 너희들이 바로 서지 아니하면 영
이 존재하지 못한다 하지 아니하였더
냐?
5 이제 나의 아들을 따르는 제자 너희들
은 세상의 이치요, 그 하늘의 이치를
알아야 될 것이니라.
6 육이라는 것은 너희들이 나무와 같은
것이니라.
7 그러니 너희들이 결국 나무가 성장해
무엇을 거두느냐?
8 만백성이요, 동식물이 거둘 수 있는
그 열매가 거기서 맺어짐이니라.
9 그러니 곧 열매는 나 여호와가 거둬들
임이니, 너희들의 육은 나무요, 곧 너
희들의 영혼은 열매와 같은 것이라는
것을 너희들은 알아야 될 것이니라.
10 그러니 너희들이 오늘의 종교 집단이
요, 지도자요, 믿음의 길을 가는 그 백
성들, 그들이 말하기를 무어라 말하느
냐?
11 지금 그들이 하고 있는 믿음은, 나무
는 건전한 것을 바라지 아니하며, 오
로지 열매만을 너희들이 거둬들이는
그와 같은 믿음이요, 그와 같은 신앙
생활을 하고 있으며 거기에 모두를 맞
춰 있음이니라.
12 구원받는 것, 나로부터 거듭나는 그것
만을 너희들이 소원하고 바라고 있으
나, 너희들이 어찌 살고 어찌 성장해
야 되는지는 너희들이 생각하지 않는
어리석은 믿음으로 가고 있음이니,
13 내가 오늘 나의 법전에 기록하여 새로
운 성경으로써 너희들에게 깨우침을
전하니, 나무가 바로 서지 못한다면
그 열매가 열지 못하는 것을 알라 그
리 전하라.
14 모든 지금의 종교 집단이요, 종교 지
도자, 그들이 가고 있는 짓이 곧 나무
의 성장하는 것, 나무의 성장하는 그
어렵고 힘든 과정은 모두를 다 지워
버리고 있음이니, 그들이 잘못된 믿음
이라 내가 말하는 것을 너희들은 알아
야 될 것이니라.
15 사랑하는 나의 아들아!
16 이 세상에 하늘에서 이루어진 것같이
지상의 낙원을 이루고자 함이니,
17 그 나무들이 바로 서지 아니하고는 절

대 지상의 천국이 이루어질 수 없으며
거듭날 수 없다는 것을 그들에게 깨우
쳐 주고 전해야 됨을 알라, 사랑하는
나의 아들아!
18 그들이 인간은 죄를 짓지 아니하고
살 수 없으며 인간의 육으로써 짓는
죄는 별거 아니라 그리 말하니, 그 뜻
이 무엇인 줄 알겠느냐?
19 육을 가지고 있는 그러한 너희들은 하
루라도 먹지 않으면 배가 고파 견디지
못하는 것이 아니더냐?
20 너희들이 추우면 추운 대로 추워서 견
디지 못하며, 더우면 더운 대로 견디
기 어려워 그 모두를 대처하는 방법
을 갖고 살아야 되기 때문이니,
21 그리하여 너희들은 거기서 욕심이라
는 걸 가지며 육을 가지고 있다 보니,
너희들이 행해서는 아니 되는 이웃을
넘보게 되며 그와 같은 짓을 하니,
22 그리하여 너희들이 육을 가지고 있는
것은 육이 하는 것은 죄가 아니며 큰
잘못이 아니라 너희들이 그리 가르치
고 있느니라.
23 육은 변화에 따라서 너희들이 변화되
기 때문에 죄를 짓지 아니할 수 없다
그리 말하나,
24 너희들은 육이 죄를 지으며 너희들의
육이 부끄러움이 있는 생활을 하는
것이 무엇인 줄 알겠느냐?
25 그 나무 자체가 썩어져 가며 나무 자
체가 병들어 감이니, 병들어져 있는
그 나무에서 어찌 거둬들일 수 있는
열매가 열 수 있다 생각하느냐?
26 육이 바로 서지 아니하면 절대 너희들
은 아니 됨을 알라.
27 그리하여 너희들은 육의 죄짓는 것은
잘못이 아니요, 중요한 것이 아니라
너희들이 그리 말하나,
28 나는 나의 아들을 통하여 성경에 기록
하여 전함이니, 육 그 자체가 얼마나
귀하고 소중한 것인가?
29 육이 썩어지면 열매를 거둘 수 없다는
것은 엄연한 사실이거늘, 너희들이 죄
를 짓고 살면 그 열매를 얻을 수 없는
것이니라.
30 곧 너희들이 진정한 열매가 어떠한 것
인 줄 알겠느냐?
31 너희들이 나뭇가지가 썩고 나무 본체
가 썩어지면 그 열매는 먹을 수 없는
열매로써 열릴 것이요,
32 바른 나무는 먹을 수 있고 거둬들일
수 있는 열매를 열게 되어 있는 것이
당연한 이치이니,
33 너희들의 육이 죄를 짓는 것은 먹지
못하는 열매를 열게 하는 것이며, 너
희들의 육이 죄를 짓지 아니하고 사는
것은 너희들이 거둬들일 수 있는 열매
요, 내가 취할 수 있는 열매를 여는 것
이라는 걸 잊지 말라.
34 그러니 죄를 짓는 것은 용서할 수 없
으며, 그 죄로 인하여 모두가 다 넘어
짐이니,
35 그리하여 육의 세상에서 모든 변화에
너희들이 욕심의 근본이 앞서 이기고
자 하는 그와 같은 너희들의 마음에서
선을 버리고 악을 선택하고 살아갈 수
있는 것이 너희들이나,
36 너희들은 이와 같은 고비요, 역경을
겪고 넘기는 것으로써 너희들은 바로
나야 될 것이며,

37 그리 너희들이 견디고 역경을 이겨 나
에게 오라 하는 것은, 너희들이 나로
부터 받은 은혜에 대한 것에 만 분의
일도 안 되는 그와 같은 너희들의 노
력의 대가라는 것을 알아야 될 것이니
라, 사랑하는 나의 아들딸들아!

10,009 번째 하나님 말씀

2004년 3월 21일 06시 53분

1 사랑하는 나의 아들아!
2 "네, 아버님! 말씀하옵소서."
3 육을 소홀히 생각하며 육이 죄짓는 것
은 별거 아니며 육이 행하는 것이 별
거 아니라 말하는 그 백성들을 사랑하
는 나의 아들 너는 어찌 보는가?
4 "네, 아버님! 그들은 아버님의 근본이
요, 그 뜻을 흩트려 놓는 자요, 아버님
의 뜻을 생각하는 자가 아니요, 사탄
의 후예로서 사탄의 자식들이 된 백
성들이 그와 같이 말을 할 수 있사옵
나이다.
5 오늘 제가 육을 가지고 아버님의 말씀
을 받아 새로운 성경이요, 법전을 전
하며, 또한 저의 제자들이 법전을 만
들며 그를 전하는 것, 만백성을 구하
는 그 역사를 이루는 것, 제가 이 새벽
에 앉아 아버님의 말씀을 듣기 위하
여 기도요, 경배를 드리는 것,
6 그 육은 바로 무엇인가 하면, 아버님
께서 내려 주신 가장 귀하고 소중하
고 아름다운 창조물이라는 것을 그 백
성들이 모르고 있사옵나이다.
7 다만, 저희들이 육의 삶이 아니요, 영
혼의 삶을 위하여 저희들이 다음 세상
을 보며 살아가라는 그 말씀의 뜻, 그
러나 육은 또한 아버님께서 그 영혼과
육이 똑같다 말씀하셨으니,
8 육은 바로 아버님께서 이 백성들을 창
조하신 가장 아름다운 창조물이라는
것, 제가 기도를 드리고 앉아 있는 저
자신의 그 육이, 그리고 저의 제자들
이 기도를 듣고 있으며 강론을 들으며
법전을 만드는 그 제자들이요, 그 백
성들이 다 아버님의 아름다운 창조물
이라는 그 자체를 그들이 모르고 있
사옵나이다.
9 아버님께서 가장 아름답고 곱고 예쁘
게 만든 창조물이 자기 자신이라 생각
한다면, 정녕 그 육신이 가치가 없는
것이며 뜻이 없는 것이며 소중한 것이
아니라 생각할 수 없거늘,
10 그 이치 하나도 깨닫지 못하고 있는
것이 오늘의 수천 년 동안 흘러온 종
교 집단이요, 지도자들이요, 믿음의
길을 가는 백성들의 어리석음이라 그
리 생각하옵나이다."
11 나의 아들아, 그러하니라.
12 너희들의 그 육신을 누가 만들었느냐
물을 때, 너는 그리 만백성에게 가르
치라.
13 나 여호와의 가장 아름다운 창조물이
라는 것을, 그러니 너희들이 내가 아
름답게 만든 그 창조물인 육을 어찌
도구로써 쓰느냐 하는 것이 너희들에
게 가장 중요함을 알라.
14 내가 가장 아름답게 만들어 준 그 육
체의 도구를 너희들이 잘못 쓰며 죄를
짓고 사는 것에 쓴다면 사탄의 도구가
되는 것이요,

15 너희들은 사탄의 도구가 되었다면 바로 무엇이더냐?
16 사탄을 위하여 너희들이 역사를 하며 그를 위하여 너희들이 모두를 역사하는 것이 바로 너희들의 오늘의 믿음이요, 그 가는 길이니라.
17 내가 가장 아름답게 만든 창조물 너희들이 나 여호와를 위하여 사는 삶을 살면, 곧바로 너희들이 나에게 거듭나는 은혜를 받는 그와 같은 백성인 것을 어찌 모른단 말이더냐?
18 너희들은 인간 세상에서 들어서 알 것이니라.
19 너희들이 칼이라는 그 도구를 가지고 쓰는 것이 어떠한 사람이 어찌 쓰느냐에 따라서 그러한 도구가 되는 것이라 하지 않았느냐?
20 너희들이 사람의 생명을 살리는 곳에 그를 쓰면 그 선행의 도구가 될 것이며,
21 너희들이 사람을 죽이며 위협하며 그리고 모든 악행을 하는 데 쓰면 그 악행의 도구가 되는 것이니,
22 하나의 칼을 어찌 쓰느냐에 달렸지 않더냐?
23 그러니 바로 너희들은 알아야 될 것이니라.
24 육이 썩고 무너지는 것은 너희들이 아니 됨이니라.
25 그러니 육이 썩고 무너지는 것은 바로 무엇이더냐?
26 너희들이 어찌 그를 쓰느냐에 따라서 너희들이 역사하는 것이니라.
27 그러니 너희들의 육이 썩고 너희들의 육이 무너짐으로써 그것으로써 끝난다 오늘의 종교 집단이요, 너희들은 그리 생각하나,
28 그것은 곧 너희들의 영을 무너지게 하며 영을 썩고 병들어 죽게 하는 것이라는 것을 너희들은 알라.
29 그러니 너희들이 거듭날 수 없는 길이요, 너희들이 다음의 세상에서 나를 보지 못하는 어리석은 백성의 삶이라는 것을 잊지 말라.
30 나 여호와의 진리요, 나 여호와의 뜻을 너희들이 따라 살아가는 것은 너희들이 나에게 오르는 길이요,
31 그리고 내가 가장 아름답게 만들어 창조한 너희들이 어찌 너희 자신을 쓰느냐에 따라서 너희들이 그 역사에 이르는 것이며, 너희들이 나에게 그 상을 받고 못 받음이니,
32 이제 모든 백성들에게 내가 창조한 가장 아름다운 창조물로서 너희들이 가장 아름다운 삶을 살지 아니하면 아니 된다는 것, 그리하여 소중하고 귀하다는 것을 알라 그리 전하며,
33 너희들 자신이 육을 어찌 쓰느냐에 따라서 너희들이 나에게 오르고 못 오르는 그 길은 너희들의 손에 달렸다는 것을 내가 예를 들어 상세히 가르쳐 주고 전해도, 너희들이 깨닫고 못 깨닫는 것은 너희들의 뜻이니라.

10,010 번째 하나님 말씀

2004년 3월 21일 07시 01분

1 사랑하는 나의 아들아!
2 "네, 아버님! 말씀하옵소서."
3 하늘나라에는 부족함이 없으며 그리

고 천사 또한 부족함이 없다 하지 아
니하였느냐?
4 그러니 부족함이 없는 자는 정녕 사랑
함이 필요가 없으며 사랑이라는 것을
실천할 필요가 없는 것이 아니더냐?
5 정녕 부족함이 없는 세상에 살아가는
사람들이 무슨 사랑이 필요하며 무슨
그와 같은 베풂과 나눔이 필요하겠느
냐?
6 그러나 나의 피조물 창조물 너희들은
서로 부족함이요, 육을 가지고 사는
이 세상에는 너희들이 풍족한 것보다
너희들 자신이 부족하고 모자란 것이
너무나 많고 많음이니라.
7 그러니 너희들이야말로 사랑으로써
존재해야 된다는 것이 여기 있음을 알
라.
8 너희들이 사랑으로써만이 모두의 서
로 부족한 것을 채워 주고 덮어 주고
이끌어 주고 또 맞춰 주며, 그리하여
하나의 완성품이 되도록 하는 것이기
때문에,
9 너희들이 육을 가지고 있는 이 세상이
요, 나의 사랑하는 아들딸 너희들이
나 여호와의 사랑 속에서 모두의 사랑
으로써 살아가라 함이 여기에 있음이
니,
10 사랑을 베풀라 하는 것은, 너희들이
남을 돕는 것이 아니요, 네가 부족한
것을 남으로부터 받으며 너 또한 남의
부족한 것을 채워 줘, 완성품이 되어
너희들이 천사가 되어 하늘에 오르는
길을 오도록 하고자 하는 것이 나 여
호와의 뜻이니라.
11 정녕 너희들이 부족하지 아니하면 사
랑이 필요 없으며, 부족한 것이 없는
자라면 너희들에게 그 사랑이요, 베풀
고 나누며 오늘의 그 고통의 길을 가
라 나 여호와는 말하지 아니할 것이니
라.
12 내가 그렇다면 천사들에게 사랑하며
베풀고 나누고 살라 말해야 되지 않겠
느냐?
13 가난한 자를 사랑하며 불쌍한 자를 사
랑하며 어렵고 힘든 병자를 사랑하며,
가장 낮은 속에서 너희들이 사랑을 베
풀라 내가 천사들에게 가르칠 필요가
없지 않더냐?
14 그들은 모두를 다 부족함이 없이 역사
하며, 그들은 모자람이 없이 지켜 가
고 있기 때문이니라.
15 그러니 부족하고 모자란 것을 채우고
더불어 하나가 되어 역사하라 하여,
내가 너희들에게 사랑을 베풀며 사랑
을 지키고 살라는 것은 인간이요, 육
을 가지고 있는 너희들에게 가장 소중
한 것이라는 것을 알라.
16 나의 아들을 사랑하는 그 제자들은 너
희들이 나의 아들을 사랑함이 아니요,
너희들의 그 부족함을 얻는 것이요,
17 너희들이 이웃에게 그리 베푸는 것 또
한 그러한 것이니라.
18 그러니 너희들은 이와 같은 이치를 알
라.
19 그리하여 너희들이 사랑을 하고 하나
가 되라 함이니라.
20 그러니 너희들이 나 여호와의 사랑 속
에서, 큰 틀 속에서, 나의 사랑 속에서
살아가면서 너희들이 서로 사랑하는
마음, 그리고 마음을 비운 마음, 그리

고 서로 통하는 마음, 이것이 바로 너
희들이 하나가 되는 길이니라.
21 서로 너희들이 채워 주지 아니하면 아
니 되니, 그 채워져 완성품으로 만드
는 것은 너희들이 사랑을 전해 주는
것만큼 네가 남으로부터 얻어 네가 완
성품이 된다는 것을 알라, 사랑하는
나의 아들딸들아!
22 그러나 내가 내려다보는 이 세상의 나
의 아들딸들이 마음이 너무나 썩고 썩
어 그 냄새가 난다면, 너희들은 어찌
치료해야 되겠느냐?
23 나 여호와의 이 아픈 마음을 너희들이
들여다봐야 될 것이니라.
24 이를 어찌 다스려야 된단 말이더냐?
25 그리하여 내가 사랑이 근본이요, 사랑
을 실천하는 160권의 법전을 세상에
내려보냄이니라.
26 이제 너의 제자들에게 전하라.
27 너희들이 남을 사랑하는 것, 그것은
바로 무엇이더냐?
28 너희가 부족한 것을 채우는 것이라는
것을 알라, 사랑하는 나의 아들딸들아!
29 너희들이 남을 위하여 봉사하는 것,
남을 위하여 역사하는 것, 그리고 남
을 위하여 한없이 끝없이 베푸는 그것
은 무엇이더냐?
30 너희들의 부족하고 부족한 것을 하나
하나 채워, 너희들이 천사와 같이 부
족함이 없는 사람이요, 사랑의 그 베
풂의 한계를 벗어나며, 너희들이 그를
벗어나는 그와 같은 역사의 길을 오는
것은 무한한 사랑으로써 네 부족한 점
을 맞춰 감이니 그리 알라, 사랑하는
나의 아들딸들아!
31 그러니 사랑으로써 살아가라.
32 그것이 네가 부족한 것을 채워 완벽한
인간의 모습으로써 되었을 때 너희들
이 나에게 오를 수 있으며,
33 부족한 짐승의 형태요, 너희들이 날짐
승의 형태요, 동물의 형태로써 너희들
이 그와 같은 형국으로써는 나에게
올 수 없음이니,
34 그 모두를 벗어나며 너희 인간으로서
거듭나며, 인간으로서 완전히 부끄럼
이 없이 모두를 채워 완벽한 사람이
되도록 하라.
35 그것은 너희들이 사랑을 주고받는 속
에서 모두가 이루어지며, 그 길이 거
기에 있음이니, 그 이상의 길은 없다
함을 알라.

10,011 번째 하나님 말씀

2004년 3월 21일 07시 08분

1 사랑하는 나의 아들아!
2 "네, 아버님! 말씀하옵소서."
3 모든 백성들이 나의 법전을 가지고,
이게 정녕 나의 아들이 나 여호와의
뜻을 기록하여 세상에 내린 것인가 아
닌가 시시비비하며 갑론을박을 할 것
이니라.
4 그러나 그들이 갑론을박을 하는 것은
무엇이더냐?
5 두렵고 무섭기 때문이니라.
6 저희들이 저 자신이 잘못 왔으며 잘못
흘러온 것을 알고 있음이니, 그리하여
그들은 거기서 방황하는 것이며 두려
워함이니라.
7 그러나 너희들은 이와 같은 백성들에

게서 흔들려서도 아니 되며,
8 너희들은 그들에게 정녕 나의 법전이
요, 나의 새로운 성경이 나 여호와의
참뜻이요, 나의 아들이 정녕 나의 아
들로서 선택되어 지금의 만백성을 다
스리는 그와 같은 대명을 받은 자며,
그들을 깨우쳐 인도한다는 것을 너희
들은 그들에게 전해야 될 것이니라.
9 그 뜻이 어디 있는 줄 알겠느냐?
10 너희들이 나의 법전을 수없이 읽고 나
의 아들을 통하여 듣는 그 강론이요,
기도 속에 그 모든 진정한 정답이 있
음을 알아야 될 것이니라.
11 참진리요, 나 여호와의 뜻은 하나의
그 뜻을 가지고 너희들이 배고픈 자에
게 그 배를 부르게 하며, 추운 자에게
옷을 입히며, 더운 자에게 시원하게
해 주며, 너희들의 모두를 다 채워 주
는 것이 나의 참진리라 하지 아니하였
더냐?
12 그러니 나 여호와의 참진리요, 창조주
의 뜻이라는 것은 무엇인 줄 알겠느냐?
13 너희들이 과거 속에 있는 것, 과거에
너희들이 배우고 깨우친 것이, 그 옛
것 속에서 오늘의 너희들의 그 뜻이
거기에 포함되어 있으며, 또한 그 속
에 미래에 역사하는 것, 미래에 이루
어지는 것이 거기에 똑같이 다 들어
있느니라.
14 그러니 참진리는 옛날에 내가 전한 그
와 같은 성경 속에 오늘이 있으며 미
래가 있는 것이며,
15 내가 나의 아들을 통하여 깨우치고 전
한 것, 모세가 역사한 것, 그리고 노아
의 방주의 그 본보기요, 그 모두는 그
날의 그 시대의 너희들에게 가르침이
있으며, 그리고 현재 속에 있으며, 너
희들의 미래에 모두가 다 이루어지는
것이 거기에 있음이니라.
16 오늘의 곧 나의 아들을 통하여 내리는
나의 법전이 과연 어떠한 것인 줄 알
겠느냐?
17 나의 법전 또한 오늘의 너희들에게 내
림이니, 너희들이 듣고 깨우치는 그
강론을 듣는 그 속에서는 과거가 거기
에 다 들어 있으며 과거의 것을 볼 수
있으며, 그리고 현재의 너희들의 삶을
바로잡는 것이 거기에 있으며, 그리고
미래를 너희들이 어찌 살아갈 것인가,
너희들이 미래를 대처할 수 있는 그와
같은 뜻이 거기에 있음이니라.
18 그와 같은 의미가 포함되지 아니하였
다면 참진리요, 나의 뜻이 아니라는
것을 알라.
19 그러니 그와 같은 것을 너희들이 느끼
고 깨닫는다면, 이는 참진리 곧 나 여
호와의 뜻이요, 나의 아들을 통하여
내가 역사한다는 것을 알아야 될 것이
니라.
20 나의 법전에 옛 것은 있고 현재 것이
없고 미래 것이 없다면, 이는 나의 법
전이 아님을 너희들은 알아야 될 것이
니라.
21 그러나 나의 아들을 통하여 내리는 나
의 법전을 너희들이 만들어 읽고 전함
이니, 그 속에 너희들이 옛 것이 들어
있으며, 현재의 너희들의 것이 들어
있으며, 그리고 미래에 너희들이 역사
하는 그 내용이 거기에 포함되어 있다
면,

22 이를 접하는 너희들이 얼마나 크나큰
은혜요, 영광을 받은 백성들인 줄 알
겠느냐?
23 그러니 이를 가지고 시시비비하며 의
심하는 자, 그들의 죄상이 드러날 것
이며, 저희들이 지금까지 살아온 것이
부끄러움이요,
24 저희들을 그 부끄러운 죄의 온상에 놓
는 것이 너무나도 억울하고 분하여 저
희들이 이를 보지 못하며, 사탄이요,
마귀라 그리 말하는 자이니,
25 그들에게 현혹되지 말라, 사랑하는 나
의 아들딸들아!
26 선택된 너희들이 현혹되어서는 아니
되느니라.
27 너희들이 나의 법전을 가슴에 안고 정
독하면 그 속에 옛 것이 다 들어 있으
며, 오늘 것이 들어 있으며, 미래에 너
희들이 역사하는 것이 들어 있다 하면,
28 이는 나의 성령이요 나의 뜻이며 나의
아들임을 너희들은 굳건히 믿어야 될
것이며, 흔들려서는 아니 됨이니 그리
알라.

10,012 번째 하나님 말씀

2004년 3월 21일 07시 13분

1 사랑하는 나의 아들아!
2 "네, 아버님! 말씀하옵소서."
3 너의 제자들에게 이제는 깨우쳐야 될
것이니라.
4 너희들의 그 육 자체는 내가 가장 아
름답게 만든 나의 창조물이니, 너희들
이 소중하고 귀한 나의 아들딸들이요,
5 그리고 너희들이 나의 법전을 접하는
그 은혜를 입었음이니, 그것이 너희들
이 두 번 다시 나에게 어떠한 것으로
써도 보답할 길이 없는 크나큰 축복이
요, 영광 속에 있는 백성이라는 것을
알라.
6 너희들은 지금 여기서 다만, 나의 법
전이요, 나의 아들이 내가 명한 나의
아들이요, 그리고 만백성을 창조하며
만백성의 왕인 나의 아들이냐 아니냐
하는 것이 너희들이 그 의문이 풀리지
아니하며, 그를 가지고 너희들이 두려
워하는 자가 수없이 있을 것이니라.
7 나의 법전을 읽는 만백성 너희들은 알
라.
8 너희들이 나의 법전을 읽고 깨우쳐 살
아가면서 지금까지 살아온 너희들의
과거와 현재까지도 너희들이 무섭도
록 변화되지 아니한다면 이것이 나의
뜻이 아니니라.
9 그러나 너희들이 과거의 변하지 못했
던 것, 현재의 삶에서 너희들이 변하
지 못했던 것이 무섭도록 너희 자신
이 변해지는 그와 같은 마음속의 소
용돌이를 느낀다면, 너희들은 이를 믿
고 이를 따라야 될 것이니라.
10 그리고 너희 자신을 지키는 것, 그리
고 너희들이 악으로부터 너희 자신을
지키는 용기가 있으며 그를 지키고 살
아가는 것이 당당하며, 너희들이 재물
이 두렵지 아니하며, 권력자가 두렵지
아니하며, 너희들에게 횡포하는 자가
두렵지 아니하며,
11 오로지 너희들이 변하는 것, 너희들이
거듭나는 것, 그것의 기쁨이요, 영광
을 얻을 수 있다면, 너 자신에서 악으

로부터 지킬 수 있는 그와 같은 삶을
살아가는 것이 네가 굳어져 가고 있다
면,
12 너희들은 이를 믿고 네 목숨을 다하며
충성을 다하며 나의 법전을 만들어 세
상에 전하는 것에 모두를 다해야 할
것이니 그리 알라.
13 너희들 자신이 과거와 현재에 살아오
는 그 삶 속에서 악습을 버리지 못한
것이 너희들이 무서우리만큼 너 자신
이 두려울 만큼 아름다운 쪽으로, 그
리고 한 점의 부끄럼이 없는 삶을 사
는 쪽으로 변화되어 간다면 너희들은
이를 따르고 믿을 것이며,
14 변화되지 아니한다면 너희들이 떠나
도 될 것이니, 그때는 정녕 나의 아들
에게 침을 뱉고 나의 법전을 찢어 버
리고 태워도 내가 말을 하지 아니할
것이니라.
15 그러나 너희들은 자신을 지키며 자신
이 바로 서 가는 데 얼마나 무섭게 변
하는지를 알고 있을 것이니라.
16 이제 너희들이 그를 깨달았다면, 너희
들이 그 앞에 목숨과 모두를 다 바쳐
너희들이 역사하도록 하라.
17 그리고 그 길밖에는 없다는 것을 알라.
18 그리하여 너희들이 수없이 받은 나의
은혜요, 너희들이 나에게 감사한 그
모두를 다 갚을 수 있는 길이 아니더
냐?
19 한 번의 아름다운 모습으로써 생명이
세상에 태어난 것도 다 너희들이 갚을
길이 없거늘,
20 너희들은 나의 법전을 읽고 깨우치며
직접 만드는 자들이 아니더냐, 그리고
전하는 자들이 아니더냐?
21 그리고 너희들이 벗어날 수 없는 그와
같은 삶에서 벗어나며 악습을 하나하
나 너희들이 벗겨 감이니, 너희들이
얼마나 아름답고 깨끗한 모습으로 변
화되느냐?
22 그 은혜의 축복을 생각한다면 너희들
은 아무것도 생각하지 말며, 나의 법
전을 만들어 세상에 전하는 데 모두를
다 바치라.
23 그래야만 너희들이 내 뜻을 역사하는
것이요, 나를 기쁘게 함이요, 또한 나
를 기쁨의 길로 너희들이 나에게 선물
함이 바로 너희들이 나에게 오를 수
있는 그 열쇠가 바로 맞음이니라.

10,013 번째 하나님 말씀

2004년 3월 21일 11시 52분

1 사랑하는 나의 아들아!
2 "네, 아버님! 말씀하옵소서."
3 나 여호와는 너희들을 같이 다스리며
너희들을 직접 다스려 깨우쳐 줌이니
라.
4 그러니 사랑하는 나의 아들딸 너희들
에게 생명을 주어 세상에 내보냈음이
니, 내 자식이 내 집에 돌아오는 것은
당연한 것이 아니더냐?
5 그러니 부모가 자식을 세상에 내보낼
때, 너희들이 여행을 보낼 때, 그 자식
이 제 집으로 돌아오는 그 깨달음이
없으며 그 길을 찾지 못하며, 그를 너
희들이 생각해서 올 수 없는 어리고
또 부족한 자식을 그대로 여행을 내보
내며 밖으로 내보내느냐?

6 인간 세상에 너희들 부모도 어린아이
가 집을 찾지 못한다면 손을 잡고 나
갈 것이며, 그렇지 않으면 누군가를
대동하여 세상에 내보내는 것이 너희
들의 이치가 아니더냐?
7 하물며 나 여호와 전지전능한 아버지
가 너희들을 세상에 생명을 주어 내보
내면서 너희들이 나의 집에 올 수 있
는 그 방법이요, 길을 모르도록 내가
만들어 내려보냈다 그리 생각하느냐,
어리석고 불쌍한 백성들아!
8 너희들이 나의 집이요, 천국이요, 거
듭나는 세상에 올 수 있는 그 모든 지
혜요, 그 길을 볼 수 있도록 내가 너희
들을 그와 같이 깨우쳐서 내보냈으며,
9 너희들이 길을 볼 수 있도록 내가 훤
히 열어 놓았음이니라.
10 그러니 너희들은 그 길을 따라오면 되
는 것이거늘, 지금의 너희들이 하늘에
오르는 길이요, 나에게 깨우침을 얻어
너희들이 구원의 길로 인도한다는 종
교 집단이요, 지도자요, 그들이 너희
들 앞을 가로막았으며,
11 너희들이 앞을 볼 수 있는 그 길을 보
지 못하도록 그들이 막아 있는 형국임
을 알라.
12 그리하여 그 한 발짝만 옆으로 비켜서
도 그 길을 볼 수 있으며 나에게 올 수
있는 너희들이,
13 그와 같이 막혀 네 앞을 보지 못하는
것을 내가 정녕 바라본다면 내 마음이
어떠한지 생각해 보았느냐?
14 지금 내가 나의 아들에게 내리는 이
기도요, 나의 뜻이 과연 사실이라면,
너희들은 내 가슴이 얼마나 아프고 답
답한지를 생각해 보았느냐?
15 인간 세상에서 제 자식이요, 나이 먹
은 부모가 길을 잃어 찾아오지 못하
면, 너희들이 밖에 내보내지 않는 것
이 인간의 도리요, 사랑이요, 정성이
거늘,
16 더욱이 창조주 나 여호와가 너희들을
내보내면서 내 집에 올 수 있는 능력
이요, 그 길을 볼 수 없도록 너희들의
눈을 막고 길을 막아서 세상에 바보로
만들어 내려보냈다 그리 말할 수 있느
냐?
17 너희들이 어찌하여 나를 그리 능멸하
며 나를 욕하는가?
18 나는 너희들이 바로 올 수 있는 그 길
을 보여 주었음이니라.
19 그러니 지금의 모든 종교 집단이요,
지도자들이 그 이름을 쓴 간판으로써
너희들의 그 앞을 막으니, 그 간판이
크면 얼마나 크더냐?
20 손으로 하늘을 막으면 너희들이 막고
가릴 수 있다 하겠느냐?
21 막지 못한다 하면서, 한 발짝만 너희
들이 좌우로 움직여도 그를 볼 수 있
는 것을 움직이지 못하고 있는 것이
너희들이니, 너희들을 보는 그 마음이
가슴 아픔이니라.
22 그러니 너희들을 막고 있는 그들 앞
에서 그들의 옆으로 비켜서며, 그리고
그들을 피해서 그들이 막고 있는 것을
벗어나서 나에게 오를 수 있는 자가
너희들에게 길을 만들어 준 것,
23 그 길을 따라올 수 있도록 너희들을
깨우쳐 주는 것이 나의 법전을 전함이
요,

24 너희들이 바르고 옳게 살았을 때 그
들이 그 간판 앞에 비켜서 너희들을
따라와 하늘에 오르는 길을 볼 수 있
는 것을 알라, 사랑하는 나의 아들딸
들아!
25 지금이 이와 같은 형국이 되어 있음이
니라.
26 너희들이 그대로 살아서 나에게 오면
올 수 있는 길을 다 너희들은 보고 다
알고 있음이니라.
27 너희들이 육의 세상에 보이는 그 길이
요, 도로만이 그리 나 있는 것이 아니
라,
28 그보다도 더 명확하게, 그보다도 더
자세하게, 더 정확하게 너희들이 나에
게 오를 수 있는 길을 다 각자에게 열
어 주었음이니,
29 이제 그들에게 현혹되어 앞을 보지 못
하며 그들의 간판에 가려서 너희들이
그 모두를 저버리고 지옥으로 가고 울
고불고하는 그와 같은 자가 되지 말라.
30 이 뜻을 만백성에게 전하라.
31 차라리 너희들이 나에게 받은 대로 네
부모를 공경하며 이웃을 사랑하며 나
누며 사는 것은 너희들이 나에게 올
수 있는 그 길에 들어서는 기초니라.
32 믿음이요, 나의 아들 예수의 보혈이
요, 나를 찾으며 그것으로써 바로 너
희들의 그 길을 막는 것이 그들이 잘
못된 자들이니, 그들의 말에 현혹되지
말도록 그리하라.
33 너희들이 지금 나의 아들 예수의 이름
을 팔면서 나를 공격하고 나를 욕되게
하고 있는 행위를 하고 있는 것을 모
르는가?
34 너희들이 나의 아들 예수의 이름을 부
르면서 너희들이 바르고 곧게 살아간
다면, 너희들은 나의 아들 예수의 이
름으로써 나에게 오는 백성이요, 내
뜻을 따라가는 백성이나,
35 그 이름을 부르면서 너희들이 나의 뜻
을 거역하는 짓은 나의 아들 예수의
이름을 팔아 너희들이 나를 공격하는
사탄의 자식이 되어 있음을 알라 그리
전하라.

10,014 번째 하나님 말씀

2004년 3월 21일 20시 13분

1 사랑하는 나의 아들아!
2 "네, 아버님! 말씀하옵소서."
3 네가 나의 뜻을 받아 법전이요, 새로
운 성경을 만들어 세상에 전함이니,
4 내가 직접 써 내린 내 친필인 십계명
을 네가 한 번도 지금 암송하지 아니
한 적이 없으며, 너는 한 번도 빼먹는
일이 없이 나의 십계명을 암송하며,
그리하여 네가 나의 성령을 받아 기록
하였느니라.
5 나의 십계명이 무엇이더냐?
6 나의 친필이니라.
7 너희들이 지금 복음서라는 그 성서는
직접 나의 아들 예수가 기록한 것도
아니요, 그를 따르는 제자들이 기록한
것도 아니요, 그 제자의 제자들이 그
를 기록하여 취합하여 만든 것이 그
복음서이니라.
8 그러니 너희들이 기록하는 과정에서
너희들의 그 뜻에 따라 변질된 것이
있으며, 몇천 년 동안 그 지식층이요,

귀족들이 가지고 있으면서 또한 저희
들의 뜻에 맞도록 그 변질되고 손질
된 것이 나의 성서요,
9 그렇다 하나 또 너희들이 무엇인 줄
알겠느냐?
10 그를 가르치고 지도하는 지도자들이
눈이 열리지 아니하였으며 귀가 열리
지 아니하여 나의 뜻을 제대로 알지
못하며 잘못 가르치는 그와 같은 형국
으로 지금에 왔음이니라.
11 너희들이 이 세상이 도둑이 들끓는 세
상이요, 그리고 종말이요, 말세라는
말을 과연 누가 책임질 것이며 누가
그런 말을 할 수 있단 말이더냐?
12 너희들보다 더 많은 교육 기간이요,
너희들보다 더 많은 종교 집단이요,
그 능력을 가지고 있는 것이 이 세상
에 어디 있단 말이더냐?
13 가장 방대한 조직이요, 가장 방대한
물질을 보유하고 있으며, 2천 년 동안
가장 긴 교육을 시켜 온 그 뿌리를 가
진 너희들보다 더 역사 깊은 가르침이
요, 교육이 어디 있던가?
14 그러니 그와 같은 오늘의 백성들이 사
탄이요, 이단이요, 도둑이 들끓음이
요, 그리고 너희들이 종말의 시대라
말하며, 인간이 인간을 두려워하는 이
세상을 만든 그 책임은 과연 누구에게
있다 말할 수 있겠느냐?
15 바로 너희들이 그리 만든 원흉이요,
너희들이 그리 간 자들임을 알아야 될
것이니라.
16 그리고 나의 아들을 통하여 암송하는
십계명 중에 구구절절 한 줄 한 줄 너
희들이 다시 한 번 음미해 보도록 하
라.
17 거기에 잘못 가라 하는 것이 어디에
있으며, 지키지 말아야 될 것이 어디
있으며, 내가 너희들에게 잘못 살라
하는 것이 거기에 어디 있는가?
18 그러나 너희들이 감히 이를 지킬 수
없으며 이를 역사할 수 없다 그리 말
하며, 인간이기 때문에 죄를 짓지 않
고 살 수 없다 그리 말하는 것은 바로
무엇이더냐?
19 너희들이 나의 아들 예수의 보혈로써
너희들이 구원을 받았으며 너희들을
나 여호와가 구원했다는 그 뜻이 무엇
인 줄 알겠느냐?
20 너희들이 뒤집어 생각하면, 예수에게
감사할 것도 없으며, 나에게 감사할
것도 없으며, 나의 성서에도 감사할
것이 없다 말하는 자들이 바로 너희들
임을 알아야 될 것이니라.
21 내가 친필로 써 내린 나의 십계명을
감히 지킬 수 없으며, 그대로 행할 수
없다는 이야기는 나를 인정하지 아니
하며, 그 생명을 바쳐 너희들을 깨우
치고자 했던 예수를 인정하지 아니하
며,
22 그를 말로써 구세주로 부르나 너희들
은 말뿐이요, 행동은 그러하지 못한
것이요,
23 너희들이 한 획을 고쳐도 안 되고 더
빼도 더해도 안 된다는 나의 성경을
너희들이 부정하는 것이며 욕되게 하
는 것이 아니더냐?
24 구약과 신약의 그 골격이 바로 십계명
이니라.
25 그러니 나의 아들은 이를 잠시도 잊지

아니하며 그를 암송하고 기록하여 나
의 성령을 받아 이 세상에 냄이니,
26 이것이 바로 내가 친필로 쓴 나의 뜻
을 암송하며 그대로 살아가고자 그는
눈물로써 언약하며 약속하며 나의 성
경을 받아 기록하거늘,
27 이게 어찌 사탄이요, 이단의 장난이라
너희들이 그리 감히 말할 수 있는가?
28 나의 아들은 그 십계명을 지키고 살아
야 되며, 그 십계명은 정도를 가는 백
성은 아무런 어려운 것도 아니며 힘
든 것이 아니라 하였음이니라.
29 너희들이 도둑질을 죽어도 하지 못하
는 자에게 도둑질을 하라면 그는 죽어
도 하지 못함이니라.
30 그러나 그가 가지고 있는 재물을 나누
어 주는 그 선함은 할 수 있느니라.
31 정도를 가는 사람에게는 너희들이 그
어떠한 악을 행하는 것이 어렵고 힘
든 것이요, 정도의 길을 가지 않는 자
는 선함을 행하는 것이 힘들고 악한
것을 행하는 것은 즐거운 것이라 내
가 나의 아들을 통하여 나의 법전에
기록하였으니,
32 인간이 죄를 짓지 않고 살 수 없다는
것은 '나는 도둑질하는 자요, 나는 간
음하는 자요, 나는 나를 속이는 자요,
나는 사탄의 후예라' 너희들이 그리
말하는 것이며, '나는 절대 정도로 살
아가지 아니하겠다.' 하는 백성이나
마찬가지니라.
33 너희들이 정도로 살아가는 백성이라
면, 너희들이 나쁜 짓이요, 사악한 짓
을 하나, 그들은 목숨을 내놓고도 하
지 않으며 그를 지키려 하는 백성이
있으니,
34 정도로 살아가며 곧게 살아가는 백성
은 악을 행하는 것이 선을 행하는 것
보다 천 번 만 번 목숨이라도 바칠 만
큼 그를 행하지 아니하며 할 수 없는
고통이 그것이거늘,
35 어찌하여 너희들이 선을 행하고 아름
답게 살아갈 수 없다 그리 말하며, 죄
를 짓지 않고 살아갈 수 없다 너희들
이 감히 말을 그리하는가?
36 그것이 너희들이 나를 얼마나 능멸하
는 그와 같은 말을 하는 것이던가?
37 너희들은 나의 아들 예수를 믿게 하며
나를 믿고 너희들이 나를 따라서 나의
기쁨을 위해 살아간다 해도, 너희들이
용서받지 못할 죄가 있으며 용서받는
죄가 있느니라.
38 인간 세상에서 너희들이 실수로 역사
한 죄는 용서를 받으나, 성령을 모독
하며 성령을 훼방한 죄는 용서를 받을
수 없음이니,
39 너희들이 나로부터 구원을 받았다 하
는 자들이 성령에 위배되는 성령을 훼
방하는 짓을 하지 아니하였으며, 너희
들이 알고 짓는 죄가 없으며 모르고
짓는 죄만을 짓고 살았다 자신 있게
말할 수 있는가?
40 너희들은 예수의 보혈로써 구원을 받
았다 말하지 말라.
41 그 예수의 보혈로써 너희들이 용서받
지 못할 죄가 있음이니, 용서받는 죄
가 있고 그것이 구분되어 있거늘, 그
한계도 모르는 자들이 지금 너희들이
그리 말함이니,
42 정녕 너희들이 한 가지만 들으라.

43 성령을 위배하는 백성, 성령을 훼방하
는 자, 성령의 빛을 막는 자는 너희들
이 어떠한 형태로든 용서받지 못하는
죄가 있음이니,
44 그와 같은 짓을 행한 자, 너희들이 과
연 나에게 오를 수 있으며 그와 같은
행위를 하지 않는 자 있는가?
45 너희들은 여기서 깊이 깨우쳐, 너희
스스로 너희들이 어떠한 길을 선택해
야 될 것인가, 너희들이 얼마나 오만
이요, 자만한 자며 착각 속에 살아가
는 백성인가를 너희들이 나의 법전을
읽고 깨우쳐 정녕 하늘에 오르는 참진
리의 길을 보도록 그리하라.

10,015 번째 하나님 말씀

2004년 3월 22일 06시 29분

1 사랑하는 나의 아들아!
2 "네, 아버님! 말씀하옵소서."
3 모든 이 세상의 백성이요, 그 누구도
너희들을 구원하고 구원하지 못하는
확답을 할 수 없으며,
4 복음을 전하는 것도 너희들이 예수를
믿으면 천국이요, 믿지 아니하면 지옥
을 간다는 그와 같은 말을 함부로 해
서는 아니 되며, 그것은 복음을 전하
는 길이 아니라 하였음이니라.
5 그러나 그 모두를 결정하며 그 모두를
말할 수 있는 것은 창조주 나 여호와
밖에 없음을 알라 그리하라.
6 그것도 너희들이 나의 뜻에 도전하는
것이며 나를 능멸하는 행위를 하고 있
음이니,
7 이제 내가 나의 아들을 통하여 나의
선택된 그 제자요, 그리고 법전을 읽
고 깨우친 백성 너희들에게 전하노라.
8 너희들은 이제 들으라.
9 모든 만백성에게 전하기를 당당히 너
희들은 이 말만 하면 될 것이니라.
10 너희가 무엇이라 말해도 나의 법전을
가슴에 안고 정독하며 이를 보고 깨우
치며 계명을 지키고 이와 같은 삶을
살지 아니하면, 너희들은 결코 구원을
받을 수 없다는 그 모든 결론을 내려,
모든 이방인이요, 백성들과 그와 같이
대화를 하라.
11 그것만이 너희들이 전하는 것임을 알
라, 사랑하는 나의 아들딸들아!
12 이는 창조주 나 여호와가 명함이니라.
13 그러니 이 모두는 나만이 명할 수 있
으며 모든 역사하는 것은 나만이 이룰
수 있는 것이니, 창조주 나 여호와가
나의 아들을 통하여 너희들에게 직접
명하니,
14 너희들은 모든 백성들에게 나의 법전
을 가슴에 안고 정독하지 아니하면 결
코 너희들이 하늘에 오르는 그 빛을
볼 수 없다는 것, 그리고 하늘의 이치
를 깨달을 수 없다는 것, 이것을 그들
에게 심어 주도록 그리하라, 사랑하는
나의 아들딸들아!
15 모두의 역사가 다 변하는 것처럼 지금
마지막 시대의 그 역사의 변함이요,
마지막 너희들의 심판의 시대가 지금
진행되고 있다는 것을 그들에게 꼭 심
어 주지 아니하면 아니 될 것이니라.
16 이제 너희들은 자신 있게 말하도록 그
리 전하라.
17 법전을 접하지 아니하며 이를 읽지 않

는 백성, 너희들이 결코 구원의 길을
볼 수 없으며 구원의 빛을 볼 수 없으
며, 그리도 갈구하는 창조주 아버님의
나라에 영원히 사는 삶의 기회를 절대
얻을 수 없다는 것,
18 이것만을 자신 있게 너희들이 전하며
그리 깨우쳐 주도록 그리하라.
19 이는 나 여호와의 명이며 나 여호와의
뜻이니, 인간 너희들이 평가하는 것,
너희들이 인간으로 결정하는 것, 그것
이 아니라, 나 여호와 결정권자요, 모
두의 창조주인 내가 너희들에게 명하
니, 이를 너희들은 가슴 깊이 새길 것
이며 그리고 만백성에게 조용히 그를
깨우쳐 주도록 그리하라.
20 그리하여 법전을 전하여 가슴에 안고
정독하도록, 그 역사가 물이 흐르듯이
하나하나 내려가도록 그리하라, 사랑
하는 나의 아들딸들아!

10,016 번째 하나님 말씀

2004년 3월 22일 06시 45분

1 사랑하는 나의 아들아!
2 "네, 아버님! 말씀하옵소서."
3 지금의 수천 년 동안 믿음의 길을 오
는 그 백성들이요, 그 많은 나의 피조
물 만백성 너희들이 외쳐 대고 믿어
왔던 그 믿음의 골격이 무엇이더냐?
4 지상 천국을 외치는 사람들이니라.
5 그리고 하늘에서 이루어지는 것같이
이 땅에서 이루어지게 해 달라 울며불
며 외치는 것이 너희들이요, 오늘의
너희들이 흘러온 믿음이 아니더냐?
6 과연 그와 같이 이루어 달라는 그 백
성의 그 뜻이요, 그 의미를 알고 있는
자, 누가 있는가?
7 내가 너희들에게 묻느니, 너희들이 하
늘에서 이루어진 것같이 이 땅에서 이
루어지며 지상의 천국이요, 너희들이
죽어 나에게 와 은혜를 받는 그 모두
를 외쳐 대고 소원이라 부르짖고 있으
나,
8 그것이 어찌하여 이루어지며, 그것이
어찌 내가 원하는 것이며, 내가 역사
하는 것인가를 알고 행하는 백성이 과
연 누가 있으며 어디 있다 생각하는가?
9 이제 너희들은 알아야 될 것이니라.
10 너희들이 존재하는 이유를 알아야 될
것이며, 그리고 너희들이 존재의 이유
를 알았다면 너희들이 해야 할 일이
무엇이며, 나 여호와가 너희들을 통하
여 이루고자 하는 것이 무엇인가를 너
희들은 확실히 알고 가야 됨을 잊지
말라.
11 너희들이 지상의 천국이요, 그리고 하
늘의 나라요, 하늘의 천국이요, 이를
부르짖고 찾는 것만으로써 모두가 이
루어지는 줄 알고 있으나 너희들은 알
아야 될 것이니라.
12 지상의 천국이 하늘의 천국이요, 그
모두를 역사하고 너희들이 그곳에 와
서 나에게 거할 수 있는 것은 사랑을
실천하는 것이요, 그 모두는 사랑이라
는 것으로써 이루어짐을 너희들은 알
아야 될 것이니라.
13 내가 너희들에게 사랑을 내려 준 것이
무엇이더냐?
14 내가 아담과 하와에게 내려 줬고 역사
했던 그것이 그 모두가 사랑이니라.

15 그곳에는 사랑이 충만하였으며, 그곳
에는 사랑으로써 모든 것이 역사하며
존재한 것이니라.
16 그리하여 나의 백성, 너희들에게 사랑
하는 마음으로 살며 사랑을 근본으로
살며, 나 여호와의 기본이 사랑이라
내가 그리하지 아니하였던가?
17 그러니 너희들이 그와 같은 마음으로
써 살아가며, 그 원인과 나의 뜻을 알
고 그 목적을 알고 살아가는 백성이
과연 얼마나 있는가?
18 내 뜻과 내가 원하고 이루고자 하는
그 목적도 모르고 너희들은 그저 맹종
맹신하는 그와 같은 길을 가며,
19 너희들은 노력을 하지 아니하며 노력
도 없이 지상의 천국이요, 하늘 나라
를 너희들이 이루고 올 수 있다 그리
부르짖고 있는 것이 아니더냐?
20 이제 사랑하는 백성 너희들은 알아야
될 것이니라.
21 내가 나의 아들을 통하여 너희들에게
전함이니, 너희들이 사랑으로써 이루
어졌던 그와 같은 나라요, 그리하여
사랑으로 이 세상이 덮일 때, 너희들
이 사랑으로써 모두가 다 변화되는 백
성이 되었을 때,
22 너희들은 내가 원하는 그 지상의 천국
이 이루어질 것이며,
23 너희들이 지상의 천국에서 살다 하늘
의 천국에 나에게 올 수 있는 은혜 받
는 백성으로서 탄생함이니,
24 그러니 너희들이 목적이요, 뜻도 모르
면서 그저 하늘에서 이루어진 것같이
이 땅에서 이루지라 울고불고하는 그
와 같은 너희들의 믿음으로써 무엇인
가 얻어지고 이루어질 거라 생각하지
말라.
25 욕심이 그득 찬 너희들의 마음 하나도
버리지 못하며, 과연 너희들이 그 세
상에 살 수 있으며 그를 이루어 달라
부르짖을 수 있는 자격이 있는 백성들
인가, 너희들 자신을 각자 돌이켜 보
고 깨우치도록 하라, 사랑하는 나의
아들아!

10,017 번째 하나님 말씀

2004년 3월 22일 06시 52분

1 사랑하는 나의 아들아!
2 "네, 아버님! 말씀하옵소서."
3 너희들이 사랑을 실천하며 사랑으로
써 모두가 역사하는 너희들 개개인이
되는 그것이 나의 소망이며, 내가 너
희들에게 바라는 것이 아니더냐?
4 그러나 지금 나의 피조물 만백성 너희
들이 세속에서 살아가는 그 모습이 어
떻더냐?
5 인간 세상의 명예와 부귀 욕심을 너희
들이 버리지 못하며, 그리하여 그를
쟁취하기 위하여 너희들이 거짓된 행
위요, 도둑질하며 남을 속이는 그와
같은 행위를 하며, 알면서 속이며,
6 너희들이 잘못 가는 길이라는 것을 알
면서 너희들이 그를 회개하여 반성하
지 아니하고 그저 그대로 행하는 것,
그리고 너희들이 부귀와 명예의 욕심
에 의하여 모두를 다 불태우는 그와
같은 너희들의 오늘의 삶이 아니더냐?
7 내가 십계명에 기록하여 '네 부모를
공경하라.' 하였거늘, 감히 부모에게

효도하지 아니하며, 간음하고 너희들
이 사기 행각을 하며 너희들이 살아가
니,
8 너희들이 더러운 욕심으로 그득 찬 너
희 자신을 가지고 과연 지상의 천국을
만들 수 있으며,
9 너희들이 그 지상의 천국이 이루어진
다 해도 그 속에서 너희들이 존재하고
살 수 있단 말이더냐?
10 더러운 욕심으로 그득 찬 나의 백성
너희들이 입으로만 지상의 천국을 만
들어 달라 하며, 천국에 너희들은 들
어올 수 있는 자격을 얻었으며 들어갈
수 있다 말함이니,
11 너희들이 얼마나 무지한 욕심과 행패
를 나에게 부리고 있는 것인지 알겠느
냐?
12 너희들이 지금 그와 같은 형태를 하고
있는 것이 오늘의 믿음의 길을 가고
있는 백성들이요,
13 그 방대한 조직이요, 그 방대한 물질
을 가지고 나를 괴롭히고 나를 능멸하
는 그와 같은 행위만을 하고 있는 것
이 너희들의 오늘의 삶이니, 과연 이
를 보는 나 여호와는 어떠하겠는가?
14 사랑하는 나의 아들아!
15 "네, 아버님! 말씀하옵소서."
16 천국이요, 지상의 낙원이요, 그 하늘
나라에 너희들이 오르겠다는 것, 그리
고 나의 아들 예수가 재림하여 너희들
을 구원하여 너희들을 부르러 올 것이
며, 반드시 그와 같은 역사가 이루어
질 것이라는 것,
17 지금 거기에 매달리고 매달리는 너희
들의 그 믿음에서 깨어나 거듭나는 믿
음으로 가도록 그리 전하라.
18 너희가 나의 성경이 세상에 내려올
때, 과연 어떠한 뜻으로써 이 세상에
내려왔던가?
19 나 여호와가 존재하며 나 여호와의 뜻
을 이루고자 하는 것, 그리고 내가 이
루고자 하는 이 세상은 바로 너희들이
하늘에서 이루어진 것같이 지상의 낙
원을 이루고자 하는 것이었으나,
20 지금 너희들이 살아가는 그 형태요,
성서를 가지고 공부하며 변화되는 삶
을 산다는 그 백성 너희들이 지상의
천국을 만드는 데 함량 미달되지 않는
백성이 과연 어디 있는가?
21 지금의 모든 나의 백성들이요, 종교
집단이요, 지도자 그들이 지상의 낙원
을 이루는 데 다 함량 미달이며 함량
미달인 자이니, 그 자격을 갖춘 백성
이 없는 것이니라.
22 그러니 너희들이 함량 미달에서 벗어
날 수 있는 자격을 갖추는 데 최선의
노력을 다하며 거기에 모두를 바치고
가야 될 것이거늘, 너희들이 그 노력
은 하지 아니하며,
23 욕심이 그득히 얼룩진 지금 너희들의
자세가 되어 지상의 낙원이 이루어지
길 바라며,
24 너희들이 지상의 낙원에 살다 천국에
자연히 불려가고 너희들이 들림을 받
는 그와 같은 환상이요, 착각 속에서
너희들이 지금 살아가고 있음이니라.
25 과연 너희들은 내가 베푸는 잔치에 참
석할 수 있는 자격이 있다 하는가?
26 내가 불렀을 때 너희들이 과연 나에
게 부름을 받아 올 수 있는 그 자격이

있다 생각하는가?
27 그리고 내가 너희들의 이름을 불러 천
국에 기록하여 너희들은 네 이름 앞
에 올 수 있는, 네가 거할 수 있는 그
와 같은 천국의 집이 준비되었다 생
각하는가?
28 너희들의 삶을 돌이켜 보도록 그리하
라, 사랑하는 나의 아들딸들아!
29 너희들은 지상의 천국을 이루며 너희
들이 하늘나라 천국에 들어갈 수 있는
그와 같은 욕심을 부리지 말며, 그를
너희들이 앞세워 지금 자신이 있고 갈
수 있는 자라, 그리고 축복받은 자라
는 그 환상에서 깨어나라.
30 너희들이 정녕 함량 미달이 되지 않는
백성으로서 너 자신의 자격을 갖추는
데 먼저 최선의 노력을 경주하도록 그
리하라.
31 그때 너희들이 스스로 변화되는 그 모
습을 보고 나 여호와가 너희들에게 그
점수에 따라서 너희들이 갈 길을 너희
들이 선택하며 심판을 받게 됨이니,
너희들은 그를 알도록 전하라.

10,018 번째 하나님 말씀

2004년 3월 22일 06시 58분

1 사랑하는 나의 아들아!
2 **"네, 아버님! 말씀하옵소서."**
3 니희가 정녕 거듭나고 아름다운 나의
나라에 오르는 것, 그리고 너희들이
정녕 오고자 한다면, 그리고 거듭나는
은혜의 영광을 받고자 한다면,
4 너희들은 지금 사는 이 세속의 세상에
서, 이 세상에 악의 세상으로 만들어
져 있는 이 모든 검은 구름을 걷어 버
리고, 너희들이 사랑의 세상으로 만드
는 데 너희 자신 모두를 다 바쳐 노력
하도록 해야 됨을 알라.
5 남이 뭐라 하든 너희들은 너희 자신이
이 세상을 아름다운 세상으로 만들며,
악의 구름으로 덮여 있는 그 구름을
걷어 나 여호와가 지상을 통제하며 하
늘을 통제하는 그 권세를 같이 누릴
수 있도록,
6 너희들이 악으로 덮여져 있는 그 구름
을 내가 뚫기 싫으며 그 길을 내가 통
제하고 싶지 아니하는 이와 같은 나의
마음을 너희들이 안다면,
7 나의 뜻을 너희들이 받들어 역사하며,
나의 권세에 존재할 수 있는 그와 같
은 것을 만드는 데 그 모두는 다 너희
들이 사랑으로써 이 세상을 덮지 아니
하면 아니 됨이니,
8 너희들이 사랑으로써 세상을 덮는 세
상을 만드는 데 모두를 다 바쳐 노력
하고 노력하도록 그리하라.
9 그것이 나의 아들딸이요, 나의 백성
너희들이 해야 할 길이요,
10 오로지 거듭난다는 것, 아름다운 나의
나라에 오고자 하는 것, 거기에 와 너
희들이 영원히 거처하고 싶다는 것,
이것은 마음으로써 너희들이 모두가
이루어지는 것이 아니니라.
11 너희들은 목적은 세워 놓고 그 목적을
위하여 노력하지 아니함이니, 결코 아
무것도 이루어질 수 없는 너희들이 오
늘의 삶이요, 신앙이요, 믿음의 길을
가고 있기에,
12 너희들이 뿌리가 없으며 몸통이 없으

면서 열매를 거두고자 하는 그와 같은
잘못된 것으로 가르치고 있음이니, 이
것이 바로 무엇이더냐?
13 너희들이 알곡식은 이미 하나도 없으
며 그 쭉정이만 있으니, 과연 그 쭉정
이가 어떠한 역할을 하는 것인가는 너
희들이 알고 있지 않더냐?
14 그러니 하늘의 세상을 생각하기 전에,
너희들이 욕심으로 그득 찬 너희 자신
의 그 뿌리를 다 뽑아 버리는 데 모두
를 다 바치라.
15 그리하여 너희들이 사랑으로써 거듭
나며, 너희들 한 사람이 사랑으로써
거듭나 이 세상이 사랑으로 충만하는
그 역사의 세상을 만들도록 그리하라,
사랑하는 나의 아들딸들아!
16 너희들이 그 욕심의 뿌리를 뽑아 버리
고 거듭나 사랑의 세상으로써 만들지
아니하면 아니 됨이니라.
17 쭉정이가 과연 곡식으로써, 너희들의
양식으로써 쓸모가 있단 말이더냐?
18 아무 쓸모도 없는 것이 아니더냐?
19 그러니 지금 나의 피조물 만백성 너희
들이 지금 다 쭉정이와 같이 지금 자
리를 지키고 있으며, 그 쭉정이의 역
할을 하고 있으며, 너희들이 이미 쭉
정이로 다 전락되어 있음이니라.
20 그러나 곡식의 쭉정이는 죄를 짓지 아
니함이니라.
21 그러나 나의 아들딸인 백성 너희들은
쭉정이가 되어 있으면서 그 쭉정이가
살아 움직여 죄를 계속 너희들에게 걸
머지는 그와 같은 짓을 하고 있음이
니, 과연 너희들이 어찌 나에게 올 수
있으며 구원을 받을 수 있다 하느냐?
22 너희들이 죄짓지 아니하고 욕심 부리
지 않는 그 곡식의 쭉정이도 버려지
며, 그 알곡식 외에는 아무것도 쓰지
못하며 그를 태워 버리는 것이거늘,
23 너희들이 인간의 쭉정이로서 죄를 짓
고 사악한 짓을 하며 성령을 위배하며
내 뜻을 거역하며, 나의 법전을 태워
버리며,
24 이것이 이단이요, 사탄이라 말하며,
나의 아들의 가슴에 비수를 꽂으려는
그와 같은 계획을 하고 살아가는 그
사악한 백성들,
25 너희들이 이보다 더 큰 성령의 훼방하
는 죄가 없음이니, 과연 그러고도 너
희들이 나에게 구원을 받을 수 있다
말하느냐?
26 나의 법전을 들고 이단이요, 사탄이라
말하는 자, 이것은 창조주의 말씀이
아니요, 거짓 선지자가 세상에 나와
마지막 때 세상을 혼란하게 하는 것이
며, 거짓 선지자가 이곳저곳에 너희들
이 수없이 일어나 세상을 혼동케 한다
는 것은,
27 지금 바로 종교 집단이요, 지도자요,
잘못 가는 자들이 거짓 선지자이니라.
28 나의 아들은 책으로써 성경으로써 근
거함이니, 나의 법전을 들고 사탄이
요, 이단이라며 찢어 버리고 태워 버
리는 자, 너희들이 성령의 죄를 지으
며 성령을 모독하는 가장 큰 죄요, 그
보다 더 큰 성령의 모독 죄가 없음을
너희들이 알라 그리 전하라, 사랑하는
나의 아들을 따르는 제자들아!

10,019 번째 하나님 말씀

2004년 3월 22일 07시 09분

1 사랑하는 나의 아들아!
2 "네, 아버님! 말씀하옵소서."
3 이제 너희들은 알아야 될 것이니라.
4 구약과 신약의 성경이 너희를 구원하
는 것이 아니요, 너희들의 구원의 소
망을 들어주는 것이 아니며, 그 역사
를 이루는 것이 아니라는 것을, 나의
법전에 수없이 기록하여 전한 그 뜻을
만백성 너희들은 읽어 알아야 될 것이
며, 알고 있는 자, 또한 있을 것이니라.
5 그러나 너희들은 나 여호와가 창조한
목적이 무엇이며, 내가 무엇 때문에
너희들에게 구약과 신약을 내려보냈
으며, 나의 백성들이 존재하는 것이
무엇인가를 알 것이니라.
6 나는 나의 법전에 기록하여 너희들에
게 전하지 아니하였더냐?
7 내가 아담과 하와에게 내려 주었던 그
사랑의 나라를 회복시키는 것, 그리고
원상 복구를 시키는 것이 나의 목적이
요,
8 그 모두를 다 내가 이루고자 하는 것,
그 역사가 이루어지는 것이 나의 뜻이
이루어지는 것이며, 내가 바라는 것은
그와 같은 것이거늘,
9 지금의 믿음의 길을 가는 백성 너희들
이 얼마나 어리석어 잘 모르고 있으며
내 뜻을 모르며 내 뜻을 거역하는 그
와 같은 신앙의 생활을 하는가?
10 너희들은 육의 세상에 존재하는 것,
눈으로 보이는 그것을 위하여 지금의
믿음의 길을 가고 있음이니, 너희들이
내 뜻을 모르는 자요,
11 그러니 가르치는 자가 알지 못하니
배우는 자가 또한 알지 못하여 암흑
의 세계에서 지금 허덕이고 있는 것이
너희들의 모습임을 알라.
12 지금의 나의 법전도, 나의 아들을 통
하여 역사하는 그 자체도 다 무엇이
더냐?
13 그를 따르는 제자들이 어렵고 힘든 시
간 속에서 나의 법전을 만들며 너희들
이 나의 법전을 어렵고 힘들게 전하는
그것도 또한 무엇인 줄 알겠느냐?
14 에덴동산이요, 그 사랑의 나라를 그대
로 회복시키기 위한 것이 나 여호와
의 뜻이니, 바로 너희들이 내 뜻에 의
하여 역사하는 소중한 백성이며 나의
아들딸이라 함이 여기 있으며 선택된
백성이라는 것이 바로 그 의미가 여기
있음을 알라.
15 너희들은 내가 원하는 목적이요, 내가
이루고자 하는 그 역사를 나의 아들을
통하여 알고, 그 목적을 알며 내가 행
하는 것을 알기에 너희들이 내 뜻을
대신하는 백성들임을 알라.
16 이 세상에 모두를 전하는 그 의미를
이젠 너희들은 알았을 것이며, 또한
만백성 너희들도 알았을 것이니라.
17 그러니 지금의 내가 나의 아들을 통하
여 법전을 전하여 만백성 너희들을
처음에 아담과 하와에게 내렸던 사랑
의 나라로 내가 회복시키고자 하는 것
처럼, 2천 년 전 나의 아들 예수를 세
상에 보내어 그 뜻을 전했으며 내가
역사한 것이 무엇인 줄 알겠느냐?
18 그 또한 똑같은 뜻이요, 그 모두를 이

루고자 함이었느니라.
19 그러하니 2천 년 전에 예수를 통하여
이루고자 했던 내 뜻을 오늘의 나의
아들을 통하여 다시 이룸이니,
20 나의 아들 예수가 새로운 보혜사가 세
상에 와 예수의 그 뜻을 가지고 모두
를 역사하고 전할 것이라 한 것은,
21 나로부터 예수가 내려갈 때 명받은 그
걸 같이 대신 역사하며 그를 이룬다
하였음이니, 오늘의 나의 아들을 통하
여 그 역사를 이루고 있음을 너희들은
알아야 될 것이니라.
22 이제 너희들이 나의 세상에 이루고자
하는 그 뜻을 알았다면, 너희들이 어
떻게 믿음의 길이요, 신앙의 길을 가
야 하는 것인가를 모든 종교 집단이
요, 지도자요, 그리고 맹종 맹신하고
울고불고하는 그 백성들, 광란의 짓을
서슴지 않고 행하는 너희들이 어찌 행
해야 될 것인가를 스스로 깨달음이 있
을 것이니라.
23 그러니 너희들이 이 깨달음이 있었다
면 이를 지키고 행하는 것이 너희들의
구원의 길이거늘, 너희들은 어찌하여
인간 세속에서 몇십 년 동안 교회요,
그 성전이요, 성막에 바치고 시간을
보낸 것이 너무나 억울하고 분하여 너
희들이 결정하지 못하며,
24 도리어 너희들이 그 광분된 마음을 억
누르지 못하고 너희들을 구원의 길로
인도하는 나의 법전이 사탄이요 이단
이라 하며,
25 너희들이 몇십 년 동안 살아온 것이
너무나 잘못되었으며 너희들이 믿음
에 온 것이 너무나 잘못되어 그 무너
지는 것이 눈이 캄캄하니,
26 거기서 깨달음을 얻어 나의 법전을 가
슴에 안고 정독하고 거듭남이 아니요,
그 광분하고 흥분함을 너희들이 도리
어 법전을 욕하며 나의 아들을 지탄하
는 그와 같은 마음으로 변하니,
27 너희들이 거기에서 두 번, 세 번 죽는
그와 같은 짓을 하고 있다는 것을 알
아야 될 것이니라.
28 이제 너희들이 신앙의 길이 잘못되었
음을 깨달았으면 너희들이 여기서 고
쳐 서야 될 것이며,
29 너희들이 몇십 년 동안 믿고 다닌 것
이 소중한 것이 아니라, 그것이 잘못
되었을 때 너희들이 일순간에 버리고
거듭나는 그와 같은 은혜요, 영광된
길을 보는 것, 그것이 축복된 백성이
라는 것을 너희들은 알아야 될 것이니
라.
30 그러니 신앙의 길을 너희들이 바로 찾
아가도록 그리하라.
31 그렇지 아니하면 너희들이 나를 볼 수
없으며 영원히 나에게 올 수 없음이니
라.
32 이제 모든 종교 집단이요, 지도자 너
희들이 육의 향락이요, 너희들의 삶을
위하여, 너희들의 권좌를 위하여 지금
나의 피조물 만백성들을 더 이상 우롱
하지 말며 더 이상 지옥으로 밀어 넣
지 말라.
33 이제 모든 백성들과의 고리를 끊고 너
희들 지도자가 다시 반성하며, 너희들
이 가지고 있는 물질이요, 재물을 불
쌍하고 어려운 백성들에게 소리 없이
다 나눠 주며 너희들이 눈물로써 회개

의 기도의 시간을 갖도록 하라.
34 그리했을 때 내가 너희들의 이름을 기억한다는 것을 잊지 말라 전하라.

10,020 번째 하나님 말씀

2004년 3월 22일 07시 16분

1 사랑하는 나의 아들아!
2 "네, 아버님! 말씀하옵소서."
3 나 여호와가 역사하고자 하는 것, 내가 바라는 것을 너희들은 알 것이며, 이제 알았으면 그 만백성들을 깨우치도록 그리하라.
4 거기에 게으름이 있어서는 아니 됨이니라.
5 나 여호와가 역사하고 이루는 것은 아담과 하와에게 내가 내려 줬던 그 세상, 그 아름다운 사랑의 세상으로써 나의 사랑하는 피조물 만백성 나의 아들딸 너희들을 회복시키는 것이 나 여호와의 뜻이라는 것을 너희들은 알 것이니라.
6 그러니 사랑하는 나의 아들아!
7 "네, 아버님! 말씀하옵소서."
8 너희들이 말하는 이방인이라 하는 자, 잡신이라 하여 다른 자를 섬기는 것, 그 모든 백성들을 다 어찌 구원하며 어찌 이루어야 되겠는가?
9 그러니 너희들은 여기서 그를 깨닫고 그를 연구하고 생각하지 아니하면 아니 됨이니라.
10 오늘의 너희들이 모든 믿음의 길을 온 종교 집단이요, 지도자요, 그리고 신약 시대를 믿고 가는 백성, 저희들만이 구원을 받는다는 백성들, 그들은 흐름을 모르며 내가 역사하는 것을 전혀 모르는 자들이니라.
11 지금 너희들이 어찌 흐름이 가는가?
12 구약 시대는 율법을 지킴으로써 너희들이 구원을 받았으며 구제받았다 그리 가르치는 것이 신약 시대 백성들이 아니더냐?
13 그러면서 신약 시대가 열림으로써 너희들은 구약 시대의 율법으로써 구원을 받는다는 너희들의 그 가르침이요, 그 모두는 다 폐해 버렸으며 그는 끝났다 그리 말하지 아니하느냐?
14 그러면서 너희들은 예수가 세상에 와 신약 시대가 열림이니, 너희들은 예수를 믿기만 하면 구원을 받는다 하는 믿음이 오늘의 너희들이 역사하는 것이 아니더냐?
15 너희들이 구약 시대의 율법으로써 구원을 받는다 하였으며, 지금까지는 내가 나의 아들을 통하여 예수로부터 사랑을 베풀며 너희들이 실천하는 그것으로써 구원을 받는 그 시대였다 하면, 너희들은 다시 또한 알아야 될 것이니라.
16 마지막 시대에 모든 것을 다 덮어 버리며 새로운 시대가 역사하여 새로운 성령이요, 새로운 나 여호와의 뜻으로써 만백성을 구하는 그 시대가 역사하며 이루어진다는 것을 또한 너희들은 어찌 보는가?
17 구약 시대는 모두를 덮어 두며 신약 시대가 역사한다 함이니, 너희들이 신약 시대도 거기에 걸맞은, 그리고 거기에 적응하는 시대가 열릴 것이며,
18 그리고 또한 너희들이 모두를 다 신약

과 구약을 덮어 둠으로 인하여 그 새
로운 시대요, 새로운 결실을 얻는 그
시대가 열어진다는 것, 그것을 너희들
은 모르고 있느니라.
19 지금 나의 160권의 법전을 세상에 내
려보내는 것이 바로 무엇이더냐?
20 모두를 다 덮어 버리며 새로운 시대를
역사하는 것이며, 새로운 백성들로 하
여금 새로운 세상을 이루는 것이요,
21 그리고 아담과 하와에게 이루어 주었
던 그 세상을 사랑의 나라로 이루는
것은 지금 바로 나의 법전이요, 다음
시대가 이루어지고 있다는 것을 너희
들은 알아야 될 것이거늘,
22 어찌하여 너희들은 구약은 폐하는 것
이라 하면서 신약이 덮어짐을 모른단
말이더냐?
23 이것이 흐름이요, 나 여호와의 뜻이라
는 것을 너희들이 알라.
24 이제 너희들이 나의 법전을 읽고 정독
했을 때 참진리요, 하늘에 오르는 뜻
이 무엇인가를 알게 되며,
25 그를 깨닫게 되면 너희들이 스스로 변
화되는 길이 있으며, 너희들이 힘들고
어려운 그 길을 마다하지 아니하며 어
렵고 힘든 삶을 너희 스스로 이기면서
나의 백성으로서 거듭나는 것이요,
26 육의 삶보다도 너희들이 거듭나는 세
상의 삶이요, 그 아름다움이요, 그 세
상을 알게 되고 깨닫게 되고 너희들의
눈이 뜨이며 귀가 열리는 그와 같은
은혜를 얻게 됨이니라.
27 그러니 너희들은 지금 그와 같은 제3
의 시대가 역사하는 것은 구약 시대
요, 신약 시대가 흘러와 마지막 시대
가 역사하는 것은 자연적 순리며 나의
계획에 의하여 모두가 이루어진다는
것을 너희들은 먼저 믿고,
28 너희들이 오늘의 너희들 것만으로써
구원을 받으며 하늘에 오른다는 그 다
람쥐 쳇바퀴 돌고 도는 그와 같은 믿
음에서 깨어나 하늘에 오르는 그 역사
를 얻도록 해야 될 것이니 너희들은
그리 알라.
29 너희들이 말하는 66권의 그 성서요,
그리고 14만 4천의 전사요, 그와 같
은 것을 너희들이 아무리 통달하고
깨우친들 무엇하겠느냐?
30 그것이 이루어지는 것이 아님을 너희
들은 알라.
31 너희들 자신이 변하는 것이며, 너희들
이 다음 시대요, 너희들이 나의 새로
운 성경이요, 모든 백성들이 하늘의
뜻을 알고 깨우칠 수 있는 새로운 시
대가 역사하는 것에 너희들이 그를 가
슴에 안고 정독하고 깨우쳐 더불어 가
는 변화의 삶을 살지 아니하면,
32 어떤 것을 이루어 놓은들, 아무리 역
사한들 너희들은 그 뜻이 내 뜻이 아
니기에 그 답을 얻을 수 없다는 것을
알라.

10,021 번째 하나님 말씀

2004년 3월 22일 15시 55분

1 사랑하는 나의 아들아!
2 "네, 아버님! 말씀하옵소서."
3 수천 년 동안에 그 수많은 백성들이
이 세상에 거쳐 가 또 나서 죽고 살아
가는 그 삶 속에서 과연 너희들이 역

사하는 그 많은 나의 백성들이 나의
기쁨이요, 나의 뜻을 헤아리는 백성이
없었다면, 과연 너희들은 그를 믿겠는
가?
4 정녕 너희들이 믿든 안 믿든 나 여호
와가 말하는 이 뜻이 사실이거늘, 그
렇다면 내 마음이 얼마나 저리고 아픈
지 너희들은 생각해 보았느냐?
5 너희들은 알아야 될 것이니라.
6 모든 나의 백성 너희들이 알코올 중독
자요, 그러니 너희들이 알코올 중독자
에서 벗어날 수 있는 것은 너희들이
알코올을 취하지 아니하는 것이거늘,
7 계속 너희들이 알코올을 취하면서 끊
겠다, 그리고 정리하겠다, 바로 살겠
다, 정신 차리겠다 하면, 과연 너희들
은 그 결과의 답이 오는가?
8 도둑질을 하는 자가 도둑질을 계속하
면서 제가 도둑질을 하지 아니하고 바
른 사람으로 살겠다 말로써 맹세하며
말로써 후회한들 그것이 되겠느냐?
9 너희들이 그와 같은 오늘의 삶을 살아
가는 자세가 나의 피조물 만백성 너희
들이 지금까지 나로부터 은혜를 받아
세상에 나가 살아온 삶이니라.
10 모든 악습 하나하나를 버리는 것을 말
로써 버리겠다 말하며 말로써 너희들
이 수천수만 번 약속을 하면서,
11 그를 너희들이 엄히 다스리지 못한다
면, 어떠한 변화가 있고 그 약속이 무
엇이 필요하더냐?
12 이제 나의 아들을 따르는 제자들이요,
나의 법전을 읽고 깨우친 만백성 너희
들은 바로 이와 같은 의미요, 그 뜻을
알아야 될 것이니라.
13 그리하여 너희들이 하나라도 결단을
하고 결심을 했을 때, 그 모두를 지키
고 버리는 그와 같은 삶을 살지 아니
하면, 너희들이 절대 역사할 수 없을
것이니라.
14 내가 나의 아들을 통하여 십계명을 암
송하도록 하며 너희들이 그 십계명을
써 머리맡에 두라 하는 것이 무엇이더
냐?
15 그를 암송하고 암송하면서 너희들도
모르는 사이에 너희들이 버려야 될 악
습을 버리겠다는 그 결심을 했을 때,
16 내가 두렵고 하늘이 무서워 너희들이
버릴 수 있고 지울 수 있는 그와 같은
선택된 나의 아들을 따르는 제자들이
요, 나의 사랑하는 백성 너희들이기
때문이니라.
17 그러니 너희들이 이와 같은 나의 가르
침을 안다면, 너희들은 악습을 가지고
몸부림치고 지우겠다 지우겠다 말하
면서 지우지 못한다면, 아무것도 거둬
들이고 이루어지는 것이 없음이니,
18 너희들이 당당히 지우고 빨리 잘라 버
리는 것, 그리고 결단을 내려 역사하
는 것, 그것이 작은 하나라도 너희들
이 역사하는 것이니,
19 그게 내가 너희들을 기억해 주는 것이
며, 너희들에게 나에게 오르는 그와
같은 역사를 이루는 것임을 너희들은
알아야 될 것이니라.
20 이제 나의 아들을 따르는 제자들이요,
그리고 나의 법전을 읽고 깨우친 만백
성 너희들은 알라, 너희들이 얼마나
소중한 나의 백성이며, 너희들이 선택
된 것이 무엇이며, 왜 내가 너희들이

그 소중하며 귀한 자식이라 말하는가
를.
21 지금의 구약 시대요, 신약 시대의 그
모든 세월이 흐르면서 종교 지도자요,
그리고 너희들이 선교를 하며 복음을
전한다는 그와 같은 역사를 했으며,
너희들이 목숨을 던져 순교자의 길을
갔던 그 방법이요,
22 지금처럼 너희들이 복음을 전하는 그
와 같은 방법이요, 그 역사로써는 내
가 모든 백성들을 다스려 나가지 아니
한다는 것을 너희들은 알아야 될 것이
니라.
23 지금의 신앙생활을 하는 백성이요, 이
방인이요, 다른 잡신을 섬기고 사는
백성, 그 모두를 다 내가 차별 없이 이
끌어 갈 수 있으며 하나로 만드는 것
이 나 여호와의 뜻이거늘,
24 지금의 너희들의 믿음의 형태로써는
그를 하나로 만들 수 없으며, 같은 수
준으로써 모두를 이룰 수 없으며,
25 하나의 너희들이 동등한 인격체요, 동
등한 그 깨달음에 이를 수 없는 것이
너희들의 형태가 아니더냐?
26 그러니 지금의 너희들의 방법으로써
내가 원하는 수준에 올 수 없는 것이
너희들이니라.
27 그러한 방법과 형태로써는 너희들이
한계가 있으며,
28 너희가 태어나고 죽음이 연속되는 그
형태 속에서 너희들이 깨우쳤다는 자
죽어 가며, 새로운 백성이 태어나 그
가 구약과 신약의 시대의 복음을 전하
는 방법으로써 너희들이 또 얽매이고
매달려 살다 너희들이 죽어 와 나에게
심판을 받으니,
29 이것은 내가 관장하는 것이 아니요,
내가 직접 역사하지 아니한 것이 여기
있음을 알라.
30 나 여호와가 직접 역사하는 것이요,
새로운 시대를 열면, 너희들이 이방인
이요, 그리고 너희들이 다른 신을 받
드는 자요, 그리고 믿음의 길을 가는
백성이요, 그 모두가 다 똑같은 위치
에서 똑같은 방법으로써 내가 모두를
역사하는 것이니라.
31 그러니 지금의 시대의 복음을 전파하
는 방법이 아니니라.
32 그와 같은 방법이 아니요, 너희들이
상상할 수 없는 새로운 방법으로써 내
가 나의 모두를 직접 관장하는 때가
이제 이루어질 것이니라.
33 그러니 나 여호와가 직접 관여하는 그
것은 너희들이 생각할 수 없던, 감히
계획할 수 없던 그 방법으로써 모두가
이루어지고 변화된다는 걸 알라.
34 지금의 너희들이 그 요란을 떨며 '믿
는 자 천국이요, 믿지 않는 자 지옥'이
라는 그와 같이 너희들이 억압적인 단
어요, 그와 같이 복음을 전하는 행위
는 내가 원하는 것이 아님이니라.
35 내가 원하는 방법은 획기적인 방법이
요, 새로운 방법으로써 모두 역사함이
니, 물이 위에서 낮은 곳으로 흐르는
그와 같은 방법으로 역사하는 것이니
라.
36 지금의 교회요, 성당이요, 법당이요,
회당이라는 그곳에서 너희들이 지금
까지 울고불고 수단과 방법을 가리지
않고 복음을 전한 그 역사는 내가 관

장한 것이 아니요, 내가 관계한 것이 아니요, 내 뜻에 따라서 역사한 것이 아니라는 것을 너희들은 알라.

37 이제 내가 나의 법전을 세상에 내려보내어 제3의 시대의 역사를 여는 것은 너희들이 생각조차 감히 꿈에도 그리지 못했던 방법으로써 내가 역사한다는 것을 알라.

38 물이 흐르듯이 지금 나의 법전을 조용히 흘러가는 이 방법이니라.

39 그러니 내가 지금 나의 법전을 가지고 세상에 전함으로 너희들의 모든 방법을 다 폐했으며 내가 버렸다는 것을 너희들은 알라.

40 그와 같은 사실을 알고, 너희들이 지금 내가 새로운 방법으로써 내가 역사하는 이와 같은 물줄기에 편승하는 자는 구원을 받을 것이며, 나에게 오를 것이요,

41 그렇지 못한 백성은 너희들이 나와 관계없는 삶을 살다 그 대가를 치르는 그와 같은 결과로써 모두를 맞이한다는 것을 알도록 그리하라.

42 나 여호와가 직접 역사하는 방법은 지금의 너희들의 그 방법이 아니고,

43 너희들이 어떠한 형태로도 그림으로써 그릴 수도 없으며 상상할 수 없는 무서운 방법으로써 너희들이 역사해지는 것이 바로 나 여호와의 뜻이요, 내가 역사힘이니,

44 나는 나의 아들을 따르는 제자들이요, 그리고 나의 법전을 읽고 깨우친 만백성 너희들이 내 뜻을 새로운 방법으로 새로운 역사로써 모든 백성들이 하나가 될 수 있고, 모두가 다 깨달음이요,

45 그가 스스로 너희들 앞에 와 머리 조아리며 너희들의 강론을 들으려 애원하고 그리 따르는 그 방법으로써 역사할 것이요,

46 지금까지 너희들이 쫓아다니며 전하며 너희들이 쫓아가서 애걸복걸하며 나오라 하며, 너희들을 따라가지 아니하면 구원받지 못한다, 믿지 아니하면 천국을 가지 못한다 이와 같은 방법으로 하는 것이 아니요, 스스로 모여드는 그와 같은 방법으로써 내가 역사함이니,

47 이제 물이 흐르듯이 나의 법전이 조금 더 흘러가면 그것이 내 새로운 방법이요, 내가 역사하는 것을 너희들이 알게 될 것이니,

48 두려워하지 말고 인내하라, 그리고 주저앉지 말라.

10,022 번째 하나님 말씀

2004년 3월 22일 16시 00분

1 사랑하는 나의 아들아!

2 나 여호와가 너에게 다시 한 번 명하느니라.

3 이제 나 여호와가 직접 역사하는 것이 바로 너희들을 데리고 내가 역사함이라 하였음이니라.

4 그러니 나 여호와가 내 뜻을 전하며 내 복음을 선하며 나의 백성으로서 거듭나는 그와 같은 역사를 지금의 구태의연한 방법으로써 역사하지 아니한다는 것을 명심하여 너희들이 들으라 하였음이니라.

5 새로운 나 여호와가 열어 가는 시대는

전하고 전하는 그와 같은 너희들의 방
법이요, 지금의 형태가 아니요,
6 스스로 너희들이 모여들고 스스로 찾
아드는 그와 같은 방법으로써 역사하
는 것이 내가 역사한 증거라 함을 내
가 나의 법전에 기록하여 언약함이니
라.
7 지금은 나의 아들이요, 그 제자들이
가는 것이 나약하고 허약하나,
8 결국은 스스로 모든 백성들이 깨우쳐
스스로 모여들며, 너희들을 찾을 것이
며 너희들을 찾는 그와 같은 방법으로
써, 새로운 성경이요, 새로운 것이라
는 걸 깨달아 그들이 스스로 모이는
그와 같은 형태로 내가 모두를 역사할
것이며 이루어 갈 것이니라, 사랑하는
나의 아들딸들아!
9 이를 너희들은 믿어야 될 것이니라.
10 나 여호와가 직접 관여하며 내가 역사
함은 지금까지 너희들이 애원하며 매
달리는 그와 같은 방법으로써 복음을
전하며 내 뜻을 전하는 역사가 이루어
지지 아니함이니라.
11 그것은 너희들이 잘못 생각하는 것이
니라.
12 창조주 나 여호와가 역사하고자 하는
것이 무엇을 할 수 없기에 너희들이
찾아가 매달리고 사정하며 그들을 모
시는 그와 같은 형국으로 복음을 전하
는 형태로 갈 것이라 생각하더냐?
13 절대 그것이 아니니라.
14 모든 백성들이 나의 법전이 물 흐르도
록 흘러가면 그들이 나의 존재를 알게
될 것이며,
15 나의 법전의 그 나의 성령이 얼마나
위대한 것이며 얼마나 무섭고 두려운
것인가를 그들이 스스로 깨우치게 되
어, 직접 그들이 너희들을 찾아오는
그와 같은 역사의 방법으로 내가 한다
함을 잊지 말라.
16 지금과 같이 모든 종파요, 지도자들이
저희들 것이 우물 안 개구리처럼 서로
경쟁하며 시기하고 질투하는 그와 같
은 사악한 방법으로써, 그 모두가 역
사하는 방법으로써 내가 나의 복음을
전하며 나의 뜻을 만백성에게 전하는
방법이라 너희들이 그리 생각하느냐?
17 스스로 그들이 찾아오는 방법이 내가
역사하는 것이요, 너희들이 스스로 나
여호와의 존재함을 알며 나의 법전의
두렵고 위대함을 알며, 너희들이 구름
떼처럼 모여드는 그 역사를 이루는 것
이 내가 이루는 뜻이지,
18 너희들이 한 사람 한 사람 매달려 찾
아가는 그와 같은 방법이요, 지금의
너희들 종교 집단이 하는 그 형태로써
이루어지지 아니하는 것이니,
19 나의 아들딸 너희들도 이제 생각을 바
꾸도록 하며 내 뜻을 너희들이 알도록
하라.
20 다만, 너희들을 훈련시키며 너희들을
다스리기 위하여 오늘까지 왔음이니,
나 여호와의 방법으로써 할 것임을 알
라.
21 나는 경쟁하고 질투하는 그와 같은 방
법이 아니요, 자발적으로 너희들이 모
여들 것이며, 너희들이 스스로 모두를
역사하며,
22 그리고 사랑하는 나의 아들딸이요, 그
선생들을 저희들이 스스로 찾아 모여

들어 너희들의 강론을 듣기를 간곡히
바랄 것이며, 너희들의 옷자락을 잡고
자 몸부림치는 그와 같은 방법으로써
내가 모두를 다 역사할 것이니,
23 그것이 머지않았음을 너희들은 알라
전하라.
24 이것이 내가 너희들을 사랑하며 너희
들에게 하는 언약이요, 내가 하늘에서
이루는 것이요, 내가 역사하고자 하는
뜻을 내가 너희들에게 미리 가르쳐 줌
이니,
25 오늘의 너희들이 어렵고 힘든 길을 오
는 너희들의 그 상이니라.
26 다만, 너희들이 아직도 내가 말한 대
로 모두를 단절하지 못하며,
27 너희들이 마약이라는 주사를 맞는 자,
그 주사를 계속 맞으면서 끊어야 된
다, 끊겠다 몸부림치면서 계속 맞으
며, 그 맞는 것을 그리워하여 그 소굴
을 찾아가는 것처럼,
28 그와 같이 너희들의 발걸음이 끊이지
아니하며, 네 생각이 멈추지 아니하
며, 그 행동을 멈추지 못하면 너희들
이 어찌 바로 설 수 있겠느냐?
29 다만, 너희들이 그와 같이 그와 같은
곳을 가지 아니하며, 너희들이 생각하
지 아니하며, 그곳을 두 번 다시 너희
들 몸에 투약하지 않는 그와 같은 너
희들이 강하게 서는 나의 아들딸이 되
었을 때, 너희들이 모두를 다스릴 수
있기에, 너희들의 그때를 기다리느니
라.
30 그때가 되었을 때 모두가 너희들 앞에
고개 숙여 너희들의 옷자락을 잡는 것
을 영광으로 생각할 정도로 스스로 깨
우쳐 모여드는 것이 내가 역사하는 방
법이요,
31 내가 복음이요, 내 뜻을 전하는 내 뜻
이요, 내 방법이라는 것을 이제 내가
너희들에게 알려 주니,
32 그날을 기다리는 데 최선을 다하도록
하라, 사랑하는 나의 아들을 따르는
선택된 제자들아!

10,023 번째 하나님 말씀

2004년 3월 22일 16시 08분

1 사랑하는 나의 아들아!
2 "네, 아버님! 말씀하옵소서."
3 지금의 너의 제자들이요, 또한 나의
법전을 읽고 깨우친 만백성 너희들이
나약하고 미약하게 그리 보이나, 나
의 법전이 나의 모든 백성들이 그 형
제의 입에서 형제의 입으로 전해지는
그와 같은 시대가 올 것이며,
4 서로 서로의 손을 잡고 나의 법전을
정독하고 참진리의 길을 찾고자 하여
저희들이 스스로 일어나는 그와 같이
역사할 때가 머지않았음을 너희들은
알아야 될 것이니라.
5 모든 나의 백성들이 너나 할 것 없이
나의 법전이 진정한 새로운 성경이요,
너희들이 하늘에 오르는 길이요, 참진
리요,
6 그리고 지금까지 잘못 가르친 종교
집단 지도자 속의 암흑에서 너희들이
얼마나 허덕이고 역사했는가를 깨닫
고 알 날이 머지않았다 하였음이니라.
7 이와 같은 시대요, 세상이 온다는 것
을 너희들은 이미 알고 있었으며, 또

한 나의 성서에 기록되어 있음을 알고
있을 것이니라.
8 그리고 또한 이와 같은 내용이 전해지
며 너희들의 입으로 지금 전하고 있지
않은가?
9 모든 백성이 한 형제가 되어 나의 뜻
을 행하고 지키는 백성으로 이 세상을
덮는 그와 같은 날이 머지않았음을 너
희들은 알아야 될 것이니라.
10 지금은 미약하여 너희들이 이를 사탄
이요, 이단이라 그리 말하나,
11 정녕 나의 아들을 따를 자 없으며 나
의 아들을 따르는 제자 너희들이 변하
는 마음을 따를 자가 세상에 없음이니,
12 바로 그것을 따를 수 없다는 것이 이
것이 참진리요, 나의 뜻이라는 증거임
을 너희들은 알아야 될 것이니라.
13 그리하여 모든 백성 너희들이 형제와
형제지간에 입에서 입으로 나의 법전
을 전할 것이며, 나의 뜻을 전하게 될
것이며,
14 모든 백성들이 손에 손을 잡고 너희들
의 강론을 들으며, 너희들을 만나고자
찾아오는 그와 같은 역사를 이룰 것
이니라.
15 이것이 내가 이루어 가는 방법이니라.
16 너희들이 앉아서 모든 사람들을 가르
치며 다스리는 그 역사를 내가 이룰
것이니,
17 지금처럼 너희들이 한두 사람을 찾아
가 애원하며 매달리는 그와 같은 믿
음을 전하는 전파의 복음의 방법은
아님을 알라.
18 너희들이 아무리 전도 사업이요, 복
음을 전하고 역사했다 해도, 그 시대
는 내가 직접 관여하지 아니한 시대요,
19 지금의 제3의 시대만 내가 모두를 역
사하는 위대한 시대라는 것을 너희들
은 알아야 될 것이니라.
20 이제 사랑하는 나의 아들 너는 만백성
에게 전해야 할 것이니라.
21 그들에게 깨우쳐 주고 그들을 너는 인
도하라.
22 모든 백성들이 구약과 신약의 시대요,
그리고 마지막 시대가 온다는 것을 잘
알고 있다 하지 않느냐?
23 말과 말로써 그리 전하여지고 있으며
그것은 올 것이라 너희들은 그리 말하
느니라.
24 그러니 나 여호와가 모세를 통하여 구
약 시대를 이끌었고, 나의 아들 예수
를 통하여 신약 시대를 이끌었느니라.
25 그러나 나의 아들 예수를 통하여 신약
시대를 이끌고 구약 시대요, 신·구약
의 시대를 이끌었으나,
26 그 모든 시대는 나 여호와가 직접 전
방에 나서 관장하고 통제하고 다스린
시대가 아니라는 것을 너희들은 알라.
27 모든 백성들이 이를 믿든 안 믿든 나
의 아들을 따르는 제자들이요, 나의
법전을 읽고 깨우친 만백성은 구·신
약의 시대는 나 여호와가 직접 이끌고
관장한 시대가 아니라는 것을 알라.
28 그러니 제3의 시대에 나의 성령을 십
계명처럼 내가 직접 나의 아들을 통하
여 기록하여 전하는 것, 직접 내 뜻을
역사하는 것, 이 시대가 바로 나 여호
와가 직접 관장하는 시대요, 내가 모
두를 다스리는 시대임을 너희들은 알
라.

29 내가 나의 법전의 뚜껑을 여는 그 순
간에 내가 너희들과 같이한다는 그 이
치요, 의미를 너희들은 알고 있는가?
30 나는 너희들에게 하늘의 뜻을 전함이
니라.
31 구·신약의 그 모든 시대요, 모세요,
예수의 시대는 나 여호와가 직접 관장
하고 통제한 시대가 아니요, 그들로
하여금 명을 내려 그들이 다스리고 역
사하도록 했으나,
32 제3의 시대에 오늘은 직접 나 여호와
가 관장하며 이끌어 가는 시대라는 것
을 알라.
33 그러니 나 여호와가 이끌어 가며 이
시대에 동참하는 자, 그리고 나의 법
전을 듣고 너희들이 이를 부르짖으며
따르는 자, 그와 같은 백성들은 나에
게 올 수 있으며 너희들이 그리 갈구
하는, 거듭나는 역사를 얻을 수 있을
것이니라.
34 그러니 지금 내가 너희들이 너무나
소중하고 귀한 나의 아들딸이라 함을
알겠느냐?
35 나 여호와가 직접 관장하는 내 뜻을
따라 너희들이 내 손발이 되어 움직이
는 그 선택된 백성들이기 때문에 너희
들이 소중하고 위대한 나의 아들딸이
라는 것을 잊지 말며,
36 과연 너희들이 나의 아들딸로서 나의
손발로서 움직이니, 너희들이 손발이
잘못 움직였을 때, 그것은 결국 나 여
호와를 욕되게 하며, 공의의 하나님이
되지 못함이니,
37 너희들이 나의 손발로서 바르고 고운
역사를 이루기 위해서는 너희들 스스
로 먼저 어찌 변해야 될 것인가 그것
을 알라.
38 그리했을 때 너희들은 나의 손발이 되
어 모두를 다 역사하는 백성이요, 내
가 직접 관장하는 시대에 선택된 백성
이니,
39 모세를 따랐던 그 백성들이요, 나의
아들 예수를 따랐던 그 제자들이요,
그들보다도 너희들이 더 귀하고 소중
한 나의 대명을 받은 자들이니,
40 너희들이 바로 나의 손발이라는 것을
잊지 말도록 하라, 사랑하는 나의 아
들딸들아!

10,024 번째 하나님 말씀

2004년 3월 22일 16시 55분

1 사랑하는 나의 아들아!
2 **"네, 아버님! 말씀하옵소서."**
3 구약 시대요, 신약 시대를 흘러오면서
너희들이 지금 고통과 시련이요, 그
살아가는 생활 속에 너희들이 죄의 범
죄의 소굴이요, 사탄의 소굴이요, 그
와 같은 것이 지금 존재하는 속에서
너희들이 존재한다는 것은 그것은 바
로 무엇이더냐?
4 나 여호와가 너희들을 직접 관장하지
아니하며 너희들을 다스리지 아니했
다는 증거임을 너희들은 알아야 될 것
이니라.
5 나 여호와가 정녕 나의 백성들로서 나
의 뜻을 따르며 내 뜻에 순종하는 백
성들이요, 너희들이 그와 같은 백성으
로 존재하는 세상이 되어 있다 하면,
6 오늘의 너희들이 인간의 고통과 시련

의 그 어렵고 힘든 생활 속에서 허덕
이는 그와 같은 것은 내가 역사하지
아니하였을 것이니라.
7 그러니 이것이 내가 직접 참여하고 내
가 관장하며 관장하지 아니하는 것의
차이임을 너희들은 알아야 될 것이니
라.
8 이제 내가 너희들을 직접 통제하고 다
스리는 그 시대가 옴이니, 너희들이
천 년이라는 그 역사의 세월이 흐른
다음에 너희들이 어떠한 세상이 이루
어지는가?
9 이것이 곧 지상의 낙원이요, 그리고
하늘에서 이룬 것같이 이 세상에 이루
어짐이니,
10 너희들이 인간 세상에 살며 고통과 시
련과 시기와 질투요, 음해요, 그리고
욕심이요,
11 그리고 너희들이 그 사악한 마음의 형
태를 가지고 있는 자가 없으며, 그와
같은 것을 원하는 자가 없으며, 그와
같은 것을 행하는 자가 없는 그와 같
은 세상으로 변화되는 것이 나 여호와
가 직접 관장하고 통제하는 세상의 변
화된 모습임을 너희들은 알아야 될 것
이니라.
12 그러니 지금서부터 내가 나의 아들을
통하여 나의 법전을 세상에 내려보내
니,
13 이를 가지고 너희들이 깨우치며 이를
가지고 깨달아,
14 너희들이 나 여호와의 뜻이 무엇이며,
내가 역사하는 것이 무엇이며, 인간의
삶이 무엇이며, 인간의 기본이 무엇이
며, 너희들이 존재하는 것이 무엇인가
를 이와 같은 나의 뜻을 깨달아 너희
들이 행하는 삶으로 변화될 때,
15 너희들은 음해하고 시기하고 질투하
며, 그리하여 인간의 번뇌요, 고통이
요, 이와 같은 것이 없는 세상에서 살
게 될 것이며, 그와 같은 마음으로 살
아가는 백성들이 될 것이니라.
16 그것이 바로 내가 통제하는 세상이요,
내가 관여하는 세상이요,
17 내 권세로 온 세상의 만백성이 은혜를
받는 그와 같은 세상임을 너희들은 알
라.
18 지금의 너희들이 도둑이 들끓으며 종
말이요, 말세요, 사탄이요, 너희들이
인간이 인간을 무서워하는 이와 같이
험악한 세상은 정녕 내가 직접 역사하
고 내가 직접 관장하며 내가 통제하지
아니한 세상이기에,
19 너희들이 고삐 풀린 망아지처럼 오늘
의 이와 같은 형국이 되어 있음을 너
희들은 알라.
20 그러니 내가 너희들을 기다렸으며 너
희들이 스스로 바로 서기를 바랐으나,
너희들이 바로 서고 거듭나지 못하는
그와 같은 역사 속에서 지금까지 흘러
왔기에,
21 내가 너희들을 더 이상 볼 수 없어, 내
사랑하는 나의 아들을 통하여 160권
의 법전으로써 세상에 내보내어 만백
성을 다스려,
22 너희들이 정녕 참진리요, 나 여호와의
은혜가 무엇이며, 하늘에 오르는 길이
무엇이며, 너희들이 어찌 살아가야 하
는 것인가를 내가 보여 주며, 너희들
이 스스로 깨우쳐 하늘에 오를 수 있

도록 이 어렵고 힘든 길의 역사를 하고 있음을 너희들은 알아야 될 것이니라.

10,025 번째 하나님 말씀

2004년 3월 23일 06시 08분

1 사랑하는 나의 아들아!
2 "네, 아버님! 말씀하옵소서."
3 병들고 몸이 약한 자에게 의사가 필요한 것이며, 또한 병든 자는 치료를 해야 되지 않더냐?
4 내가 보는 이 아름다운 강산에서 나의 피조물 만백성들이 살아가는 모습이 다 병들고 썩어져 가는 그와 같은 형국으로 지금 그들이 살아간다 하면, 너는 과연 어찌 생각하겠는가?
5 그리고 모든 백성들은 저희들의 육신이 건전함이요, 육신이 건강함이니, 저희가 무슨 병이 들고 지금 썩어져 가는 형국이냐 그리 말할 것이니라.
6 그러나 내가 너에게 말하여 전하기를, 너희들은 육의 오늘에 보이는 삶을 사는 것이 아니라, 너희들이 영원히 사는 네 영혼의 미래의 삶을 위해 살아간다 하였음이니,
7 너희들의 육신은 지금 멀쩡하나 그 영원히 사는 영혼이 지금 병들고 썩어져 가고 있다면 너희들은 어찌하겠느냐?
8 모든 백성들이 지금 병들어져 있으며, 그들이 다 의사가 필요한 환자들과 같이 되어 있음이니라.
9 그러니 그들을 다스리고 구원하는 것은 누군가가 있어야 될 것이며, 그를 치료하는 자가 있어야 되지 않겠느냐?
10 모든 백성들이 지금 육의 삶이요, 저희들이 육의 향락을 위하여 해도 해도 너무하는 그와 같은 오늘의 삶을 살고 있는 것이 나의 사랑하는 백성 그들이니,
11 너희들이 나로부터 생명을 받아 나간 모두를 네 목숨보다도 더 사랑하고 소중히 여기라는 그 말을 과연 어찌 생각하는가?
12 모든 백성들을 너희들이 네 가장 소중히 사랑하는 자보다도 더 사랑하는 마음으로 바라보더냐?
13 그와 같이 사는 것이 너희들의 도리라 하였거늘,
14 너희들이 인간이 인간을 보기를 차별화를 두며, 너희들이 없고 가난하고 나약하고 불쌍한 사람들을 짓밟으며 무시함이니,
15 과연 너희들이 어렵고 힘든 자를, 그 인간의 소중한 가치를, 그리고 인간의 소중한 마음을 가지라 하며 내가 사랑하는 것만큼 사랑하는가?
16 너희들은 벌레만큼도 인간을 보지 아니하며, 인간을 두려워함이니라.
17 너희들이 지금 말 못 하는 짐승들에게 모든 사랑을 쏟고 있으나, 너희들이 사람에게는 그만큼의 사랑도 쏟지 못하는 것이니,
18 제 자식이요, 가장 소중한 여인보다 더 사랑하고 더 아름답게 귀히 여기라 하는 것이 인간에게 너희들이 행하는 마음이요, 인간에게 쏟아야 할 정이거늘, 너희들이 과연 그리하는가?
19 그러니 너희들이 다 병든 자요, 지금 너희들이 다 잘못된 자들이라 내가 함

이니라.
20 그러니 그들을 고치고 수술을 해야 되
지 않겠느냐?
21 너무나 썩고 너무나 병이 깊은 자들이
니라.
22 이 세상이 너무나 썩어져 있으며 너무
나 잘못 가며, 너희들이 해도 해도 너
무나 나 여호와를 욕되게 하며 나를
너무나 능멸하는 그와 같은 오늘의 삶
을 살아가는 것이 나의 사랑하는 백성
너희들이 살아가는 모습이라면 믿겠
느냐?
23 그러니 그를 바로잡고 그를 치료하지
아니하면 아니 되며 그를 고치지 아니
하면 아니 됨이니,
24 이를 바로잡고 다스리고자 하여 내가
나의 아들 너를 통하여 오늘의 이 법
전이라 하여 160권을 세상에 내보내
는 이 대장정의 역사를 이루며,
25 써도 써도 끝이 없는 나의 진리를 네
가 죽을 때까지 만백성을 위하여 전하
고 또 전하는 것이 네 임무요, 그를 만
들어 역사하는 것이 또한 너희들 제자
이니,
26 이를 갖지 아니하고는 어떻게 수술할
수도 없으며, 어찌 다스릴 수도 없는
것이 오늘의 환경이요, 오늘의 너희들
이 썩어져 있는 그 자세라는 것을 알
아야 될 것이니라.
27 이제 너희들이 치료하는 병자들에게
병이 옮는 그와 같은 백성이 되어서
는 아니 되느니라.
28 너희들이 마음을 굳건히 하며, 정신을
굳건히 하며, 육체를 굳건히 다스림으
로 하여 치료하는 의사 너희가 그 병
마에 전염되지 아니할 것이니,
29 나 여호와는 너희들이 전염되어 쓰러
질까 하여 염려되며 걱정됨이니,
30 너희들이 이를 견디고 이길 수 있는
것은 너희들이 나를 향하는 굳건한 믿
음이요, 그리고 나의 법전을 믿는 마
음이요, 나의 아들을 믿고 따르는 마
음이니,
31 그로 인해 지금 썩어져 가 있는 그 전
염병에 너희들이 전염되지 아니하며
너희들이 그들을 치료할 수 있다는
것을 잊어서는 아니 되느니라, 사랑하
는 나의 아들딸들아!

10,026 번째 하나님 말씀

2004년 3월 23일 06시 13분

1 사랑하는 나의 아들아!
2 "네, 아버님! 말씀하옵소서."
3 인간들의 교육은 무엇이더냐?
4 인간이 인간을 교육 시킴이니, 사람이
어찌 아름다운 삶을 살며 어떻게 사람
이 사는 방법인가 하는 것을 너희들은
교육을 시킴이니,
5 그 가르치는 자가 스승이 되어 그 한
계를 넘지 못하며, 그를 뛰어넘는 그
와 같은 가르침을 주지 못하는 것이
인간사의 교육이 아니더냐?
6 그러니 인간으로서 교육을 시키고 가
르치는 것은 인간으로서 아름답게 살
아가는 것을 가르치는 것이요,
7 너희들이 말하는 깨우침을 가진 성현
이라 하는 그 이름을 가진 백성들, 그
들은 또 무엇이더냐?
8 그 성현의 경지에 너희들이 오르도록

하기 위하여 그는 그와 같이 가르침이
니, 그 한계를 또한 벗어나지 못하는
것이 그 성현들의 가르침이 아니더냐?
9 그리고 석가가 가르침은 무엇이더냐?
10 그는 부처가 되는 길이요, 부처가 되
라 너희들에게 가르침이니, 그 이상의
것을 넘을 수가 없는 것이 그 가르침
이요,
11 거기서 배워 또한 그 한계를 넘지 못
하는 것이 너희들의 가르침이요, 배움
이 아니더냐?
12 그러나 나의 법전은 무엇이던가?
13 너희들이 어찌하여 하늘의 백성이 되
는가 하는 것을 내가 가르치는 것이
며, 그 뜻을 전하며 너희들에게 그와
같은 것을 깨우쳐 준다는 것을 너희들
은 알아야 될 것이니라.
14 그러나 다만, 너희들이 성현의 가르침
이요, 인간의 가르침이요, 석가의 가
르침이요, 나의 법전의 그 모든 가르
침, 이 모두는 너희들이 하늘에 오르
는 길이요, 참진리의 길을 살아가는
모든 가르침의 한 부분을 역사할 수는
있으나,
15 너희들이 천사가 되는 것, 그리고 하
늘의 백성이 되는 것, 그것을 너희들
에게 만들어 줄 수는 없다는 것을 너
희들은 알아야 될 것이니라.
16 다만, 너희들이 하늘의 백성이요, 나
여호와의 아들딸로서 거듭나는 그와
같은 길을 너희들에게 인도하며 가르
쳐 주는 역할을 할 뿐이요,
17 너희들을 정녕 구원을 받는 백성으로
서 만들어 줄 수는 없는 것이라는 것
은 너희들은 알아야 될 것이니라.
18 인간의 교육의 한계가 있으며, 성현으
로서 가르치는 한계가 있으며, 석가로
서 가르치는 그 한계가 있음이니라.
19 그러나 다만 나의 법전을 너희들이 정
독하고 읽고 깨우치는 것은 하늘의 뜻
이요, 하늘의 백성이 되는 그 길을 거
기에 상세히 기록하여 전한 것이니라.
20 성현의 가르침이요, 인간의 가르침이
요, 석가의 가르침이요, 그 모두는 하
늘에 오르는 길의 일부분의 한 점을
너희들이 찍는 것과 같으나,
21 나의 160권의 법전은 정녕 그 모든 하
늘의 뜻을 따라 너희들이 어찌 역사해
야 하는지 그 답이 거기에 다 있음이
니라.
22 그러니 너희들이 이 법전의 소중함과
귀함을 알아야 될 것이니라.
23 그렇다 해도 나의 법전 또한 너희들이
하늘에 오르는 백성을 만드는 것이 아
니요,
24 너희들이 하늘에 오르는 백성이 될 수
있는 그 길을 가르쳐 주고 안내한다는
것, 이를 너희들이 명심하지 아니하면
아니 될 것이니라.
25 너희들이 모두 하늘에 오르는 백성이
요, 천사와 같은 백성이 될 수 있는
것, 나의 품에 올 수 있는 백성은 너희
들이 행하고 지키는 것, 너희 소원을
이루는 것, 네 소원하는 것을 역사하
는 것,
26 그 모두는 너희 자신이 이루어야 되는
것이며 너희 노력으로써 모두를 거둬
들여야 된다는 것, 이것을 잊어서는
아니 됨이니,
27 오늘의 삶에 행함이 그리하여 중요하

다는 것을 알라, 사랑하는 나의 아들
딸들아!

10,027 번째 하나님 말씀

2004년 3월 23일 06시 19분

1 사랑하는 나의 아들아!
2 "네, 아버님! 말씀하옵소서."
3 나의 기쁨이 어디에 있는 줄 알겠느냐?
4 너의 제자들이 나의 법전을 읽고 정독
하며 공부하며 깨우쳤으며 그리고 강
론을 들어 너희들이 지금까지 살아온
이 삶에 너희들은 변한 것이 없으며
얻은 것이 없다 그리 생각할 것이며,
5 너희들이 변하지 못하는 그 악습을 버
리지 못하는 것을 너희 스스로 몸부림
치고 있음이니, 그리하여 너희들이 변
한 것도 없고 전진한 것도 없다 그리
생각하나,
6 너희들은 이제 눈이 뜨였으며 귀가 열
려 있는 나의 소중한 백성들이니라.
7 그러니 귀가 열리고 눈이 뜨인 나의
아들을 따르는 제자들이요, 나의 법전
을 읽은 백성 너희들은 아무것도 이
세상에 두려워하지 말며, 누구를 만난
들 두려워하지 말며,
8 그러니 그와 같이 눈이 뜨이고 귀가
열린 너희들은 어떠한 곳에서 누구에
게 무엇을 듣고 배우고 깨우치든 그런
것에 관계하지 말며 두려워하지 말라.
9 언제 어디서나 누구한테든지 너희들
은 배우고 깨우침을 얻을 수 있는 그
와 같은 선별할 수 있는 지혜를 가지
고 있으며,
10 너희들은 그와 같은 것을 소화시키고
듣고 버릴 수 있는 지혜를 가지고 있
는 것이 벌써 너희들이 그만큼 높은
지혜를 갖고 있음을 알라.
11 모두를 차별화를 두지 말라.
12 그리고 너희들은 어떠한 사람이든 배
척하지 말며, 사랑하는 사람, 미워하
는 사람, 소중하고 귀한 사람, 그리고
배울 것이 없는 사람, 있는 사람, 너희
들이 구별하지 말며 차별하지 말라.
13 모두는 너희들 자신이 부족한 것을 다
얻을 수 있으며 스스로 모두가 다 너
희들이 스승이라는 것을 알라.
14 같이 가는 사람들이 다 한 가지씩의
가르치는 것이 있으며,
15 또 잘못된 것을 가르치고 잘못된 것을
보임으로 너희들이 그와 같은 행위를
하지 아니하며 그와 같은 행위를 할
수 있는 네 마음을 바로잡게 하는 것
이니, 그러니 모두가 스승이니라.
16 그러니 너희들은 어느 장소에서 누구
에게 듣고 배우든 그와 같은 것을 두
려워하지 말며 차별화르 두지 말도록
그리하라.
17 너희들은 이미 눈이 뜨였으며 귀가 열
려 있는 소중한 나의 백성들이요, 자
신을 다스릴 수 있는 그와 같은 경지
에 올라와 있는 백성들이니라.
18 이 세상의 모든 종교 집단이요, 지도
자요, 그들이 부족한 지도자요, 부족
한 백성들이기에 남의 것을 듣지 못하
게 하며 남의 것을 보고 깨우치지 못
하며,
19 오로지 저희들 것 외에는 무엇을 듣는
것을 두려워하며 무서워하느니라.
20 그리하여 그들이 부족한 자들이기에

저 자신의 성을 쌓으며 벽을 쌓아 놓
고 모든 백성들을 세뇌시키며, 저를
따르는 나의 백성들에게 그와 같이 세
뇌시켜 다른 것은 보지도 못하고 듣지
도 못하게 함이니,
21 그것이 부족한 자들이 아는 것이 없는
것이요, 나 여호와의 뜻에 의하여 역
사하는 자가 아님이니라.
22 진정한 참진리요, 참보석을 갖지 못한
어리석은 백성들이기에 그와 같은 행
위를 함이니, 그곳에서 벗어나지 아니
하면 너희들은 구원의 길을 볼 수 없
는 것이라는 것을 알라.
23 인간 세상에서 너희들이 살아가면서
도 상사가 된 자요, 상사로부터 배우
는 것도 있는가 하면, 아랫사람으로부
터 너희들이 배우는 것도 있으며,
24 나이 어린 사람에게도 너희들이 듣고
배우는 것이 세상살이의 사람의 도리
며, 너희들이 살아가는 그 형국이요,
더불어 사는 세상이 아니더냐?
25 그러나 그 모두를 단절시켜 버리며 사
고력을 잃게 하는 것이 지금의 종교
집단이요, 지도자요,
26 그리고 그 모두를 스스로 버리며 너희
들이 단순한 짐승의 생각으로 돌아가
고 그 판단력을 잃어버리며, 내가 내
려 준 그 지혜를 지워 버리는 그와 같
은 어리석은 삶을 사는 것이 맹종 맹
신하는 오늘의 그 신도라는 불쌍한 백
성들이니라.
27 그러니 그들에게 깨우쳐 주기 위하여
나의 법전을 전하는 길밖에 없음이니
라, 사랑하는 나의 아들딸들아!
28 무엇으로써도 그들을 가르칠 수 없으
며 감화시킬 수 없음이니라.
29 너희들이 아무리 아름다운 뜻이요, 아
름다운 나의 새로운 성경의 구절을 가
르쳐 준다 해도, 그는 사탄이요 이단
이라 하여 그 귀를 막고 눈을 감았기
에 그들은 듣지 아니하며 보지 못하는
그와 같은 형국이 되어 있음이니,
30 오로지 나의 법전이 하얀 눈이 세상을
덮듯이 덮어서, 그 누구든지 읽고 서
로 그를 대화할 때 스스로 아무리 눈
을 감고 귀를 막으려 해도 막을 수 없
으며 보지 아니할 수 없는 그와 같은
형국으로써 그 불쌍하고 가련한 백성
들이요, 알지 못하는 백성들을 깨우쳐
야 될 것이니,
31 너희들이 그들을 불쌍타, 가련타 한탄
하지 말며, 정녕 불쌍하고 가련한 백
성이라면, 네 모두를 바쳐 그를 다스
려 깨우쳐 주도록 그 최선의 노력을
다하라, 사랑하는 나의 아들딸들아!

10,028 번째 하나님 말씀

2004년 3월 23일 06시 27분

1 사랑하는 나의 아들아!
2 "네, 아버님! 말씀하옵소서."
3 너를 따르는 그 사랑하는 제자들이요,
나의 법전을 읽고 깨우친 만백성 그들
에게 전하라.
4 너희들이 법전을 읽고 깨우쳤으며, 나
의 아들을 통하여 강론을 들었으며,
그리고 너희들이 변화되는 그와 같은
삶을 사는 백성 너희들이 꼭 넘어야
할 길이 있으며 너희들이 대답해야 할
그 대답이 있음이니라.

5 그러니 너희들이 이 육의 세상에 살면
서 나의 법전을 읽고 깨우쳐 만백성
을 다스리는 선생으로서 살다 나에게
불려 왔을 때, '과연 너희들은 네 임무
를 다했느냐?' 하는 그 물음을 네가
받았을 때,
6 '아버님께서 명한 그 뜻에 따라 한 점
의 부끄럼이 없이 모두를 다 완수하고
왔습니다.' 하고 대답할 수 있는 너희
가 되도록 노력하지 아니하면 아니 되
느니라, 사랑하는 나의 아들딸들아!
7 이것은 너희들이 나에게 불려 와 대답
할 것이요, 너희들이 나에게 최종으로
주어야 될 선물이니라.
8 그리고 내가 마지막 너희들에게 물었
을 때, 너희들은 반드시 이 대답을 해
야만 되는 것이니라.
9 천사요, 사탄 모두가 내가 너희들을
심판하는 그 자리에 내려다봄이니,
10 사랑하는 나의 아들을 따르는 제자들
이요, 나의 법전을 만들기 위하여 너
희들이 온갖 고통 속에 다했으며, 나
의 법전을 전하기 위하여 온갖 시련
과 고통을 다 겪고 살아온 너희들에
게 마지막 심판대에서 묻느니,
11 '네가 하나님의 뜻에 따라 네 임무를
모두 완수했으며 완벽한 삶을 살아왔
느냐?' 그 천사와 사탄이 물을 때,
12 너희들이 '예' 하고 대답할 수 있는 그
와 같은 점수가 나온다면, 이는 나의
기쁨이 이루 말할 수 없는 것이요,
13 너희들이 그 대답을 하지 못할 때 내
마음이 얼마나 아프고 저려 오겠느냐?
14 그 순간에 너희들은 나에게 오름이냐,
아니면 너희들이 가지 아니하려 몸부
림치는 영원히 다시 나오지 못하는 지
옥의 길을 가느냐 하는 것이니,
15 '예' 하고 대답할 수 있는 점수가 나오
는 것은 나에게 오르는 길이요, 그 점
수가 나오지 못한다면 너희들은 '아니
요'라는 대답을 하니,
16 '예'요, '아니요'의 그 대답은 하늘과
땅의 차이보다 더 멀고도 먼 길이라
는 것을 알아야 될 것이니라.
17 이제 내가 사랑하는 나의 아들을 따르
는 제자, 너희들을 위하여 내가 명하
느니, 너희들은 나에게 불려 와 심판
을 받을 때 '네 직분을 다했으며 네 임
무를 다했느냐?' 물었을 때, 너희들은
'예'라 대답하며,
18 '내가 내린 가훈에 따라 한 점의 부끄
럼이 없는 삶을 살았느냐?' 물었을 때,
19 '아버님! 저는 아버님의 법전을 접하
고 깨우치기 전까지는 그리 살았으나,
아버님의 말씀이요, 새로운 성경을 접
하고 아버님의 아들의 강론을 들으며
더불어 살아오는 그 후로는 부끄럽고
추한 모습으로써 살지 아니하였습니
다.' 그리 대답할 수 있는 너희들이 되
어야 될 것이니라.
20 그때 너희들이 대답을 하지 못할 때,
너희들이 지옥 불로 가는 그 아픔의
고통보다도 그를 바라보는 나 여호와
의 아픔이 어떠한 것인가를 너희들이
생각한다면,
21 오늘의 삶에 한 점의 부끄럼이 없는
삶을 살도록 그리하라.
22 그렇지 않으면 너희들이 나에게 '예'
라는 대답을 하지 못하며 '아니요' 하
고 나에게 고개를 돌려 지옥 불로 가

는 그와 같은 너희들이 될 것이니,
23 지옥 불로 불려가는 너보다도 그를 보
는 내 마음이 더 아픔이니라.
24 오늘의 너희들이 나를 아버지라 부르
며, 나의 뜻에 의해 역사하며, 나의 뜻
의 강론을 들으며 변하고자 노력했던
그 모두가 너희들이 한 발짝만 더 나
가며 한 번만 마음을 더 굳건히 먹고
네 악습을 버리면 될 것을,
25 그것을 어찌하여 버리지 못하고 너희
들이 '예'라는 대답을 하지 못하고 '아
니요'라는 대답을 하고 지옥 불로 가
려 하는가?
26 그 아픈 마음을 나에게 보이지 말라.
27 그것이 너희들이 가야 할 길이고 넘어
야 될 것이니라.
28 오늘의 삶에 너희들이 어렵고 힘든 속
에서 그 자신을 지켜 가는 너희들의
그 마음이요, 어렵고 힘든 속에서 너
희들이 유혹에 넘어가지 아니하며 너
희 자신을 지키는 것, 이것이 너희들
이 나에게 와서 '예'라는 대답을 할 수
있는 것이라는 것을 알라.
29 모든 종교 집단이요, 지도자 너희들이
말하기를 어렵고 힘든 속에서 재물이
요, 금화와 은화를 많이 바치는 것이
하늘에 오르는 길이요, 열배 백배 복
을 받는 길이라 지금 가르치는 것이나,
30 종교 지도자요, 나로부터 선택된 백성
들은 너희들이 어렵고 힘든 조건에서
사탄이요, 악마가 유혹을 한다 해도
거기에 넘어가지 않고 굳건히 버티고
버티는 것이 너희들이 가야 할 길이
요, 믿음의 길을 가는 백성이라 그리
가르쳐야 되는 것을,
31 저희들은 재물을 거둬들일 때 힘들고
어려워도 그저 많이 바치는 것만이 하
늘에 오르는 길이라 그리 가르침이니,
32 이것이 과연 나의 뜻이요, 이게 진리
란 말이더냐?
33 이와 같이 사악한 세상에서 내가 사랑
하는 너희들을 위하여, 너희들은 어렵
고 힘든 그 고통 속에서 인내하며 나
를 바라보며 내가 존재함을 믿으며,
너희들이 나에게 와 심판을 받을 때
묻는 말에 '네, 아버님!' 하고 대답할
수 있는 그와 같은 삶을 살라 가르치
는 것이 종교 지도자요, 집단이 가야
할 길이거늘,
34 재물을 바치는 것으로 구원을 받는다
그리 말하니, 썩고 부패하고 썩을 대
로 썩었다 함이니,
35 그 속에서 한 사람도 구할 백성이 없
음이니, 너희들에게 내가 기대를 걸며
오죽하면 하늘의 이 뜻을 다 가르쳐
주며 비밀을 알려 준단 말이더냐?
36 사랑하는 나의 아들을 따르는 제자들
아, 나의 아들을 따르는 제자야!
37 너희들은 알아야 될 것이며 행해야 할
길이 무엇인가를 알아야 될 것이니,
38 몸이 쑤시고 뼈가 부러지는 그 고통
보다도 더한 인내를 가지고, 그 고통
또한 너희들이 즐거움으로 인내할 수
있는 마음을 가지고 너희들이 나에게
와 '예'라 대답할 수 있는 것과 아무것
도 바꾸지 말라.
39 이 세상에 살아가면서 너희들이 아름
다움이 아니요, 정의로움이 아니요,
정녕 바른길이 아니거든, 너희들이 나
에게 와서 '예'라 대답하는 그것과 바

꿔서는 아니 됨이니라.
40 모두 너희들이 살아가면서 불의와 타
협하며 잘못된 것을 받아들이며 죄인
줄 알고 행하며 남을 속이며 거짓된
행위를 하는 것, 그것은 너희들이 지
금 나에게 와서 '네, 아버님! 맞습니
다.' 하는 그 대답을 버리는 것이니,
41 너희들이 지금서부터 독한 마음으로
써 거듭나는 것만이 너희들이 내 앞에
와서 '예'라는 대답을 할 수 있을 것이
니,
42 너희들은 나에게 와서 '예'로 대답을
할 것인가, '아니요'라고 대답을 할 것
인가, 너희들이 살아가는 모습을 너
스스로 하나하나 점검하여 다스려 나
가도록 하라.
43 이 시간에 이 법전을 읽으며 이 대목
을 읽는 너희들은 이후부터 너희들이
'예'라는 대답을 하지 못하는 삶을 산
다면, 나는 정녕 너희들을 구원할 수
없다는 것을 명심하도록 그리하라.

10,029 번째 하나님 말씀

2004년 3월 23일 06시 34분

1 사랑하는 나의 아들아!
2 "네, 아버님! 말씀하옵소서."
3 사랑하는 너의 제자들에게 그리 전하
라.
4 너희들이 어떠한 삶을 살든 어떠한 형
국에서 너희들이 살아오든, 나에게 구
원을 받든 받지 아니하든,
5 너희들은 하늘을 향하여 한 점의 부끄
럼이 없는 그와 같은 삶을 사는 것, 그
것만이 너희들이 나에게 오르는 길이
라는 것을, 그리고 그 길을 가르쳐 주
는 것이 나의 법전이라는 것을 전하라.
6 그러니 구원이요, 구원을 받지 아니하
며 너희들이 천국과 지옥이 있고 없기
를 따지기 전에, 너희들이 높고 높은
저 맑은 하늘을 향하여 그 하늘을 바
라보며 네 눈에서 한 점의 부끄럼이
없는 후회 없는 그와 같은 삶을 살라
하는 것, 그것을 생각하며 너희들은
그리 살라.
7 그것만이 너희들이 나에게 오를 수 있
는 길이요, 너희들이 나의 자식으로서
거듭나는 영광이니,
8 하늘을 향하여 한 점의 부끄럼이 없는
삶을 살겠다는 그 마음 하나를 굳힌다
해도, 너희들은 나의 법전을 공부하며
너희들이 양보하며 손해 보는 듯한 그
와 같은 삶을 사는 것이 억울한 것이
아니요, 손해 봄이 없을 것이라는 것
을 알라, 사랑하는 나의 아들딸들아!
9 너희가 진정한 믿음으로써 내가 너희
들을 굳어지게 하며, 그리고 너희들이
구원을 받고 받지 않는 것을 생각하지
말며,
10 저 높고 넓은 하늘을 향하여 너희들이
한 점의 부끄럼이 없는 그 삶이라도
살라 함은,
11 너희들의 믿음이 굳어지며 굳게 다져
지지 아니한다면, 지금의 나의 아들
제자 너희들은 예수의 제자들처럼 무
너지고 쓰러지며 나의 아들을 팔아 버
리는 그와 같은 험악한 짓을 할 수 있
으며, 너희들이 그와 같은 행위를 함
으로 나 여호와의 아픔을 또다시 반복
하게 하는 것이니라.

12 그러니 내가 지금 너희들에게 강한 훈련이요, 너희들이 견딜 수 없는 훈련 속에서 너희들을 다스려 가는 것은,

13 나 여호와가 예수를 그리 버렸듯이, 내가 나의 아들을 또 그 고통을 바라보는 그와 같은 두 번 다시 아픔을 내가 겪지 아니하려는 것이 나 여호와의 뜻이며, 내가 이를 거둬들이려 하지 아니함이니라.

14 그리하여 너희들을 강한 훈련으로써 다스려 나감을 너희들은 알라.

15 예수의 제자들의 그 형태를 너희들이 다시 한 번 기억하고 생각해 보도록 그리하라.

16 나의 아들 예수의 그 제자들이 과연 어찌했느냐?

17 그들은 그를 따랐으며 그와 더불어 저희들이 숭배했으며, 그와 더불어 같이 살아가며 피를 나눈 형제보다도 더 강하게 죽음을 같이하겠다고 그들은 언약하고 약속했느니라.

18 그러나 정녕 나의 아들 예수가 어렵고 힘든 고통이요, 고난의 시기에 다다랐을 때, 과연 그 제자들은 어찌하였는가?

19 나의 아들 예수를 경배하고 나의 아들 예수를 찬양하며 나의 아들이라 말하고 그와 같이 생각하고 살아가던 그들은 오해하기 시작하였으며,

20 그리고 나의 아들을 부인하기 시작하였으며, 나의 아들로부터 도망가기에 혈안이 되었던 자들이 아니더냐?

21 저희들이 나의 아들을 오해하며 예수를 부인하며 도망가는 것으로써 부족하여 나의 아들 예수를 팔아 버리는 행위까지 하였음이니,

22 그 제자들이 실패한 결과가 이루어진 것이 아니고 무엇이더냐?

23 그 모두는 다 실패의 작품이었음이니라.

24 그러니 어떠하더냐?

25 마지막 시대에 나의 아들이요, 나의 아들을 따르는 제자 너희들 또한 그와 같이 그 형태로써 무너지지 아니할 수 없으며 배신하지 아니할 수 없는 것이니라.

26 그러니 내가 두 번 다시 그와 같은 것을 보지 않으려 함이니, 내가 그리하여 너희들이 믿음을 굳게 다지며 너희들이 믿음을 굳건히 다져 나가는 그와 같은 변화되는 삶으로 살지 아니하면 너희들이 또 실패함이니,

27 너희들이 실패하는 것은 너희 자신의 실패나, 나 여호와에게 또다시 가슴 아픈 그 역사가 이루어지기에,

28 나는 이를 예방하며 이와 같은 것을 두 번 다시 보지 아니하려 너희들에게 어렵고 힘든 그 강한 훈련을 시킴을 너희들은 알라.

29 이를 인내하고 참는 자만이 나에게 거듭날 것이며,

30 너희들은 나의 아들 예수를 부인하고 오해하고 팔아 버린 그와 같은 행위를 두 번 다시 하지 아니하는 나의 백성으로서 거듭날 것이니라.

31 이를 명심하고 또 명심하여 너희들이 깨달음을 얻도록 그리하라.

10,030 번째 하나님 말씀

2004년 3월 23일 06시 39분

1 사랑하는 나의 아들아!
2 "네, 아버님! 말씀하옵소서."
3 너를 따르는 제자들이요, 나의 법전을
읽고 깨우친 만백성, 그리고 나의 법
전을 만들기 위해 모두를 다 바치는
너희들은 진실성과 성실성이요, 그리
고 완벽한 믿음의 길이요, 나의 법전
대로 살아가지 아니하면 절대 아니 됨
을 알아야 될 것이니라.
4 너희들은 나의 법전대로 지키고 살아
가는 그 생활 속에서 진실성과 성실성
이요, 그리고 한 점의 부끄럼이 없이
그대로 행하고 사는 삶을 보여 주지
아니하면 나의 법전을 만들고 전할 자
격이 없으며, 그를 상실하게 된다는
것을 알아야 될 것이니라.
5 너희들이 그와 같은 마음을 갖지 아니
하며 바로 서지 아니하고 나의 법전을
만들며 나의 법전을 가지고 전한다 해
도, 이 법전은 휴지가 될 것이며,
6 정녕 나의 백성들이 이를 보고 깨우치
는 그와 같은 변화의 역사의 꽃을 피
울 수가 없다는 것을 너희들은 알아야
될 것이니라.
7 사랑하는 나의 아들을 따르는 제자들
이요, 나의 법전을 읽고 깨우친 너희
들은 성실성과 진실성과 그리고 완벽
한 믿음의 길이요, 십계명대로 사는
삶이요, 나의 법전대로 지키고 사는
그와 같은 완벽한 삶을 살지 않는 백
성이 법전을 만들며 법전을 전한다 해
도, 이는 만백성의 가슴을 울리지 못
함이니,
8 이는 휴지가 될 것이며 이는 종이쪽지
가 되어 태워지고 찢어진다는 그 무서
운 사실을 너희들은 알라.
9 그러니 과연 너희들이 휴지요, 찢어
버릴 종이를 만들 것인가, 그렇지 않
으면 이를 보고 가슴을 치고 통곡하며
감사의 눈물 흘리는 그와 같은 백성들
이 세상을 덮도록 만들며 너희들이 그
와 같은 자격이 될 것인가,
10 이것은 너희들이 이제 선택해야 될 것
이며 너희들이 해야 할 임무라는 것을
알라.
11 그리하여 나의 법전과 강론을 열심히
듣고 공부하여 꾸준한 인내와 노력으
로써의 너희들이 변화되는 것이며, 그
리하여 너희들이 완벽한 나의 백성으
로서 되기를 내가 원하고 요구함이라
는 것을 너희들은 알라.
12 너희들이 그리되지 아니하면 나의 법
전은 종잇조각이요, 누가 태워 버려도
할 말이 없으며, 사탄이 찢어 버리고
쓰레기통에 버리며 물속에 던져 버린
다 해도 나도 할 말이 없으며 그 누구
도 할 말이 없음이니라.
13 너희들이 온갖 진실성과 성실성과 완
벽한 믿음 그 속에서 만들었을 때, 나
의 성령은 열릴 것이며, 나의 뜻은 전
해질 것이며, 나의 그 법전은 빛을 볼
것이며, 거기에 있는 나의 아들의 가
르침 또한 빛을 볼 것이니,
14 나의 아들의 그 사진의 눈에서 빛이
난다 함은 나의 아들이 변하는 것이
아니요, 너희들이 모두가 다 성실성이
요, 진실성이요, 완벽한 믿음이요, 진

실된 마음으로 완전한 사람으로서 완
전한 천사와 같은 삶으로써 살아가는
그 삶이 아니면 절대 그리 역사할 수
없다는 것을 알아야 될 것이니라.
15 너희가 나의 뜻을 따라 지키고 가르칠
때 나 여호와는 너희들과 항상 같이하
고 있을 것이요,
16 그렇지 아니할 때 내가 너희들과 항상
같이할 수 없기 때문임을 너희들은 알
라.
17 너희들이 성실성이요, 진실성이요, 완
벽한 믿음으로써 나의 법전을 만들고
전하며, 나의 아들을 통하여 내리는
강론을 듣고 너희들이 목숨을 바쳐 그
길을 지키고자 노력하며 그를 행하고
갈 때, 내가 너희들과 항상 같이할 수
있으며,
18 그렇지 아니할 때는 내가 너희들에게
같이할 수 없다는 것을 알라.
19 내가 너희들과 같이하고 같이하지 아
니함의 차이가 무엇인가를 너희들은
알아야 될 것이니라, 사랑하는 나의
아들딸들아!

10,031 번째 하나님 말씀

2004년 3월 23일 06시 46분

1 사랑하는 나의 아들아!
2 "네, 아버님! 말씀하옵소서."
3 지금의 모든 종교 집단과 지도자, 그
리고 광분하는 그 신도들, 맹종 맹신
하는 신도들,
4 부모 형제의 그 사랑도 모르며, 오로
지 제 부모의 기쁨보다도 나 여호와에
게 기쁨을 바치며, 부모에게 기쁨을
바치지 아니하며 효성스러운 자식이
되지 아니하며 공경하지 아니해도 죄
가 되지 아니한다 가르치는 그와 같은
백성들,
5 그들을 위해 나의 법전이 필요하며 그
들이 나의 법전을 읽어야 될 것이니,
그들에게 나의 법전을 전해 주는 데
너희들이 최선을 다하라.
6 썩어지고 병든 자에게 의사가 필요하
고 약이 필요하다는 말처럼,
7 너희들이 지금 그와 같이 잘못되며 이
치를 알지 못하는 그 백성들에게 나의
법전이 필요하며, 그들을 깨우치고 바
로잡는 데 이게 약이요, 의사의 역할
을 해야 됨을 너희들은 잊지 말라.
8 이제 그들에게 전하라, 나의 법전을
저희들이 읽고 깨우치는 그와 같은 길
이 아니면, 결코 저희들은 새로운 정
신이요, 새로운 용기를 얻지 못할 것
이며, 새로운 결단을 내리지 못하는
그와 같은 백성들이니라.
9 그리하여 저희들이 오늘이 잘못되었
으며 믿음이 잘못되었다는 것을 알면
서도 거기서 벗어나지 못하며 헤어나
지 못하는 그 백성들이니라.
10 그러니 그들은 거듭나지 아니하면 아
니 됨이니라.
11 새로운 정신이요, 새로운 용기로써 새
로운 결단이 필요한 그들에게, 용기를
내지 못하며 결단을 하지 못하는 그들
에게 용기와 결단을 내려 줄 수 있도
록 나의 법전을 전해 줘 그들이 정독
하도록 그리하여야 될 것이니라.
12 이제 그들은 때가 없으며 시간이 없음
이니라. 그리고 그때가 왔음을 알라

전하라.
13 지금 저희들이 새로운 결단을 내리지
아니하면 저희들은 절대 나를 볼 수
없다는 것, 지금의 믿음이요, 신앙생
활은 잘못되었으며, 그것으로써는 저
희들은 거듭날 수 없으며 구원을 받을
수 없다는 것을 많은 백성들이 그들
스스로 알고 있으며 그와 같은 것을
그들이 모두를 다 느끼고 있음을 너희
들은 알라.
14 내가 너희들에게 지금 잘못 가는 백성
들이 80퍼센트는 잘못되었다 내가 그
리 말함이니, 그것이 무엇이더냐?
15 각자가 다 너희들이 80퍼센트씩이 잘
못되었다는 것이니라.
16 너희들이 백 명 중에 80명이 잘못 깨
닫고 있으며 잘못됨을 깨달으며 20명
이 인정하는 것이 아니라,
17 너희들은 그 말 못 하고 인정하는 자,
그들도 80퍼센트는 똑같이 저희들이
지금 잘못 깨닫고 있으며 잘못되었다
는 것을 알고 있으니,
18 너희들 모두가 마음에 80퍼센트가 지
금 후회하며 불안해하고 있다는 것을
알아야 될 것이니라.
19 그러니 그들에게 거듭날 수 있는 용
기요, 그 희망을 주지 아니하면 아니
되느니라.
20 이제 그들에게 용기가 필요하며 새로
운 결단이 필요하며 새로 거듭나는 정
신이 필요한 때이니라.
21 그러니 그들에게 나의 법전을 전하여
그들이 그와 같은 역사를 이루도록 그
리하라.
22 그들 자신에게 준엄한 질책과 엄격한
검증의 시간을 그들이 갖도록 그리하
라.
23 그리하여 자신을 보지 아니하면 그들
은 구원의 길을 볼 수가 없느니라.
24 그리하여 저희들이 저 자신에게 준엄
한 채찍이요, 엄격한 검증을 하여 저
희들이 잘못되었음을 깨달았을 때,
25 그들이 거기에서 새로 이루는 정신이
요, 새로 나는 용기요, 새로운 역사를
이룰 수 있도록 그들에게 결단을 내릴
수 있는 그 힘이 필요하니,
26 그들에게 그 용기를 심어 주도록 그리
하라, 사랑하는 나의 아들딸들아!
27 그렇지 아니하면 그들은 거듭날 수가
없음이니,
28 모든 나의 백성 너희들은 들으라.
29 지금 너희들이 새로운 정신이요, 새로
운 용기로써 새로운 결단을 할 때가
되었다는 것을, 그를 얻기 위해서는
너희들이 나의 법전을 읽고 들여다보
라.
30 나의 법전을 읽고 들여다보면 너희들
자신에게 준엄한 질책을 할 수 있으며
너희들을 엄격히 다스려 볼 수 있는,
그리고 너희 자신을 돌아볼 수 있는
눈이 뜨일 것이며 귀가 열릴 것이니,
그때 너희들이 용기를 갖고 결단을 하
도록 그리하라.
31 그리하지 아니하면 너희들이 나에게
오를 수 있는 백성이 되지 못함이니라.

10,032 번째 하나님 말씀

2004년 3월 23일 06시 50분

1 사랑하는 나의 아들아!

2 "네, 아버님! 말씀하옵소서."
3 너희들이 백 년도 살지 못하는 인간
세속의 삶 속에서는 너희들이 옳고 그
른 것을 시시비비하며 그를 따지기 위
해 너희들이 온갖 정성을 다 쏟으며,
너희들이 그를 따지기 위해 너희들의
생명을 바치고 살아가는 그와 같은 삶
을 사는 자도 있지 않더냐?
4 옳고 그름을 너희들이 그리 따져 그를
밝히고자 하면서,
5 어찌하여 너희들이 백 년을 사는 것이
아니요, 영원히 살며 나의 나라에 와
존재할 수 있는, 그리고 새로운 생명
으로 거듭 태어나는 그와 같은 너희들
의 영혼의 삶에 대해서는 너희들이 옳
고 그름을 어찌하여 그리 따지지 않는
가?
6 너희들이 육의 세상에서 사는 것은 너
희들의 이 삶으로 끝나 너희들은 영
원히 나에게 심판을 받으니,
7 그 영혼이 지옥의 길로 가느냐, 그렇
지 않으면 나에게 오르는 길을 올 수
있으며 거듭나는 영광을 얻느냐, 그와
같이 중요하고 소중한 그 삶에 대해서
는 너희들이 어찌하여 옳고 그른 것
을 구분하지 아니하고 살아간단 말이
더냐?
8 육의 세상에 살면서는 너희들이 옳고
그른 것을 밝히기 위하여 온갖 정성을
다하며 너희들이 그와 같이 시시비비
를 하고 살아가면서도, 너희들의 영혼
을 위해서는 너희들이 옳고 그른 것을
구분하지 않으니,
9 옳은 것을 너희들이 옳다 말하지 아니
하며, 그른 것을 보고도 그를 개선하
여 고쳐야 된다는 것을 가르치지 아니
하며 개선하지 아니하고 사는 것이 너
희들이니,
10 어찌하여 인간의 삶에서는 그 짧은 육
의 세상은 그리도 그 시비를 엄격히
가리고 옳고 그름을 가리고자 하는 백
성들이 많이 있으면서도,
11 너희들이 영혼의 옳고 그른 삶을 사는
것은 어찌하여 다스리고 깨우치려 하
지 아니하는가?
12 이것이 내 마음의 답답함이며 내 가
슴의 아픔이니라.
13 사랑하는 나의 아들딸들아!
14 너희들은 인간 세상에 옳고 그름을 가
르치고 깨우쳐 개선하는 것도 소중하
나,
15 영원히 거듭나는 세상에 그 영혼의 세
상의 옳고 그름을, 너희들이 거기에
한 점의 부끄럼이 있고 없는 그와 같
은 삶을 다스려 나가는 데 모든 정성
을 다하도록 하라, 나의 아들을 따르
는 제자 너희들은.

10,033 번째 하나님 말씀

2004년 3월 24일 06시 03분

1 사랑하는 나의 아들아!
2 "네, 아버님! 말씀하옵소서."
3 아무리 방대한 심장을 가진 도둑이요,
심상이 두꺼운 노둑이라 해도, 주인이
그 물건을 놓고 지키고 서 있는 그 앞
에서 과연 도둑질을 할 수 있다 생각
하느냐?
4 주인이 물건을 놓고 지키고 앉아 있으
니, 주인이 보는 앞에서 너희들은 아

무리 방대한 심장을 가진 도둑이라
해도 그 물건을 훔칠 수 없는 것이 인
간이거늘,
5 너희들은 어찌하여 이 세상의 만물을
창조한 주인이 누구며, 그를 보고 있
는 것이 나 여호와임을 모른단 말이
더냐?
6 인간 세상에서 너희들이 주인이 지키
고 있는 그 물건을 도둑질은 하지 못
하며 할 수 없다는 것을 알면서,
7 이 세상의 모든 창조물이요, 모두를
이룬 것은 나 여호와요, 내가 주인이
니, 내가 그를 바라보고 있는 것을 너
희들은 어찌 모르며,
8 주인인 내 앞에 그와 같이 너희들이
흉악한 짓이요, 사악한 행동을 할 수
있다 생각하는가?
9 이제 나의 법전을 읽고 깨우친 제자들
이요, 나의 아들을 따르는 제자 너희
들은 알아야 될 것이니라.
10 너희들이 물건을 지키고 있는 주인 앞
에서 아무리 그것이 갖고 싶고 소중해
도 그걸 훔칠 수 없듯이,
11 나 여호와가 너희들의 모두를 다 들여
다보고 보고 있음이니, 주인이 쳐다보
는 내 앞에서 너희들이 도둑질하며 남
을 속이며 그와 같은 행위를 하지 말
도록 그리하라.
12 그것이 너희들이 어리석은 백성이니
라.
13 너희들은 죄를 짓지 아니하며 나의 계
명을 지키고 살 수 없다 하며,
14 그리하여 너희들이 죄를 지으며 너희
들이 하늘을 향하여 부끄럽지 않은 행
동을 하지 못하며, 하늘을 향하여 부
끄러운 행위를 너희들을 보는 자가 없
으며 듣는 자가 없다 하여 행함이니,
15 이는 곧 너희들이 내가 지키고 있는
것을 모르는 자들이니라.
16 그러니 나 여호와가 모두를 지키고 있
거늘, 그리고 너희들이 움직이고 행하
는 모두를 내가 다 보고 있음이니, 너
희들의 마음속까지도 들여다보는 것
이 나 여호와이거늘,
17 어찌하여 내 앞에서 너희들이 내 물건
을 훔치는 짓이요, 나를 기만하는 짓
이요, 그리고 너희들이 같은 형제지간
에 기만하는 그와 같은 행위요,
18 그리고 만백성에게 한 점의 부끄러움
이 없는 삶을 살라 했거늘, 그 부끄러
움을 너희들이 스스럼없이 행하는 그
와 같은 삶을 사는가?
19 이제 나의 아들을 따르는 제자 그들에
게 너는 가르쳐 주라.
20 너희들 그 인간 세상에서 주인이 모든
물건을 잘 지키고 있을 때 누구도 그
를 범접하여 도둑질할 수 없음이니라.
21 그리고 또한 너희들이 그와 같은 행위
는 절대 할 수 없는 것이니라.
22 그러나 그 물건을 지키고 있는 주인은
그 도둑이 훔치려는 것은 아나, 그 마
음이요, 그가 생각하고 있는 것을 모
르느니라.
23 그러나 창조주 내가 지키고 있는 이
세상에서 그 하나서부터 만 가지까지
모두를 다 나는 앎이니,
24 훔치려는 자의 그 속마음이요, 그가
생각하는 것, 어찌 변하는지까지 그
모두를 다 알고 보는 주인인 내가 눈
을 뜨고 지키고 있거늘,

25 내 앞에서 너희들이 도둑질하며 나를
속이는 그와 같은 행위를 하지 말라
전하라.
26 주인인 내가 모두를 철저히 지키고 있
음을 안다면, 너희들이 과연 나에게
부끄러운 행위를 할 수 있는가?
27 너희들이 살아가며 비도덕적인 행위
요, 너희들이 물건을 훔치는 것이요,
남을 속이는 것이요, 기만하는 것이
요, 너희들이 하늘을 향하여 정당하지
못하며 한 점의 부끄럼이 있는 그와
같은 행위를 하는 그 모두를 내가 지
켜보며,
28 너희들이 아름답고 선한 행위를 하는
것도 나 여호와가 모두를 다 지켜보고
있다는 것을 알라.
29 너희들이 번갯불보다 빨리 지나가는
것도 놓치지 않고 지키고 있는 주인인
나 여호와가 있거늘, 내 앞에서 너희
들이 어찌 그와 같이 부끄러운 짓을
할 수 있으며 부끄러운 삶을 살아갈
수 있는가?
30 너의 제자들에게 그를 전해야 될 것이
며, 그리고 나의 법전을 읽고 깨우친
만백성에게, 주인인 내가 하나도 감시
하지 않는 것이 없으며, 너희들의 일
거수일투족 아름다운 일, 너희들이 부
끄러운 일, 그 모두를 보지 아니하는
것이 없다 그리 전하며 그를 깨우쳐
주도록 하라.
31 그리하면 그들이 과연 나를 속일 수
있겠는가?
32 주인을 속이면서 도둑질하고자 하는
자가 없을 것이니, 너희들이 계명을
지키지 못하며 아름답게 살지 못하며
죄를 짓지 아니하고 살 수 있다 없다
시시비비를 할 수 없는 것이니라.
33 모두의 주인이 바라보는 그 앞에서 너
희들이 죄를 짓는 행위를 하고 있다는
그것을 알도록 그리 전하라.

10,034 번째 하나님 말씀

2004년 3월 24일 06시 07분

1 사랑하는 나의 아들아!
2 "네, 아버님! 말씀하옵소서."
3 내가 지금까지 너를 따르는 제자들이
요, 나의 법전을 읽은 백성 너희들에
게 새로운 성경에 기록하여 무어라 전
하였느냐?
4 지도자란 정녕 한 점의 부끄럼이 없는
삶을 살아야 되며 부끄럼이 있어서는
아니 된다 그리 말하였느니라.
5 그러나 이제 나의 아들을 따르는 제자
들이요, 나의 법전을 읽고 깨우친 만
백성 너희들은 들으라.
6 나 여호와는 지도자만이 한 점의 부끄
럼이 없는 삶을 살아가는 것을 바라는
것이 아니니라.
7 나의 모든 백성들이 한 점의 부끄럼이
없는 그와 같은 삶을 살기를 바라느니
라.
8 지금 종교 집단이요, 지도자 그 속에
서 구원을 받았다 울고불고 몸부림치
는 그 백성들, 과연 그들이 나 여호와
에게 한 점의 부끄럼이 없는 그와 같
은 삶을 사는가 그들에게 물어보라 그
리하라.
9 너희들은 정녕 나에게 한 점의 부끄럼
이 없는 삶을 사는가?

10 너희들이 믿음의 길을 가는 길, 하늘
을 향하여 가는 길, 그와 같은 백성이
라면, 너희들이 한 점의 부끄럼이 없
는 그와 같은 삶을 살아야 되는 것이
너희들이 나에게 오를 수 있는 길이
요, 나의 백성이니라.
11 그러나 믿음의 길을 어찌 가는가?
12 종교 집단 속에서 구원을 받았다 하는
그 신도라 하는 백성들, 신앙생활에
평생을 바쳐 왔다, 몇십 년을 했다 말
하는 그 백성들, 과연 그들이 나를 향
하여 한 점의 부끄럼이 없는 삶을 사
느냐?
13 이제 남들이 어찌 가든 나의 아들을
따르는 제자들이요, 나의 법전을 읽고
깨우친 만백성 너희들은 들으라.
14 나 여호와는 나의 아들만이 바로 가기
를 바라며 나의 아들만이 하늘을 향하
여 한 점의 부끄럼이 없는 그와 같은
삶을 살라 내가 지금까지는 그리 말했
으나,
15 나 여호와의 참뜻이요, 내가 바라는
것이 무엇인 줄 알겠느냐?
16 이제 나의 아들을 따라 법전을 읽고
깨우친 만백성 너희들은 이를 지킬 수
있으며 너희들도 행할 수 있는 경지에
올랐음이니,
17 너희들이 정녕 나로부터 선택된 백성
이요, 나의 뜻을 역사하는 백성이라
면, 너희들 스스로 누구나 다 한 점의
부끄럼이 없는 삶을 살도록 그리하라.
18 정녕 지금 믿음의 길을 가는 백성들이
요, 광신하는 백성들이요, 맹종 맹신
하는 그 백성들이 과연 하늘의 뜻을
따라서 한 점의 부끄럼이 없는 삶을
사는가?
19 그렇지 아니하다면 그것은 나의 백성
이 아님을 너희들은 알겠는가?
20 내가 나의 아들을 통하여 오늘 이 아
침에 무어라 전하였느냐?
21 모두를 내가 지키고 있으며 내가 보고
있음이니, 그를 모르는 자들이기에 너
희들이 죄를 행할 수 있으며 하늘을
향하여 부끄러운 짓을 하고 있는 것이
라 하지 아니하였더냐?
22 그러니 그와 같은 이치를 깨닫고 너희
들이 그와 같은 나의 뜻을 안다면, 과
연 너희들이 어찌하여 하늘을 향하여
부끄러움이 있는 삶을 살겠느냐?
23 모든 백성 너희 스스로 한 점의 부끄
럼이 없는 삶을 살아 스스로 너희들이
나에게 오를 수 있는 은혜를 받도록
하는 것이 나의 뜻이니, 그리 알도록
하라, 사랑하는 나의 아들딸들아!
24 이제는 너희들이 나의 십계명을 지킬
수 없다 말하지 말며, 나의 법전대로
살아갈 수 없다 말하지 말며, 죄를 짓
지 아니하고는 살아갈 수 없다는 그와
같은 말을 하지 말라.
25 너희들이 너희 자신을 들여다보라.
26 이제 나의 아들을 따르는 제자 너희들
부터 너희 자신을 들여다보며, 너희들
이 나에게 한 점의 부끄럼이 없는 삶
을 살며, 너희들이 죄된 삶을 살지 않
는가 너희들 스스로 너희 자신을 들여
다봐 너희들 먼저 깨우치고 변하는 그
와 같은 삶을 살라.
27 그리고 너희들이 스스로 한 점의 부끄
럼이 없는 삶을 살 때, 모든 백성들에
게 너희들이 전할 수 있으며 그들을

인도할 수 있는 것이니라, 사랑하는
나의 아들딸들아!
28 이것이 너희들이 오늘에 가야 할 길이
라는 것을 잊지 말라.

10,035 번째 하나님 말씀

2004년 3월 24일 06시 15분

1 사랑하는 나의 아들아!
2 "네, 아버님! 말씀하옵소서."
3 지금의 믿음의 길을 가는 그 백성들이
요, 종교 집단이요, 지도자들이 성서
를 잘못 해석하며 잘못 가르치고 있다
내가 하였음이니, 과연 너는 그 의미
를 알겠는가?
4 "네, 아버님! 아버님께서 물으시니 감
히 제가 무엇으로써 대답해 올릴지
저는 자신이 없사옵나이다.
5 그러나 아버님께서 지금까지 법전을
내려 주시며 그 깨달음 속에서 얻은
것으로써 제가 지금 마음속에 생각하
고 있는 것을 말씀을 드린다면, 저는
다음과 같이 말씀을 드릴 수 있사옵나
이다.
6 모든 백성들이 무엇을 이루고 무엇을
역사하는 것인가를, 그리고 아버님께
서 저희들에게 내려 주시고자 하시는
뜻이 무엇이며, 아버님께서 저희들에
게 명하고자 하시는 것이 무엇인가를,
7 모든 백성들은 그를 자세히 들여다보
지 아니하며 그를 연구하지 아니하며
그를 생각하지 아니하는 그와 같은 믿
음으로써 지금까지 모두가 흘러왔기
에, 아버님의 뜻은 묻혀졌으며 아버님
의 뜻은 세상에 전해지지 아니하였다
그리 생각되옵나이다.
8 아버님께서는 반드시 무엇을 내리시
되 거기에 대한 그 대안이 있으며 그
방법이 있으며, 내리시는 그와 같은
어떠한 뜻이 거기에 있거늘,
9 그를 알려 노력하지 아니하며 그를 찾
아 변화되는 삶을 살려고 하지 아니하
는 것이요,
10 오로지 저희 자신들이 편리한 쪽으로,
저희들이 유리한 쪽으로 모두를 생각
하고 그리 가는 것이 오늘의 믿음이
요, 성서를 가르친 길이기에 오늘에
말세요, 험악한 세상이 되었다 그리
생각하옵나이다."
11 사랑하는 나의 아들아! 그러하니라.
12 성서의 가르침의 그 뜻이 무엇이더냐?
13 나 여호와가 한 문맥이요, 한 구절을
너희들에게 내려보냄이니, 거기서 나
의 뜻이 있으며 내가 원하는 것이 있
느니라.
14 그러니 나 여호와의 참뜻을 너희들이
어찌 가르치며 어찌 가는가 그를 들여
다볼 때, 너희들은 나의 뜻과는 관계
없는 그와 같은 가르침으로 가고 있는
것이며,
15 모두는 나의 뜻을 버리고 나의 뜻을
지워 버리는 그와 같은 종교 집단이
요, 지도자들이 이 세상을 이끌고 와
있으니,
16 나의 백성들이 나에게 오르지 못함이
요, 지옥문에 가 울고불고하는 것이라
그리하지 아니하였더냐?
17 내가 성서에 기록하여 전한 그 한 구
절을 내가 여기에 기록하여 전함이니,
너희들은 이 뜻이 어찌하여 잘못되었

는가를 깨달아 만백성에게 전하도록
하라.
18 '예수의 피로써 모든 죄에 대하여 너
희들이 깨끗하게 속죄되었다.'는 이
구절이 있느니라.
19 예수를 받아들이고 믿음으로 너희들
이 모두 깨끗하게 되었으며, 너희들의
죄는 다 지워졌으며 너희들은 구원을
받을 수 있는 백성이요, 내 안에 올 수
있는 백성이라는 그 구절이 있느니라.
20 그러니 너희들은 그 한 구절만을 가지
고 그리 가르치느니라.
21 나의 아들 예수를 믿기만 하면 그 보
혈로써 너희들의 죄를 사함을 받아 너
희들은 속죄 자가 되었으니, 나에게
오를 수 있는 백성이라 그리 가르치느
니라.
22 그러나 다음과 같은 조건이 거기에 있
음을 너희들은 알아야 될 것이니라.
23 나 여호와는 너희들이 노력하지 아니
하면 상을 주지 아니하며 노력한 것만
큼 내가 내려 주지, 노력하지 아니한
것을 내려 주는 나 여호와가 아님을
너희들은 알아야 될 것이니라.
24 거기에 다음과 같은 그를 가르침이 있
음이니라.
25 참진리요, 하늘의 빛 가운데서 너희들
이 행함이 있어야만 반드시 너희들이
그와 같이 예수의 보혈이요, 나를 찾
으며 울고불고하는 것으로써 구원을
받을 수 있다는 것을 내가 거기에 기
록하여 두었거늘, 너희들은 이를 버려
두고 가르치지를 아니하느니라.
26 그러니 너희들은 내가 전하고자 하는
것은 생각하지 아니하며, 내가 무엇을
너희들에게 깨우치고자 하는가는 들
여다보지 아니하느니라.
27 그러니 너희들이 앞뒤의 그 문맥을 찾
아 읽고 또 읽어 보면 내가 원하는 것
이 무엇이며, 내가 역사하는 것이 무
엇이며, 너희들이 어찌 역사했을 때
나에게 은혜를 받을 수 있는 것이며
내가 너희들을 기억하는가를 상세히
너희들에게 내려보내 기록하여 두었
건만,
28 너희들은 이를 보지 아니하고 너희들
에게 불리한 것은 지워 버리며 유리한
대목만을 찾아 나의 백성들에게 강론
하고 설교하며 가르침이니,
29 이것이 나의 피조물 만백성을 지옥으
로 이끌어 가는 그와 같은 행위를 너
희들이 하고 있다 함을 알라.
30 이제 나의 성경의 뜻을 가르치는 데
거짓된 행위를 하지 말라 이르라.
31 더 이상 너희들이 거짓된 행위를 하는
것을 볼 수 없기에 내가 지금 너희들
에게 마지막 나의 법전으로써 너희들
을 다스리려 하나,
32 너희들이 이를 듣지 아니하였을 때 너
희들은 내가 너희들에게 내리는 것이
무엇인가를 알아야 될 것이며,
33 내가 너희들에게 이를 단죄하기 위하
여 내렸을 때는 너희들이 과연 인내할
수 있는 길이 있다 생각하는가?
34 이 무서움과 두려움을 알라 그리 전하
라.

10,036 번째 하나님 말씀

2004년 3월 24일 06시 25분

1 사랑하는 나의 아들아!
2 **"네, 아버님! 말씀하옵소서."**
3 지금의 너희들의 믿음이요, 구원의 방
법으로써는 너희들이 정녕 나에게 오
를 수 없다는 그 무서운 뜻을 나의 성
서에 증거하여 기록하여 너희들에게
전하고 있음이니라.
4 그러니 너희들이 지금까지 가는 그 믿
음의 길에서 그 방향을 돌리며 바로잡
지 아니하면 결코 너희들은 나에게 오
를 수 없다는 것을 너희들은 들어야
될 것이니라.
5 너희들은 구약 시대요, 신약 시대에
성서에 기록하여 너희들에게 전한 그
뜻과 내가 지금 나의 아들을 통하여
내리는 그 모두의 뜻이 한 맥으로써
흐름을 알게 될 것이니라.
6 그것이 한 맥으로 흐르지 아니한다면
나의 뜻이 아니며, 그것이 한 맥으로
흐른다면 곧 나 여호와의 뜻이니, 너
희들은 두려움과 무서움을 알아야 될
것이니라.
7 너희들의 지금의 믿음이 무엇이더냐?
8 나를 경배한다 하며 나를 찾으며 나의
아들 예수를 찾으며, 그러면서 여호와
나의 아들 예수는 사랑을 베풀기 위하
여 존재함이요, 사랑의 본체가 곧 나
여호와라 너희들은 그리 말하니, 오로
지 나는 베푸는 하나님이라 너희들이
그리 말하느니라.
9 그러나 너희들은 나의 아들 예수의 십
자가의 죽음까지도 무어라 말하느냐?
10 그 모두는 다 너희들의 죄를 대속하여
속죄양으로 죽었다 그리하며, 너희들
은 그 사랑과 은혜의 그 공로로 인하
여 너희들이 아무런 죄가 없으며 모든
죄 사함을 받았다 그리 말하니,
11 그리하여 너희들은 그 은혜요, 그 공
에 너희들이 감사하는 찬미요, 찬송을
부르며 나의 아들의 은혜에 감사하다
울고불고하면,
12 너희들이 그 모두를 다 역사하는 것이
며, 은혜에 보답하는 길이며, 너희들
이 구원의 길에 오른다 그리 말하는
것이 너희들이 지금의 가르침이 아니
더냐?
13 너희들은 알아야 될 것이니라.
14 나는 그와 같은 것으로써 너희들을 구
원하지 아니하며, 그와 같은 믿음으로
가는 너희들을 나는 거둬들이지 아니
하며 듣지 아니함을 알라.
15 나는 성경에 그리 전하였느니라.
16 나의 성령이 너희들에게 임한 백성만
이 너희들이 천사와 같이 변화되는 삶
을 사는 조건을 전제하여 내가 그 모
두를 역사했으며 내가 들어준다 나의
성경에 기록하여 이미 전하였으며,
17 나의 아들을 통하여 이와 같은 가르침
을 너희들에게 전했음을 너희들은 알
라.
18 나의 성령이 너희들에게 임하지 아니
하는 자는 기도할 자격도 없으며, 소
원할 자격도 없으며,
19 그와 같이 나의 성령이 임한 백성만이
모두를 은혜를 받을 수 있으며 영광을
받을 수 있다는 걸 알라.
20 나는 나의 아들에게 명했느니라.

21 너희들이 어떠한 공을 세운다 해도 너
희들이 그것을 먼저 행하고 지켜서 변
화되지 아니하면, 나는 절대 너희들에
게 어떤 것도 내리지 아니한다 하였음
이니라.
22 그리하여 나 여호와는 공의의 하나님
이요, 진리의 하나님이요, 나의 뜻은
모두가 법이라 내가 너희들에게 말함
을 알라.
23 나의 아들 예수와 같이 너희들이 그
어렵고 힘든 삶을 사는 것, 그와 같은
길을 너희들이 거부하지 아니하고 받
아들이는 것, 그것이 바로 너희들이
나에게 오를 수 있는 길임을 알라.
24 나의 아들 예수가 그 고통 속에 죽어
가는 그 시련 속에서 만백성을 구하고
자 그리했으며, 그 고통을 거부하지
아니하며 나에게 거절하지 아니하며
그를 순종함으로 그가 나에게 오를 수
있던 것을 너희들은 알아야 될 것이니
라.
25 그러니 나의 아들 예수도 그와 같이
고통과 그 죽음의 시련을 마다하지 아
니하고 받아들이는 그 순종하는 마음
으로써 나에게 올 수 있다 하였거늘,
26 똑같은 나의 아들딸인 너희들은 어찌
하여 그저 그 예수의 죽음으로써 찬미
하고 찬송하고 경배하는 것으로써 너
희들이 그리 간단하고 쉽게 나에게 오
를 수 있단 말이더냐?
27 이것이 공의의 하나님이요, 이것이 천
사와 사탄들이 과연 너희들을 심판할
때 받아들일 수 있으며 너희들을 용서
할 수 있다 생각하는가?
28 공의의 하나님이라는 나 여호와는 여
기에 너희들이 엄격한 진리요, 정도
외에는 아무것도 통할 수 없으며 이룰
수 없음이니라.
29 나의 아들 예수가 나의 곁에 와 존재
함은 그가 그 고통의 죽음이요, 그 시
련도 나의 뜻에 따라 순종했으며 거역
하지 아니하였기 때문이니라.
30 그러니 어찌하여 나의 아들딸인 너희
들은 나의 아들 예수의 고통을 찬미하
며 너희들이 찬양하는 것으로써 나에
게 구원을 받을 수 있단 말이더냐?
31 나의 아들은 목숨을 던져 죽음으로 순
종하였기에 구원하였거늘, 너희들이
그에 버금가는 노력이요, 그와 같은
믿음이 없는 자, 너희들이 결코 그 자
리에 올 수 없다는 것을 알라.
32 이것이 하늘의 법도요, 인간 세상의
법도도 그러함을 너희들은 알라.
33 너희들이 똑같은 대우를 했을 때, 똑
같은 역사를 했을 때, 똑같이 일을 했
을 때, 너희들이 그 대가를 받는 것이
며 그 똑같은 상을 받는 것이 세상의
법도가 아니더냐?
34 그러니 나의 아들은 죽음의 고통의 길
을 갔으니, 또한 나의 아들과 너희들
이 무엇이 다르더냐?
35 나의 아들 예수가 나의 아들이니, 너
희들 또한 나의 아들딸이며 그것이 다
름이 없거늘,
36 어찌하여 너희들은 그저 편안한 길로
써 그 영광된 길을 올 수 있다 생각하
는가?
37 너희들의 생각과 방향을 바꾸지 아니
하면 아니 되느니라.
38 너희들은 형평성을 잃어버린 나 여호

와요, 공의의 아버지가 아니라 그리
말하고 기대하는 것이나,
39 나에게는 형평성을 반드시 지키며, 정
의로움을 지키며, 공의의 하나님으로
서 너희들이 흔들리라는 것이 없으며,
옳고 그름이 너희들이 그대로 그 점수
가 반영되지 아니하는 것이 없으며,
너희들이 그에 따라서 모두가 역사한
다는 것을 알라.
40 그러니 나의 아들의 그 삶이요, 그가
전하고자 하는 그 역사의 고통의 길을
오면서도 순종한 그와 같은 믿음의 자
세로 너희들이 오지 아니하며,
41 말로써 모두를 다 이루는 그와 같은
행위로써 너희들은 누구도 내 곁에 올
수 없으며 나를 볼 수도 없다는 그 엄
연한 사실이요, 그 법도요, 이를 너희
들이 깨닫도록 하라.
42 내가 나의 법전을 통하여 이게 새로운
성경이요, 법전이라 함이 무엇인 줄
알겠느냐?
43 지금 너희들이 올 수 있는 자, 오지 못
하는 자요, 그 모두를 내가 구분하여
너희들에게 깨우쳐 줌이니, 그리하여
이 새로운 성경은 법전이라 내가 명한
뜻임을 그리 알라.

10,037 번째 하나님 말씀

2004년 3월 24일 06시 32분

1 사랑하는 나의 아들아!
2 어리석고 불쌍하여 지금 잘못 가는 백
성이 수없이 있음이니라.
3 그러니 모르고 광분하는 백성이요, 모
르고 맹종 맹신하는 백성이요,
4 모르기에 천국의 그 문을 열어 줄 수
있는 나 여호와밖에 없거늘, 감히 그
문을 저희들이 스스로 열고 들어올 수
있는 자격을 가진 자이며,
5 저희들은 오기만 하면 그리 들어올 수
있다 생각하는 그 불쌍한 백성들, 그
들을 구원하며 그들을 깨우치는 것이
너희들이 역사해야 하는 것임을 알아
야 될 것이니라.
6 나는 나의 아들을 통하여 너희들에게
성령으로 임한 백성이 되어야 하며,
그리고 어떠한 구원이요, 속죄함도 너
희들이 아무리 기도한다 해도 성령으
로써 먼저 임한 백성이 아니라면 어떠
한 것도 역사할 수 없다는 그 뜻을 가
르쳤음이니,
7 오늘의 믿음의 길을 가는 그 백성들이
그 이치요, 그 의미 하나도 모르고 있
는 자들이니라.
8 나 여호와는 너희들에게 임하여 말했
느니라, 너희들이 상을 받을 수 있을
믿음 했을 때 내가 그 상을 내린다는
그 무섭고 두려운 하늘의 이치를.
9 그러니 너희들이 성령으로써 임한 백
성이 아니면 어떠한 것도 내가 들어주
지 아니하며 내가 관여하지 아니하거
늘,
10 어찌하여 너희들이 성령으로 임하는
그와 같은 깨끗한 백성으로 변하는 삶
을 사는 것을 우선으로 두지 아니하며,
11 너희들은 추하고 더러운 그 모습 속에
서 그저 구원이요, 나의 아들 예수의
보혈로써 속죄했다는 그와 같은 어리
석은 믿음에서 헤어나지 못하고 있는
가?

12 그러니 그들이 모르기 때문이요, 어리
석은 백성들이니, 그를 탓하지 말며
그들을 깨우쳐 주도록 그리하라, 사랑
하는 나의 아들아!
13 내가 너희들에게 나의 아들 예수를 찾
으며 나를 찾고 울고불고 찬송하며 찬
미하는 것으로써 너희들의 모든 죄를
사함을 받았다 말하는 그 백성들, 그
들에게 너희들은 전하라.
14 그들은 이와 같은 하나의 성서의 구절
을 가지고 지금 모두를 다 바치고 있
지 않은가?
15 너희들이 나를 찾으며 나의 아들을 찾
는 것, 그리고 창조주 나의 안에 있으
며 나의 아들 예수의 안에 있을 때, 너
희들은 모든 구원이요, 모두를 역사를
받는다 그리 말하느니라.
16 그러나 사랑하는 나의 아들아! 나의
아들 예수의 안에 있으며 나 여호와의
품 안에 있는 것이 무엇인 줄 알겠느
냐?
17 너희들은 나를 믿고 찾기만 하며 나의
아들 예수를 울고불고 부르짖기만 하
면, 그것이 예수의 안에 거하는 것이
며 나의 안에 거하는 것이라 그리 생
각하느냐?
18 이것이 너희들이 정녕 반대의 뜻임을
알라.
19 이는 곧 성경에서 너희들이 가르치는
것이 그와 같은 뜻이 아니니라.
20 이는 너희들이 나의 성령으로써 충만
되었을 때, 너희들이 성령으로 임한
백성이 되었을 때, 너희들이 나의 아
들 예수의 품 안에 있는 것이며 너희
들이 나의 품 안에 있는 것이니라.
21 그러니 너희들이 성령으로써 한 점의
부끄럼이 없는 천사와 같은 삶을 사는
백성들에게 해당되는 말이거늘,
22 너희들은 그저 울고불고 믿기만 하면,
너희들이 그리고 인간이 짓는 죄는 죄
가 아니요, 그는 다 용서받을 수 있으
며 지움받을 수 있다, 그리하여 나의
아들을 찾기만 하며 나를 부르기만 하
면 너희들이 내 안에 거하는 것이며
내 안에 속하는 것이라 너희들이 그리
생각하니, 이 어리석고 불쌍한 백성들
을 깨우쳐 주라.
23 예수의 품 안에 있는 것, 그리고 나 여
호와의 품 안에 있는 것, 그것은 너희
들이 완전히 성령으로써 임한 백성이
되었을 때만이 너희들이 내 안에 있는
것이며, 나의 아들과 같이 너희들이
존재하는 대우를 받을 수 있다는 것이
니,
24 그러니 성령으로 완벽하게 임한 백성
만이 내 안에 있는 그 뜻이니라.
25 그러니 성령이 임한 백성으로 너희들
이 한 점의 부끄럼이 없이 변하는 그
삶을 먼저 살라는 그 뜻을 너희들이
왜곡되게 가르치며 잘못 깨우치고 있
으니, 그 어리석고 불쌍한 백성들 그
들을 깨우쳐 주라.
26 너희들은 나의 안에 있을 때, 내가 너
희들 안에 있을 때, 그리고 나의 아들
예수의 안에 있을 때만 너희들이 구속
된 죄 속에서 너희들이 구원을 받는다
는 이 내용을 너희들은 반드시 잘 전
하도록 하라.
27 그것이 너희들이 성령이 임했을 때 나
의 아들 예수의 안에 있는 것이며, 나

의 안에 있다는 그 뜻을, 그것을 내가
가르쳐 준 것이냐, 그를 내가 너희들
에게 명한 것이라는 걸 절대 잊지 말
도록 그리하라.
28 먼저 성령으로써 변화된 너희들만이
모두를 역사할 수 있다는 것을 그것을
모르고 있음이니라.
29 그러니 너희들이 예수의 삶이요, 그
모두를 너희들이 그대로 행하는 것이
중요하다 하였음이니라.
30 다만, 예수가 죽음으로 역사한 것이
너희들의 은혜요, 너희들에게 축복이
요, 영광이 너희들의 죄를 대속했다는
너희들이 함부로 쓰는 말을 이제 입을
봉하도록 그리하도록 전하라.
31 너희들은 정녕 이제 나의 뜻을 알았는
가?
32 너희들이 피로써 인하여 죄를 사했다
는 것이 얼마나 잘못 가르치는 것이며
내 뜻을 거역하는 것인가를 알라 그리
전하라.
33 모두는 성령이 임했을 때 너희들이 내
안에 있으며, 예수의 안에 있다는 그
와 같은 나의 뜻을 이제 내가 하늘의
비밀을 기록하여 너희들에게 전하고
전함이니,
34 이를 또 너희들이 왜곡되게 가르치지
말며, 너희들이 뒤집어 또 가르치는
길을 가지 말도록 그리하라.
35 믿는 것으로써 예수의 안에 있는 것이
아니요, 나 여호와의 안에 거하는 것
이 아니요,
36 너희들이 그와 같이 성령으로 임한 그
사람만이 나에게 임한 백성이요, 내
안에 있는 백성이라 내가 가르쳐 줌이
니,
37 그 어리석고 불쌍한 그 믿음의 깨달음
에서 이제 헛된 길을 가지 말며, 헛된
믿음을 따라가지 말며, 바른 믿음이
요, 하늘에 오르는 길을 보도록 그리
하라.
38 내가 이 대목이 너무 중요하고 귀하여
너에게 다시 한 번 임하니, 예수의 안
에 있는 것, 그리고 나 여호와의 안에
있는 것, 그것이 너희들의 모두를 구
원을 받는다 하여 나를 울고불고 찾는
것으로써 너희들이 내 안에 임한다 생
각하지 말라.
39 내 앞에 올 수 있는 자는 깨끗한 자요,
티 없는 자가 내 안에 임할 수 있는 것
이니라.
40 죄가 많으며 냄새가 나는 자, 너희들
이 어찌하여 추악한 모습으로 내 안에
올 수 있다 하느냐?
41 내 안에 존재할 수 있는 것은 하늘의
나라에 너희들이 존재함이니, 하늘의
나라에 오는 자, 죄 있는 자, 너희들이
와도 숨이 막히고 가슴이 터져 스스
로 지옥으로 흘러간다 했음이니,
42 내 안에 올 수 있는 것, 내 집에 올 수
있는 것, 내 안이라는 것은 내 품 안에
올 수 있는 것, 내 영역 안에 들어오는
것, 그 자격을 갖춘 자를 내가 의미한
다는 것을 알라.
43 그러니 너희들이 자격을 갖춘 자로 먼
저 변하는 데 모두를 다 바치며 삶을
그리 가라 지금이라도 깨우쳐 주라,
그 가련하고 어리석고 불쌍한 백성들
에게.

10,038 번째 하나님 말씀

2004년 3월 24일 06시 40분

1 사랑하는 나의 아들아!
2 "네, 아버님! 말씀하옵소서."
3 너희들이 살아가면서 사랑의 실천함이 구원이라 그리하였느니라.
4 과연 사랑의 실천이 말로써 이루어지더냐?
5 너희들의 사랑의 실천이 말로써 모두 역사할 때, 그 아름다운 사랑의 실천이 이루어지더냐?
6 너희들은 사랑하는 마음을 다스리는 것부터 배워야 될 것이니라.
7 사랑하는 그 마음은 무엇인 줄 알겠느냐?
8 너희들이 사랑하는 마음을 갖고 살아가고자 하나, 너희들이 사랑하는 마음을 갖고자 할 때마다 너희들은 그 활활 타는 불길에 너희들이 물을 부어 그를 끄는 것처럼 시들어지고 꺼져 가는 것, 그리고 지워 버리도록 하는 것이 너희들이 사랑하는 그 마음이니라.
9 그러니 너희들이 그 마음을 지탱하고 지키는 것도 어렵고 힘들며, 더욱이 그를 행하고 역사하는 것은 너무나 힘들고 어려운 길이니라.
10 그러나 너희들은 이 사랑이 이와 같이 훨훨 타는 불이요, 불을 보고 끄는 것처럼 너희들을 시들게 하며 꺼져 가도록 하며, 너희들 마음속에서 지워 버리게 하는 그 사랑이라는 것이 바로 너희들이 말로써 모두가 이루어지고 실천이 되는 줄 아느냐?
11 실천하는 속에서만 모두가 이루어지는 소중하고 고귀한 사랑이니라.
12 더욱이 너희들이 그 사랑의 마음을 갖고자 할 때마다 이 세상의 모든 것은 다 너희들이 물을 끼얹는 것처럼 너희들이 사랑을 지워 버리게 하며 너희들을 시들게 하며 너희들에게서 떠나게 하는 것이 이 자연의 순리요, 이치요, 세상에 살아가는 것이니라.
13 더욱이 그와 같은 마음에 너희들이 시들어 가는 그와 같이 너희들이 변화되는 마음이 조금이라도 잡히기만 하면 바로 사탄이라는 그 자체가 너희들의 마음을 이끌어 감이니, 사탄은 바로 무엇이더냐?
14 너희들이 사랑하는 마음을, 그 타는 불꽃을 물을 부어 끄듯이 그와 같은 형국이 되어,
15 너희들이 무너지고 쓰러져 가는 그 틈만 보이면, 사탄은 불에 기름을 붓는 것처럼 너희들에게 사악한 마음이요, 반대의 마음을 일어나게 하는 것이요, 그리하여 모두 너희들을 다 무너트리게 하느니라.
16 그러니 그 싸움에서 이기고 견디는 것이 사랑이요, 거기서 너희들이 우뚝 섰을 때 또 바로 실천하고 역사하는 것이 너희들이 사랑을 행함이라는 것을 알아야 될 것이니라.
17 사랑하는 나의 아들딸들아!
18 너희들은 말로써 사랑을 실천한다 그리 말하지 말라.
19 모든 너희들이 가지고 있는 재물이요, 보화와 금화의 모두를 다 던져 주고 그 사랑을 얻고 살 수만 있다 하면 너희들이 얼마나 편하겠느냐?

20 그러나 사랑하는 그 마음은 너희들이
가지고 있는 재물이요, 금화와 은화의
모든 명예를 다 던져 너희들이 바친다
해도 그를 살 수 없는 것이 사랑하는
마음이요, 모두를 다 너희들이 바치고
도 그를 얻을 수 없는 것이 사랑하는
마음이니라.
21 이는 오로지 너희 자신의 마음을 다
스리는 것이며, 너희들이 모든 세상에
서 그 훨훨 타는 사랑의 불길에 너희
들이 물을 부어 끄려는 자들 속에서
너희들이 견디고 버티는 그 마음이요,
굳건히 견딜 수 있는 그와 같은 너희
들 자신의 마음의 변화밖에는 이룰 수
없는 것이니라.
22 마음이 변하는 것, 너희 자신을 다스
려 가는 그것만이 너희들이 사랑하는
마음을 얻을 수 있으며, 실천하고자
모두를 다 던지는 노력을 하면서 너
희들이 모두가 이루어짐이니라.
23 너희들이 말로써 하는 것은 그 사랑
을 이룰 수 없으며 얻어질 수 없음이
니라.
24 내가 나의 법전에 기록하여 모든 재물
이요, 명예요, 그 모두를 다 바쳐 너희
들이 한다 해도 얻지 못하는 것을,
25 말로써 너희들이 사랑을 행한다 하여
그것이 이루어지는 것이며, 그것이 진
정한 사랑의 의미요, 그 사랑을 내가
역사하는 것이 과연 내 뜻에 의하여
이 세상에 펴질 수 있다 생각하느냐?
26 너희들이 사랑하는 마음이요, 사랑할
수 있는 그 본질의 마음을 재물을 주
고 살 수 있다면, 너희들은 얼마나 편
안한 마음으로 간단한 마음으로 나에
게 오를 수 있겠느냐?
27 예수의 보혈로써 구원을 받아 죄가 없
어 속죄된 백성이니, 그저 너희들이
살다 죽으면 나에게 와 얼마나 큰 은
혜요, 얼마나 더 큰 상을 받을 수 있는
것인가 그것을 바라고 그것만을 생각
하는 어리석은 백성들에게 얼마나 너
희들의 그 축복의 영광이요, 너희 소
원이 이루어지겠느냐?
28 절대 그것은 있을 수가 없는 것이니라.
29 사랑하는 마음을 너희들이 마음대로
사고팔 수도 없는 것이며, 얻고자 하
여도 얻을 수 없는 것이기에, 너희들
은 그 시련이요, 고통 속에 너희 스스
로 거기서 일어서는 마음 자세가 아니
고는 결코 얻을 수 없는 것이 사랑이
기에, 너희들이 아무리 구원을 갈구하
고 원한다 해도 결코 너희들이 나에게
오를 수 없음이니라.
30 그리하여 너희들이 편안한 마음으로
모두를 역사한다는 생각을 버리도록
그리하라.
31 사랑하는 마음을 살 수 없거늘, 너희
들이 구원의 길을 어찌 올 수 있으며
어찌 너희들이 그대로 올 수 있단 말
이더냐?
32 그 대가를 거둬들이며 그 대가의 역사
한 것만큼 사람이 일을 하고 그 품삯
을 받는 것처럼, 너희들이 그와 같은
대가를 치르지 아니하고는 나에게 올
수 없음이니라.
33 그러니 이와 같은 이치가 얼마나 무서
운 것인가?
34 이것이 바로 하늘의 뜻이니, 너희들은
여기서 비켜 가려 하지 말며, 이것을

너희들이 지키지 아니하려는 마음을
갖지 말며,
35 이를 꼭 지키고 행하는 그와 같은 삶
으로써 너희들이 거듭나는 영광을 얻
도록 하라.
36 말로써 사랑을 실천함이 아니요, 말로
써만 사랑하는 자, 구원받을 수 없다
는 그와 같은 무서운 뜻을 너희들은
알도록 하라, 사랑하는 나의 아들딸들
아!

10,039 번째 하나님 말씀

2004년 3월 24일 06시 45분

1 사랑하는 나의 아들아!
2 **"네, 아버님! 말씀하옵소서."**
3 이제 나의 법전이요, 나의 강론을 듣
고 따르는 너의 제자들이요, 그리고
나의 법전을 읽고 깨우친 만백성 너희
들은 그들에게 전하라.
4 너희들은 정녕 진실한 믿음이요, 진실
한 그 믿음의 길을 가도록, 그 길을 가
지 아니하면 너희들은 아무것도 이루
고 얻을 수 없는 것이니,
5 모든 백성들이 지금 진실한 믿음의 길
을 가고 있는 줄 아는가?
6 진실한 믿음이요, 진정한 믿음의 길을
가는 백성이 하나도 없음을 너희들은
알라.
7 너희들이 진정한 믿음이요, 나 여호와
의 뜻에 의하여 가는 그 믿음으로 가
는 자, 내가 너희들에게 고통이요, 그
시련을 절대 역사하지 아니함이니라.
8 모든 믿음의 길을 가는 백성 너희들이
과연 진정한 믿음으로 가는가?
9 그 진정한 믿음의 길을 가지 아니하는
백성들이기 때문에, 너희들이 바닥까
지 추락되며 떨어지는 그와 같은 변화
되는 삶을 살게 된다는 것을 알라.
10 너희들이 진정한 믿음으로 간다면 이
루지 못할 것이 없으며 역사하지 못할
것이 없음이니라.
11 그러나 나의 피조물 만백성 너희들이
진정한 믿음으로 가는가?
12 진정한 믿음으로 간다면 나의 법전에
기록된 것이요, 십계명이요, 성서에
기록된 대로 너희들이 지키고 살아가
는 것이 바로 너희들의 자세임을 알라.
13 내가 나의 아들을 통하여 너희들에게
무어라 말하였느냐?
14 간음하는 것을 목숨을 바쳐서도 그를
싫어하는 여인에게 간음을 하라 한다
면, 그는 죽어도 하지 아니한다 하였
음이니라.
15 목숨을 내놓을망정 그 길을 가지 않는
것이 여인의 그 마음이니, 정도의 길
을 가는 그 여인의 자세가 아니더냐?
16 그러니 너희들이 정도로 바로 가는 자
는 내가 그와 같이 너희들이 선함을
행함이 편안하며, 정도를 가지 않는
자만이 악함을 행할 수 있는 자라 그
리하였음이니라.
17 간음을 하는 자, 그를 즐겨 하는 자는
즐겨 할 것이며, 그것이 악이라는 것
을 모르며, 간음하지 아니하는 것이
얼마나 여인으로서의 자세인가를 모
르는 자라 그리하지 아니하였더냐?
18 그러니 정도로 가지 아니하며 너희들
이 그와 같은 삶을 살지 않는 그 표본
이 무엇인 줄 알겠느냐?

19 나를 믿지 않는 믿음이요, 나를 믿는
진정한 믿음의 길을 가지 아니하기 때
문이니라.
20 진정한 믿음의 길을 가는 길, 너희들
이 정도에서 벗어날 수 없음이니, 정
도에서 벗어날 수 없는 그 백성은 악
함을 너희들이 절대 행할 수 없으며,
선함을 행하면 행했지, 악함은 행할
수 없는 것이 나의 백성이니,
21 이게 바로 너희들이 믿지 못하는 것이
요, 너희들의 믿음이 다 허상이요, 너
희들이 거래하는 마음으로써 감이니
라.
22 그러니 이제 나의 아들을 따르는 제자
들이요, 나의 법전을 읽고 깨우친 만
백성 너희들은 정녕 진정한 믿음으로
가라.
23 나 여호와가 바라보고 있으며 내가 모
두를 지켜보고 있다는 그것 하나만을
너희들이 믿는다 해도, 너희들이 하늘
을 향하여 부끄러운 행위를 할 수 없
다 내가 오늘 아침에 나의 아들을 통
하여 기록하여 전했듯이,
24 정도로 가는 자, 너희들은 절대 죄를
지을 수 없음이니, 그 죄를 지을 수 있
다 하는 것이 너희들이 믿음이 없는
자요, 그리고 진정한 믿음의 길을 가
는 백성이 아니라는 것을 알라.
25 나의 아들을 따르는 제자들이요, 나의
법전을 읽고 깨우친 만백성 너희들은
진정한 믿음으로 가도록 그리하라.
26 그렇지 아니하면 아무것도 볼 수 없음
이니라.
27 죄를 짓지 아니하고 사는 백성에게 죄
를 지으라 할 때 목숨을 바쳐 그를 지
키듯이, 그와 같은 너희들이 진정한
믿음이요, 진실한 믿음으로 가는 백성
이라는 것을 잊지 말라.

10,040 번째 하나님 말씀

2004년 3월 24일 17시 35분

1 사랑하는 나의 아들아!
2 "네, 아버님! 말씀하옵소서."
3 너를 따르는 제자들이요, 그리고 선택
된 나의 백성들이 나의 법전을 책으로
만들어 만백성을 구하는 그 역사를 함
이니,
4 너희들이 지금 어떠한 책이요, 어떠한
성경이요, 법전이라 하여 만드는 것이
과연 무엇인가를 너희들이 알고 있는
가?
5 이는 너희들이 인간 세상에 인간의 지
혜로써 역사한 책이 아니요, 창조주
나 여호와가 하늘의 뜻이요, 하늘의
가르침을 인간 너희들에게 내려보내
어 너희들을 깨우치고자 하늘의 책을
만들어 내려보내는 것이니,
6 이를 만들고 다루는 너희들이 선택됨
이 얼마나 귀하고 소중한 것인가를 알
아야 될 것이니라.
7 너희들은 들어야 될 것이니라.
8 어렵고 힘든 그 고난의 길을 감으로
인하여 너희들이 무엇을 얻는가?
9 너희들이 쉽게 얻은 것은 쉽게 버릴
수가 있음이니라.
10 그러나 너희들이 노력하여 그 노력으
로써 정상을 차지했을 때, 그것만큼은
얼마나 값지고 소중하며, 그는 영원히
존속할 수 있으며 너희들이 오래오래

관리하고 지킬 수 있지 않겠는가?
11 나는 너희들의 그 마음 하나하나를 알
고 있느니라.
12 그리고 너희들이 값지게 얻지 않은 것
은 너희들에게 소중하지 아니함을 알
아야 될 것이니라.
13 나의 아들을 따르는 그 백성들이요,
나의 법전을 읽고 깨우치는 그 만백성
들이 지금 세상에 수없이 있음이니라.
14 그러나 저희들은 그걸 결단하지 못하
며 그를 선택하지 못함이니, 과연 그
들이 이 길이 쉽고 간단한 길이라면
누군들 이 길을 못 가겠느냐?
15 그러니 참진리요, 하늘에 오르는 길은
어렵고 힘든 길이라 성서에 기록했듯
이, 너희들이 거듭나는 그 역사를 얻
는 것이 얼마나 힘들고 어려운 것인가
를 알겠느냐?
16 너희들은 깨우침의 그 역사함 속에서
너희들이 나의 법전을 접하는 순간,
그리고 이를 가슴에 안고 정독하는 순
간 무엇이라 하였느냐?
17 거듭나는 기회를 얻으며, 너희들이 하
늘에 오르는 길을 볼 수 있으며, 창조
주 나 여호와의 뜻이요, 나의 음성을
듣는 것이라 함을 너희들은 알겠느냐?
18 나는 나의 아들을 통하여 너희들에게
그리 말하였느니라.
19 너희는 죽어 나에게 와 심판을 받을
때, 너희들의 영혼이 거듭나는 그 거
듭남의 삶을 생각하지 말며,
20 오늘의 너희들이 육이 존재하는 이 육
의 세상에서 거듭나는 그와 같은 백성
이 되라 하는 이 하늘의 뜻이 얼마나
귀하고 귀중한 말인 줄 알겠느냐?
21 너희들이 죽어 와 나에게 심판을 받을
때, 너희들은 나를 아버지라 부를 수
없으며 나를 아는 체할 수 없다 그리
하였음이니라.
22 오로지 육을 가지고 있는 이 세상에서
너희들이 나를 아버지라 부르며 나를
찾을 수 있다 하지 않았더냐?
23 그러니 너희들이 그 이치를 받아들여
깨달음이 있는 백성이라면, 지금 이
세상이요, 육이 존재한 세상에서 너희
들이 거듭나는 삶을 살지 아니하면 아
니 됨이니,
24 그러니 육의 세상에서 거듭난다는 것
이 그리 쉽고 간단하면 누군들 거듭나
지 못하겠느냐?
25 그 길은 어렵고 힘든 길이니라.
26 그리하여 그 길을 선택하여 나의 아들
을 따르며, 나의 아들을 통하여 내리
는 강론을 들으며, 나의 법전을 읽고
만백성을 깨우치고자 하는 그 백성들
이 그리하여 귀하고 소중한 것이요,
27 세상에 너희들이 더 얻을 수 없는 것
을 얻은 자요, 너희들이 취할 수 없는
것을 취한 백성이라는 나의 뜻을 너희
들은 알라.
28 이는 나 여호와의 뜻이요, 하늘의 책
이요, 하늘의 법전이요, 하늘의 것이
라는 것을 너희들은 알라.
29 내가 너희들에게 가르쳐 전하기를 무
어라 하였느냐?
30 너희들이 나의 아들을 찾아오며 너희
들을 찾아와 그 이웃의 형제가 말할
때,
31 인간 세상에 사업적인 이야기를 하는
것은 인간들이 인간의 대화나, 너희들

이 나를 찾으며 창조주 아버지를 찾으
며 하나님을 찾으며 대화하는 그 순간
에 그들은 바로 누구라 하였느냐?
32 나의 손님이라 하니, 너희들이 그를
함부로 대해서는 아니 된다 하였거늘,
너희들이 나의 뜻을 접해 나의 법전을
만드는 백성 너희들은 과연 어떠하던
가?
33 그러니 너희들이 어떠한 백성이라는
것을 스스로 알아 너희들이 자세를 바
르도록 그리해야 될 것이니, 이를 너
희들이 잊어서는 아니 됨이니라.

부 록

【하나님께서 가르쳐 주신 운동】

천재지변이 일어날 때, 동물이나 미물들은 미리 알고 대피하지만, 인간은 알지 못하고 큰 화를 당합니다. 하나님께서 인간에게 가장 높은 지혜를 주시고 완벽하게 창조해 주셨기에 동물들보다 더 잘 알 수 있지만, 욕심으로 마음이 혼탁해져서 한 치 앞을 보지 못하는 것입니다.

마찬가지로, 인간은 누구나 스스로 필요한 운동을 해서 건강을 지킬 수 있도록 하나님께서 만들어 주셨습니다. 우리의 머리에서 우리 몸에 필요한 동작을 해 달라고 끊임없이 신호를 보내지만, 인간이 혼탁하게 살아서 그 신호를 알아채지 못합니다. 그러니 자연스럽게 자기 몸이 원하는 그 신호를 따라서 운동하는 것이 하나님께서 가르쳐 주신 운동 방법입니다. 바로, 우리의 영이 육을 이끄는 운동입니다.

▶ 하나님 운동법

1. 눈을 감고, 발을 어깨너비로 벌리고 바르게 선다.
2. 몸에 힘을 풀고, 허리를 숙이면서 손과 머리를 아래로 내린다.
3. 허리를 펴고 싶을 때, 천천히 펴면서 하고 싶은 동작을 하면 운동이 시작된다. (사람마다 다르다.)
4. 멈추지 말고, 어떤 동작이든지 자기 몸의 느낌대로 계속 이어서 한다.

▶ 참고 사항

① 눈을 감은 상태로 아무 생각 하지 않고, 자기 몸의 느낌대로 움직입니다.

② 마음을 비우고, 욕심을 버리고, 지난날의 잘못을 반성하면서 몇 차례 시도하다 보면, 자기도 모르게 하고 싶은 동작이 끊임없이 생깁니다.

③ 운동 장소는 방 안이든 운동장이든 관계없으며, 걷거나 달리고 싶을 때는 눈을 떠도 됩니다.

④ 매일 40분 이상, 주 4회 이상, 3개월 이상 하면 음식 조절에 들어갑니다.
- 음식으로 생긴 병은 음식으로 치료하게 되며, 어떤 음식을 먹어야 하는지 스스로 알게 됩니다.
(자기 몸에 필요한 음식만 먹고 싶어집니다.)

⑤ 사랑하는 사람과 함께 운동하면 서로 치료해 주기도 합니다.

⑥ 운동을 하다가 몸의 어느 한 부분을 계속 손으로 자극한다면 그쪽에 이상이 있는 것이니, 의사에게 상담을 받고 적절한 치료를 받으면 됩니다.

⑦ 다이어트 및 기타 건강관리에 효과적입니다.

⑧ 꾸준히 운동하여 영이 맑아지면, 자신의 과거와 미래를 스스로 보게 됩니다.

누구나 스스로 하실 수 있습니다.

간 행 사

《새로운 성경》은:

· 새로운 성경은, 하나님께서 선량하고 선한 자를 선택하여 십계명을 암송하도록 하시고, 십계명을 암송한 다음에 음성으로써 들려주시는 말씀을 듣고 그대로 카세트테이프에 녹음해서 받아쓴 책입니다.

· 90분짜리 녹음테이프 700여 개에 달하는 말씀으로, 1999년 8월부터 2004년 7월까지 총 160권(권당 288쪽)을 완성하였으며, 그 이후에도 현재까지 계속 말씀을 내려 주고 계십니다.

· 새로운 성경은 "하늘을 두루마리 삼고 바닷물을 먹물 삼아 쓰고 써도 다 못 쓴다"는, 끝없이 방대한 하나님의 말씀이 두루마리로 직접 내려오는 것입니다. 이러한 새로운 성경은 구약과 신약을 폐하려는 것이 아니라 "인봉된 성서의 비유의 뜻"을 상세히 설명하여 완성하고자 하나님께서 직접 내려 주신 말씀입니다.

《새로운 성경》의 구성:

· 제 목: 2013년, 160권 모음집을 발간하면서, 본 도서의 제목을 "하나님! 말씀하옵소서"에서 《새로운 성경》으로 명해 주셨습니다.

· 단행본: 각 권당 288쪽(신국판) 책이 160권까지 시리즈로 출판됩니다.
(모음집은 단행본을 16권씩 묶어서, 총 10부로 구성됩니다.)

《새로운 성경》의 성경적 근거:

· 신약 성경 [요한복음] 16장 13절에 "진리의 성령이 오시면 그가 너희를 모든 진리 가운데로 인도하시리니 그가 자의로 말하지 않고, 오직 듣는 것만을 말하며" 하신 말씀처럼 하나님의 음성을 들은 것만 기록하였으며,

· "장래 일을 너희에게 알리시리라" 하신 말씀과 같이 개인, 나라, 인류의 "장래"일을 하나님께서 알려 주시는 것만 기록하여 책으로 만들었습니다.

《새로운 성경》의 기록 방법:

· 1999년 8월부터 하나님께서 저에게 들려주시는 음성을 기록하였습니다. 처음에는 제가 들은 말씀을 불러 주면 저의 아내가 기록하여, 2000년 1월 29일에 1권 초판이 세상에 나왔습니다. 2000년 4월부터는 주시는 말씀을 받아 녹음기에 기록하기 시작하였습니다.

· 녹음을 시작하면서 하나님의 말씀을 받는 데 가속도가 붙었고, 2001년 5월 3일에 1부(1~16권까지)를 인쇄하여 출판하였으며, 2004년 7월까지 총 160권 분량의 말씀을 받아 기록하였습니다.

하나님께서 저에게 주신 것은:

· 첫째, 만백성을 상대로 내려 주시는 "기도", 둘째, 수시로 내려 주시는 "묵상", 셋째, 개인의 과거, 현재, 미래를 알려 주시는 "개인 기도", 넷째, 개인의 건강을 위해서 내려 주시는 "음식 처방", 다섯째, 하나님께서 가르쳐 주신 "운동"등이 있습니다. 이 중에 첫 번째, "기도"를 책으로 편찬하였습니다. 사람의 생사, 개인의 미래에 관한 천기는 수록하지 말라 하셨습니다.

강론 안내:

· 하나님께서는 지금도 매일 저에게 새로운 하늘의 비밀의 말씀을 내려 주고 계십니다. 수시로 내려 주시는 말씀을 정리해서 제자를 육성하라는 말씀에 따라 매주 강론을 하고 있습니다. 누구나 무료로 들으실 수 있습니다. (book160.com)

《새로운 성경》을 읽는 분들에게 드리는 선물:

· 개인 기도: 개인의 과거, 현재, 미래에 관하여 말씀을 내려 주십니다.

· 음식 처방: 사람은 음식을 먹고살다가 건강을 잃으니, 음식과 운동으로 건강을 되찾는 방법을 알려 드립니다. 단, 하나님이 계심을 믿고, 십계명을 지키겠다고 진실로 서약하는 분들께 알려드립니다.

《새로운 성경》의 은혜와 기적:

· 새로운 성경 전160권은 16권씩 묶어서 총 10부의 모음집으로 구성됩니다. 모음집 한 부를 읽고 깨우치는 자에게 하나님께서 다음과 같은 기적이 있다고 하셨습니다.

· "첫째, 그가 죽어 하늘에 갔을 때 그의 죄를 묻지 아니하며, 구원을 받는 위대한 은혜가 있으며, 둘째, 그의 소원과 소망이 이루어지고, 셋째, 죽은 자(부모, 형제, 자식, 사랑하고 은혜 입은 분)의 이름으로 구입한 책을 읽고 누군가 한 사람이 깨우칠 때, 그 죽은 자가 지옥에서 천국으로 구원을 받게 되며, 넷째, 유산, 중절 수술 등으로 태어나지 못한 아이를 위하여 구입한 책을 보고 한 명이 깨우쳤을 때, 그 아이가 사람으로 다시 한 번 태어나는 은혜를 받는다."

· "새로운 성경"을 3회 이상 정성을 다해 정독하는 자, 성서의 비밀을 알게 되고, 세상의 이치를 알게 되며, 세상을 지배하고 통제할 수 있는 지혜를 다 얻게 된다고 하셨습니다. 이 책은 만백성이 정독하고 이웃에게 전하여, 평생 가슴에 묻은 슬픔과 고통의 짐을 벗고 미래를 위한 힘찬 삶을 살아가도록 하는 책입니다.

끝으로

· 하나님께서는 흰 눈이 세상을 덮듯이 새로운 성경을 온 세상에 전하라고 하셨습니다. 《새로운 성경》 을 각국어로 번역해서 온 인류에게 구원의 길을 깨우쳐 주고, 그 수익으로 가난하고 어려운 백성을 구제하여, 만백성의 영과 육을 함께 구원하는 선지자의 임무를 수행하라고 저에게 명하셨습니다.

· 하늘에서 내려 주신 말씀의 보화를 만백성에게 나누어 주는 것이 선지자의 임무라고 하셨습니다. 새로운 성경을 통해서 얻는 재물을 사용할 곳도 하나님께서 일일이 명해 주십니다. 모든 재물은 저의 자의로 쓸 수 없고, 하나님께서 명하시는 대로만 쓰여집니다.

· 어떤 명분으로든 십일조나 각종 헌금을 거두어들이지 말라 하셨으며, 국내뿐 아니라 각국에 성전과 단독 서점을 운영하며, 한국의 많은 젊은이들을 전 세계에 지도자로 내보내라고 하셨습니다.

· 우리는 세계적으로 새로운 성경을 보급하며 어려운 이들을 돕는 역사를 해 나갈 것입니다. 지금까지 비록 몇 명 안 되는 제자들과 함께 이러한 일을 역사했지만, 앞으로도 계속 하나님께서 기뻐하시는 일들을 해 나갈 것입니다. 부족한 저희에게 여러분들의 지혜와 성원을 보내 주시기를 바랍니다. 많은 분들의 참여와 도움을 간절히 기다립니다. 감사합니다.

한국어로 내려온 《새로운 성경》 단행본을 출간하며
2016년 4월 10일

발행인 **김 용 철**

한국어로 내려온

새로운 **성 경** · 9부 · 제134권

지은이 하나님 말씀
대역자 김용철

초판인쇄 1쇄 2017년 4월 3일

펴낸 곳 도서출판 하얀마음
등록번호 제 10-2107호 (2001년 2월 14일)
주소 서울시 노원구 덕릉로86길 5, 2층
전화번호 02) 313-1114
팩스 02) 393-5554
전자우편 book160@hanmail.net
편집위원 조나영 김미향 이석교
제작지원 이기종

도서상담 1600-7527
ISBN 978-89-5875-234-9 (04230)
978-89-5875-100-7 (세 트)

값 10,000원
잘못된 책은 구입하신 곳에서 바꾸어 드립니다.

※이 책은 10부로 제작되며, 각 부 16권씩 총160권으로 구성됩니다.※

1부	2부	3부	4부	5부	6부	7부	8부	**9부**	10부
1권	17권	33권	49권	65권	81권	97권	113권	129권	145권
2권	18권	34권	50권	66권	82권	98권	114권	130권	146권
3권	19권	35권	51권	67권	83권	99권	115권	131권	147권
4권	20권	36권	52권	68권	84권	100권	116권	132권	148권
5권	21권	37권	53권	69권	85권	101권	117권	133권	149권
6권	22권	38권	54권	70권	86권	102권	118권	134권	150권
7권	23권	39권	55권	71권	87권	103권	119권	135권	151권
8권	24권	40권	56권	72권	88권	104권	120권	136권	152권
9권	25권	41권	57권	73권	89권	105권	121권	137권	153권
10권	26권	42권	58권	74권	90권	106권	122권	138권	154권
11권	27권	43권	59권	75권	91권	107권	123권	139권	155권
12권	28권	44권	60권	76권	92권	108권	124권	140권	156권
13권	29권	45권	61권	77권	93권	109권	125권	141권	157권
14권	30권	46권	62권	78권	94권	110권	126권	142권	158권
15권	31권	47권	63권	79권	95권	111권	127권	143권	159권
16권	32권	48권	64권	80권	96권	112권	128권	144권	160권